Para leer una CRISTOLOGIA ELEMENTAL

Del aula a la comunidad de fe

Angel Calvo Cortés
Alberto Ruiz Díaz

Para leer una CRISTOLOGIA ELEMENTAL

Del aula a la comunidad de fe

EDITORIAL VERBO DIVINO
Avda. de Pamplona, 41
31200 ESTELLA (Navarra)
2000

9ª edición

© A. Calvo - A. Ruiz - © Editorial Verbo Divino, 1985. Es propiedad. Printed in spain.
Fotocomposición: Larraona, Pamplona. Impresión: Gráficas Lizarra. S.L., Estella
(Navarra). Depósito Legal: NA. 1.506-2000

ISBN: 84-7151-463-X

Presentación

El presente libro no pretende ser un texto para los alumnos. Simplemente trata de facilitar al profesor, casi siempre recargado por otras labores, una preparación inmediata al tema que va a trabajar en su clase. Se siguen, por tanto, las bases oficiales de programación del primer curso de BUP que, como es conocido, coinciden en gran parte con las de FP.

Para ello se presentan unos temas desarrollados que sirvan de ambientación al profesor. Se ha de tener en cuenta que, si bien una clase de este nivel no debe reducirse a cuestiones fronterizas, tampoco el alumno debe carecer de contestación a ellas en el lugar donde se la pueden dar con mayor seriedad y rigor. No hay que olvidar que debe tratarse de una información abierta al posible desarrollo teológico del mañana, de suerte que, cuando el alumno llegue a adulto, lo aprendido en el aula le sea útil para la vida. La prudencia y el buen hacer del profesor son en este punto insustituibles.

A los temas expuestos sigue una abundante bibliografía clasificada en dos apartados: la directamente referida a dichos temas (A) y la de ampliación (B). Para facilitar su utilización real con la rapidez que se pretende, se incluyen las páginas o capítulos, de forma que puede calcularse de antemano el tiempo que se empleará en su consulta. A esto se añaden revistas de fácil localización, cuya exposición siempre es más ágil que la de los libros. Se indica también el material audiovisual existente, especificando su duración: diapositivas, videos, películas y cassettes.

Las actividades, teniendo en cuenta una cierta interdisciplinariedad, no están pensadas sólo para la comprensión y asimilación de contenidos, sino que, como propugnan los nuevos planes de bachillerato, pretenden algo más. Así, parten de una toma de contacto con el tema previa a su estudio (A). En segundo término (B), se dan unas preguntas, cuya respuesta, teniendo el texto a la vista, facilita su comprensión; estos mismos interrogantes podrán servir posteriormente para la autoevaluación de lo estudiado. Lo correspondiente al apartado C) tiene por objeto la asimilación y expresión de los contenidos. Lo incluido en el epígrafe D) pretende relacionar el tema con la vida y provocar una reflexión crítica. Aunque todo lo anterior puede, en ocasiones, ser realizado en equipo, la actividad E) se propone concretamente para este fin. Por último, el punto F) busca la comprensión y expresión a través de manualidades.

Paralelamente a los temas tratados, se ofrecen también unas orientaciones para un catecumenado que relacione lo estudiado en la clase con aquello que se intenta vivir en el grupo de fe. En esta parte se dan igualmente lecturas clasificadas, material audiovisual y un esquema para la reflexión de fe que consta de cuatro pasos: A) aproximación al tema; B) expresión personal (individual o colectiva); C) textos bíblicos relativos al tema; D) oración, celebración y compromiso.

Así, pues, con todo lo que aquí se contiene, se ha pretendido que tanto el profesor como el animador de grupos cristianos con jóvenes o adultos, quien programe un cursillo de iniciación bíblica o cristológica o, simplemente, el lector interesado por el tema puedan encontrar la ayuda que necesiten.

1

El hecho religioso y el hecho cristiano

1. EL FENOMENO RELIGIOSO

En nuestro mundo, en medio del conjunto de realidades cuya existencia podemos comprobar, encontramos la religión. Guste o no, es evidente que existen templos, personas que afirman ser creyentes, organizaciones, símbolos, doctrinas, mitos, ritos, libros y una larga serie de cosas y actitudes que solemos calificar de religiosas. No se puede negar que *la religión es* un fenómeno, es decir, *una realidad observable y analizable.* A la evidencia de que la religión existe se la denomina como «el hecho religioso».

El fenómeno religioso, como cualquier otro, puede ser estudiado científicamente. Por ello, desde las más variadas perspectivas, las diversas ciencias sociales o del hombre tratan de la religión sin cambiar para ello sus métodos. La historia, la antropología cultural, la psicología social, la sociología, etc., estudian la religión «desde fuera», de forma no comprometida, no requiriendo por tanto que sea creyente el que efectúa el estudio.

Ya en el siglo XIX se estableció el estudio comparado de las religiones para sacar conclusiones de validez universal (Max Müller). Posteriormente apareció la «Fenomenología de la religión», que deduce de los datos la naturaleza unitaria de lo religioso, la cual enlaza a su vez con las cualidades esenciales de la naturaleza humana. En concreto, en 1873, se erigió en Ginebra la primera cátedra académica de religión en Europa y, en 1885, la Sorbona fundó la primera facultad independiente de religión.

Es obvio que *también se puede estudiar la religión «desde dentro»,* o sea, partiendo de la pertenencia a esa concreta confesión religiosa. El método, en este caso, será distinto. *Así lo hace la teología.*

2. LA RELIGION ES DIFICIL DE DEFINIR

Pero, ¿qué es la religión?, ¿dónde empieza y dónde acaba lo religioso? Al no conocedor del tema, la respuesta a estas preguntas le suele parecer sencilla; sin embargo, ha resultado ser una tarea hasta ahora no conseguida por los especialistas. *No existe una definición abstracta, común a todas las religiones y aceptada por todos;* o, mejor dicho, existen tantas distintas que indican claramente la falta de una universalmente válida. J. H. Leuba (1914) recogía en sus obras cuarenta y ocho definiciones diferentes.

Si sólo nos fijásemos en las religiones occidentales o del Medio Oriente, la solución sería fácil, pero si tenemos en cuenta las de todo el mundo y de todos los tiempos, el problema cambia. Lo cierto es que encontramos religiones sin templos, sin organización, sin creencia en un más allá, sin oración, sin dioses, sin dogmas obligatorios, etc.; y, por el contrario, en campos que no solemos llamar religiosos, hallamos ritos, mitos, doctrinas dogmáticas, etc. Unos ejemplos: el budismo primitivo no afirma la existencia de los dioses, el jainismo niega de manera expresa toda divinidad, el confucianismo no aporta una doctrina o un ritual propiamente religioso.

Teniendo en cuenta todo lo anterior, se comprende que el definir o determinar dónde empieza y dónde termina lo religioso es, al menos, auténticamente difícil.

3. HACIA UNA DEFINICION

A pesar de lo antes expuesto, vamos a adoptar una fórmula que nos describa siquiera lo que la religión es en nuestra cultura.

Dos tipos de definiciones se manejan en la actualidad: las funcionales y las filosóficas o sustantivas.

Las primeras quieren manifestar el papel que la religión juega en el funcionamiento de las sociedades humanas, el «para qué» sirve de hecho. Según esto, *las religiones serían sistemas simbólicos que dan un sentido último a la vida humana, proporcionando con ello coherencia a los individuos e integración y legitimación a las sociedades.* Este enfoque es útil cuando se trata de clarificar las relaciones religión-sociedad.

Las de tipo filosófico subrayan la razón de ser de la religión y su objeto de referencia, es decir, lo absoluto, lo sagrado, dios. Desde este punto de vista, la religión *es un hecho humano específico que tiene su origen en el reconocimiento por parte del hombre de una realidad suprema, la cual confiere sentido último a la propia existencia, al conjunto de la realidad y al curso de la historia.* Afirmamos, por tanto, que la religión afecta sólo a la especie humana y se refiere a una colectividad, no a un individuo aislado. La realidad suprema es concebida de formas distintas y su denominación más habitual es «dios». Al conferir sentido a toda realidad existente, implica no sólo las ideas del fiel, sino también sus sentimientos, su ética y su concepción del mundo.

Al observar entonces la religión desde fuera del sujeto, encontramos un conjunto de creencias (doctrina) y de prácticas (culto y moral) con las que el hombre trata de expresar sus sentimientos y reajustar su conducta para hacer frente a los problemas últimos de la vida (realización total, felicidad, supervivencia, salvación).

4. ELEMENTOS ESENCIALES DE LA RELIGION

Según estas consideraciones, los elementos esenciales o imprescindibles para la existencia de la religión serían:

a) Reconocimiento de una *realidad independiente y superior al hombre*, de la que se habla con lenguaje religioso, produciéndose así libros sagrados, doctrinas y teologías.

b) Una actitud de *acatamiento hacia esa realidad suprema*, que se manifiesta en una vivencia interior (experiencia mística) y en un comportamiento exterior, plasmado en un culto y una ética especial.

c) Una *comunidad de aquellos que profesan la misma religión*, que se concreta en una organización que los distingue de los demás, formándose así una sociedad, una institución (secta o iglesia).

5. UNIVERSALIDAD DE LA RELIGION

El racionalista Edward Burnett Tylor (1832-1917) se pregunta, en su obra *Primitive Culture,* si ha habido tribus de hombres de tan baja cultura como para no tener concepciones religiosas de ningún género. El mismo se contesta que, aunque históricamente la hipótesis no carece de razón, no se ha podido encontrar ninguna evidencia de que

TIME
THE WEEKLY NEWSMAGAZINE

Is God Dead?

de hecho hubiese sido así, y por ello concluye que la religión es tan antigua como el hombre mismo.

Darwin opina que, si incluimos bajo el término religión la creencia en seres espirituales invisibles, esta creencia parece ser universal aun en las razas menos civilizadas.

La etnografía del siglo XX ha mantenido la universalidad de la religión en las culturas no literatas existentes, mientras que la arqueología moderna ha descubierto la evidencia de que los fenómenos religiosos son de gran antigüedad. Sin embargo, no hay forma de saber si estos fenómenos fueron institucionalizados o están al azar en las primitivas etapas del desarrollo humano, por lo que hay que dar en este caso un amplio significado a la palabra religión. *No todos los hombres son religiosos, pero la religión se encuentra en toda sociedad humana conocida.*

6. ORIGEN DE LA RELIGION

Ni la investigación histórica ni la arqueología han encontrado el punto de partida o comienzo absoluto de la religión. Esta, como el lenguaje, aparece siempre ya constituida, sin que podamos conocer el instante de su inicio. Por eso el tema del origen de la religión ha perdido parte de la importancia que tenía a finales del siglo XIX, cuando diversas teorías trataban de dar contestación a la pregunta.

J. G. Frazer hacía derivar la religión de la magia; E. Durkheim, del totemismo; E. B. Tylor, del animismo; H. Spencer, del culto a los muertos.

La cuestión del origen de la religión se pierde en un pasado impenetrable y es, en definitiva, irresoluble para nosotros. Pero no hay que confundir este aspecto histórico con la pregunta filosófica del «por qué» de la religión.

En este tema es importante no olvidar el mayor logro de la antropología del s. XX, al establecer una clara distinción entre el hombre como organismo biológico y el hombre como creador y portador de cultura y, por tanto, también de religión.

7. ARQUEOLOGIA Y RELIGION

La arqueología moderna ha descubierto que *los fenómenos religiosos son de gran antigüedad* y, a pesar de las evidentes dificultades, nos ha proporcionado importantes datos sobre el desarrollo religioso del hombre.

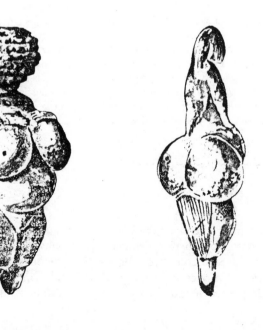

Venus de Willendorf, Austria (aprox. 25 cm.).

Venus de Lespugue, Francia (aprox. 25 cm.).

9

Un resumen de la situación podría ser el siguiente:

– Leakey, cuyas investigaciones en Kenia durante los últimos años han descubierto los más antiguos homínidos –la fechación de los cuales, de ser correcta, estaría en los dos millones de años–, no ha hecho ninguna deducción sobre la posible existencia de creencias religiosas en estos homínidos.

– Respecto al paleolítico inferior, la arqueología atribuye al hombre de Pekín (Sinanthropus pekinensis), que vivió hace medio millón de años, algunas creencias mágicas o religiosas, manifestadas en el trato ritual que da a sus muertos. Los ejemplares hallados, unos cuarenta, presentan los cráneos partidos, acaso con objeto de comer sus cerebros, manifestando así una especie de magia simpática de fines similares a los de los actuales jívaros, amahuacas o pamoanos. Podemos decir que el posible simbolismo de magia en el paleolítico inferior sigue siendo altamente conjetural y no hay indicios de formas institucionalizadas de religión.

– En el paleolítico medio, el hombre de Neanderthal (Homo sapiens neanderthalensis), más cercano al hombre moderno por su antigüedad de unos cien mil años, enterraba ritualmente a los difuntos. A veces sólo se conserva el cráneo, que en muchas ocasiones también aparece roto. Esta atención a los muertos implica una posible creencia en una vida futura.

– Durante el paleolítico superior, los restos de enterramientos muestran los cuerpos protegidos por losas de piedra y en posición flexionada semejante a la del feto (¿nacer a un mundo nuevo?). Los esqueletos de estos «homo sapiens sapiens» están coloreados con ocre rojo y a su alrededor se encuentran huesos de animales, así como herramientas y ornamentos (conchas marinas y pequeños discos de piedra). Los huesos de animales parecen ser restos del banquete funerario.

En cuanto a lo que podríamos llamar arte cavernario del paleolítico superior, estatuillas y pinturas, el hecho de estar realizado en lo más inaccesible, recóndito y oscuro de las cuevas hace que la explicación antropológica más corriente (que no descalifica las otras) diga que era una forma de magia simpática para asegurar el éxito de la caza y de este modo la continuidad de la provisión de alimentos y, en definitiva, de la vida. Respecto a las estatuillas, las «venus» (Willendorf, Lespugue, Laussel, etc), eran probablemente símbolos de fertilidad para incrementar los nacimientos humanos o la vida en general. De ser así, mostraría un desvío de atención de la muerte al nacimiento y a la procreación.

– A lo largo del mesolítico, entre otros fenómenos, encontramos el sumergimiento de renos con ayuda de piedras en el fondo de los lagos; hecho que podría significar un sacrificio a espíritus o dioses. También determinadas orientaciones de los cráneos enterrados (generalmente hacia el oeste) pudieran significar la dirección del lugar de los muertos.

– En el neolítico hay vestigios que apuntan a sacrificios de niños y, sobre todo, grandes construcciones megalíticas (Stonehenge, Carnac, etc.), que requirieron mucho tiempo y un inexplicable esfuerzo, lo que nos hace pensar que tenían una significación muy importante para sus constructores. Las señales de incineración, si se dan, junto con la creencia en otra vida más allá de la muerte, implican la idea de un «alma» o entidad espiritual separable del cuerpo humano.

Aunque los posibles significados de objetos, pinturas y prácticas funerarias sólo podemos deducirlos, indirectamente pueden sacarse con certeza algunas conclusiones históricas. Entre éstas, la antigüedad de la religión es de particular interés, ya que testifica la universalidad e importancia de la religión como rasgo cultural. Queda también demostrado que todas las culturas, desde el hombre de Neanderthal, han tenido inquietud por la muerte y por una continuación de la vida después de ella.

8. IMPORTANCIA DE LA RELIGION

La antropólogo Annemarie de Waal escribe: «La religión *es uno de los aspectos más importantes de la cultura* estudiados por los antropólogos y otros científicos sociales. No sólo se encuentra en toda la sociedad humana conocida, sino que interactúa significativamente con otras instituciones culturales. Halla expresión en la cultura material, en el comportamiento humano y en los sistemas de valor, en la moral y en la ética. Interactúa con sistemas de organización de la familia, del matrimonio, de la economía, de la ley y de la política; entra en los dominios de la medicina, de la ciencia y de la tecnología; y ha inspirado rebeliones y guerras, así como sublimes obras de arte. Ninguna otra institución cultural presenta una gama tan amplia de expresión o implicación. Las ideas y los conceptos religiosos no son constreñidos por el entorno físico. Sus formulaciones no encuentran más limitaciones que las del espíritu inquisitivo de la mente humana misma».

Es lógico que esta influencia sea tan extensa, si tenemos en cuenta que la religión pretende contestar a las preguntas del «por qué» y del «para qué» de la vida. De la respuesta a estos interrogantes se deduce el «cómo» vivir para llegar al destino final (salvación). La salvación religiosa se presenta como la suma y absoluta felicidad, como vida más allá de la muerte. Se diferencia de la salud física y de cualesquiera otros episodios de liberación particular por su carácter definitivo y absoluto.

9. EL LENGUAJE RELIGIOSO

No estará de más recordar que no es lo mismo una lengua que un lenguaje. Poetas y científicos pueden usar una misma lengua y no entenderse porque hablan distintos lenguajes. El lenguaje es un modo peculiar de usar los recursos de una lengua.

El lenguaje científico habla de lo que ve. Lo que dice es lo que quiere decir. No necesita ninguna interpretación. Es un lenguaje informativo, unívoco, preciso y exacto, pero con él tan sólo se puede hablar de lo que puede experimentarse objetivamente. El amor, el odio, la alegría, la esperanza no pueden expresarse con este lenguaje. Habituarse exclusivamente a él es volverse incapaz de ver toda la realidad.

El lenguaje poético es vivencial. Con metáforas, comparaciones, símbolos, etc.., se expresan, o al menos se evocan y sugieren, vivencias que directamente no se pueden decir. El poeta dice una cosa, pero quiere decir otra por medio de ella. No es exacto, es ambiguo, necesita interpretación.

El lenguaje religioso no solamente tiene un *vocabulario propio*, como cualquier otra área de la actividad humana, que en este caso se refiere a realidades del ámbito religioso (acciones, personas, cosas, etc.), sino que, como el poético, *es un lenguaje conviccional y vivencial*, con el que se intenta comunicar unas experiencias, las cuales son indecibles con lenguaje científico. Sus formas son altamente simbólicas, con abundantes analogías y antropomorfismos, ya que tanto para hablar *sobre* Dios de forma comprometida, como para hablar *a* Dios (en la invocación o la oración) o *en nombre* de Dios (en los textos de revelación) el lenguaje científico es claramente inadecuado.

El problema del lenguaje religioso gira alrededor de su inverificabilidad. Unos (Círculo de Viena) sostienen que la palabra «dios» no tiene sentido y es sólo un conglomerado de sonidos coloreados de emociones (ateísmo semántico). Otros, como Freud o Marx, afirman que sí tiene sentido, pero no el que los creyentes le quieren dar, sino que es mera expresión de deseos, no de realidades.

10. LA BUSQUEDA DE LA VERDAD

Los hombres esperan de las diversas religiones la respuesta a los enigmas recónditos de la condición humana, que hoy como ayer conmueven su corazón: ¿Qué es el hombre? ¿Cuál es el sentido y qué fin tiene nuestra vida? ¿Qué es el bien y el pecado? ¿Cuál es el origen y el fin del dolor? ¿Cuál es el camino para conseguir la verdadera felicidad? ¿Qué es la muerte, el juicio y cuál la retribución después de la muerte? ¿Cuál es, finalmente, aquel último e inefable misterio que envuelve nuestra existencia, del cual procedemos y hacia el cual nos dirigimos? (NAE 1).

Todos los hombres, conforme a su dignidad, por ser personas, es decir, dotados de razón y de voluntad libre y, por tanto, enaltecidos con una responsabilidad personal, tienen *la obligación moral de buscar la verdad,* sobre todo la que se refiere a la religión. Están obligados asimismo a adherirse a la verdad conocida y a ordenar toda su vida según las exigencias de la verdad (DH 2).

La iglesia católica no rechaza nada de lo que en estas religiones hay de santo y verdadero. Considera con sincero respeto los modos de obrar y de vivir, los preceptos y doctrinas que, por más que discrepen en mucho de lo que ella profesa y enseña, no pocas veces reflejan un destello de aquella verdad que ilumina a todos los hombres (NAE 2).

La religión intenta encontrar la verdad última que explique y dé sentido a la existencia total del hombre, del mundo y de la historia. Buscar esto en la ciencia es pedirle algo de lo que ella es incapaz.

11. LA ESENCIA DEL CRISTIANISMO

El genuino cristianismo no es una ideología. Convertirlo en algo así es falsearlo. Tampoco se puede decir, con rigor, que la esencia del cristianismo sea el amor al prójimo. *La única definición válida del cristianismo es Cristo.* Su espíritu presenta unas nuevas y definitivas relaciones con Dios, con los hombres y con el universo, que permiten al hombre satisfacer sus más profundos deseos de realización y felicidad. Esta es la buena noticia. Jesús es el Cristo. En él se manifiesta, se retrata Dios mismo.

Resumir lo que es el cristianismo en tan cortas palabras puede resultar excesivamente oscuro; por eso, los siguientes temas van a ser una explicación más amplia de la cuestión.

Vamos a estudiar el cristianismo, que es la religión que ha dado color a nuestra cultura occidental y que ha tenido en su creación un papel esencial, además de su valor propio como camino de salvación. Más en concreto, lo haremos desde el punto de vista católico, que es el que a lo largo de la historia ha hecho presente al cristianismo en nuestro país. Para ello, como es obvio, es imprescindible el conocimiento de Jesús de Nazaret y su espíritu; intentaremos conocerlo lo más intensa, extensa y claramente que las circunstancias nos permitan, pero, sobre todo, procuraremos hacerlo de forma personal. Para ello es necesario informarse sobre el contexto original, escritos, trayectoria de interpretación y hechos de sus seguidores (historia de la iglesia). La informa-

ción recibida que, como cualquier otra, es siempre comprometedora con quien la recibe, puede adquirir unos cauces de vida en la comunidad de fe.

12. INFLUENCIA DEL CRISTIANISMO EN NUESTRA CULTURA

Desde Antioquía de Siria, donde se empezó a dar el nombre de cristianos a los seguidores de Jesús de Nazaret, el cristianismo, animado fundamentalmente por Pablo de Tarso, se fue extendiendo por las ciudades del imperio romano.

Los cristianos, sin embargo, no fueron recibidos como una religión nueva. La «religio» romana tenía como función consagrar y dar sentido trascendente a los asuntos de estado y a los de la vida cotidiana, por eso no tenía ningún parecido con el pensamiento de Jesús. Los cristianos fueron calificados de «superstitio» y perseguidos por ateos e impíos al carecer de templos, sacerdotes y dioses, y no guardar la obligada veneración a las divinidades de la familia, la ciudad y el estado. La religión romana ejercía el papel de cemento conservador de lo establecido, y el cristianismo, por el contrario, se presentó como fermento de algo nuevo.

La influencia de los cristianos creció hasta que en el año 313 se concedió la libertad de cultos que supuso de hecho una protección al cristianismo. En el 380, el emperador Teodosio decretó que «todos los pueblos del imperio abracen la fe que la iglesia romana ha recibido de san Pedro». El cristianismo pasaba, así, a ser la religión oficial del imperio. Ser ciudadano implicaba ahora ser cristiano. El cristianismo sociológico hizo su aparición en un altísimo porcentaje. Antes se bautizaba a los creyentes, ahora había que convertir a los bautizados. La nueva situación traería no pocos inconvenientes para un mejor seguimiento colectivo del espíritu de Jesús. Desde entonces sería la religión cristiana la que daría cohesión y trascendencia al imperio. De hecho, Jesús de Nazaret ha alcanzado más renombre que ningún otro personaje de nuestra cultura occidental.

La misma civilización tomaría el nombre de cristiana y *el cristianismo estaría presente en todo lo grandioso o lo pequeño, en lo sublime o en lo oscuro que en ella ocurriese.* En cualquier aspecto cultural aparece la influencia religiosa cristiana: en el arte, las costumbres, la ética, las leyes, la política, la economía, la familia, la ciencia, el lenguaje, etc. No se puede comprender nuestro pasado ni nuestro presente, si se desconoce el cristianismo y su papel en nuestra historia.

BIBLIOGRAFIA

En el libro *El fenómeno religioso*. Claret, Barcelona 1977, se puede hallar abundante bibliografía sobre el tema de religión con una clasificación muy práctica.

A.   Para los contenidos concretos del tema

A. Fierro, *El hecho religioso*. («Temas clave» 20). Salvat, Barcelona 1981, c. 1, 23 y 28.

A. Fierro, *Sobre la religión*. Taurus, Madrid 1979, c. 1.

J. Gómez Caffarena y J. Martín Velasco, *Filosofía de la religión*. Revista de Occidente. Madrid 1973, 184.

Annemarie de Waal, *Introducción a la antropología religiosa*. Verbo Divino, Estella 1975, c. 1, 3 y 5.

Concilio Vaticano II, Decreto NAR, n. 1-2.

A. Fierro, *Semántica del lenguaje religioso*. Fundación Juan March, Madrid 1976.

H. Küng, *Ser cristiano*. Cristiandad, Madrid 1977, 145-154.

A. Hortelano, *Problemas actuales de moral*, III. Sígueme, Salamanca 1984, 109-170.

«Anthropologica», n.6. Daimon, Barcelona 1982.

«Geo-crítica», n. 12. Barcelona (noviembre 1977).

«Communio», n. I/80 y I/81, Encuentro, Madrid 1981.

B.   Para ampliación

H. Desroche, *El hombre y sus religiones*. Verbo Divino, Estella 1975.

G. Widengren, *Fenomenología de la religión*. Cristiandad, Madrid 1976.

D. Antiseri, *El problema del lenguaje religioso*. Cristiandad, Madrid 1976.

K. Rahner, *El problema de la hominización*. Cristiandad, Madrid 1973.

«Concilium», n. 85 (1973); n. 121 (1977); n. 156 (1980); n. 197 (1985).

AUDIOVISUALES

El punto. Edebé. 60 diapositivas. Duración: 12' 15''.

Las grandes religiones hoy. Claret. 240 diapositivas.

A.   Para orientación en audiovisuales

M. Alonso, *Imágenes en libertad*. Nuestra cultura, Madrid 1984.

Boletín AU-CA del Secretariado Nacional de Catequesis.

Boletín informativo Fundación JARIS. Madrid.

Montajes audiovisuales. Fichas críticas. Edice, Madrid 1981-1983.

«Diagroup». Audiovisuales y educación. Edebé, Barcelona.

Uso pedagógico de los medios audiovisuales (curso por correspondencia). Paulinas, Madrid.

B.   Cassette para discoforum

Atahualpa Yupanqui, *Preguntitas sobre Dios*, vol. 5. Hispavox 260 089.

C. Para orientación de discoforum

Fernando González, *Nueva canción, discoforum y otras técnicas*. ICCE, Madrid 1975.

ACTIVIDADES

A.   Para una toma de contacto con el tema con antelación a su estudio

1.   Contestar por escrito a las siguientes preguntas:

–¿Qué es la religión?

–¿Cuándo comenzó a existir la religión?

–¿Para qué sirve la religión?

2.   Rol-playing: coloquio en forma de juicio, con abogados, fiscal, jurados, testigos... Unos defienden la necesidad de saber religión y otros la niegan.

3.   Brainstorming: lluvia de ideas con uso de encerado o papel. Este se puede dividir en dos partes

con los siguientes títulos: *Lo positivo de la religión y Lo negativo de la religión.* Cada participante se levanta en silencio y escribe una palabra debajo del título correspondiente. A continuación, cada uno pondrá el signo más (+) o el menos (−), según esté de acuerdo o no, detrás de cada palabra (todo en silencio). Al final, se comentan los resultados.

B.   Para la comprensión del texto

1.   En una primera lectura, cada uno apunta las palabras y giros que no comprende. Cada diez (?) participantes entregan sus anotaciones a un encargado que las suma; y estos encargados, a su vez, a otro que saca el total definitivo. Confeccionada la lista total:

— Si algún alumno lo sabe, explica el significado.

— En caso contrario, parte de ellos, sobre todo los giros, los explica el profesor.

— El resto se buscará en el diccionario individualmente o por parejas.

2.   Contestar, a la vista del texto, a estas preguntas u otras ajustadas a los diferentes apartados del tema: ¿Qué quiere decir «la religión es un fenómeno»? ¿Qué es un fenómeno? ¿Por qué es difícil definir la religión? ¿Qué suele entenderse por religión en nuestra cultura? ¿Tiene todo el mundo religión? ¿Qué podemos saber del origen de la religión? ¿Cuál es la importancia de la religión en nuestra sociedad? ¿Cuál es la importancia de la religión en la persona? ¿Qué características y finalidades tiene el lenguaje religioso? ¿Qué tiene que ver la religión con la búsqueda de la verdad? ¿Qué es lo esencial del cristianismo? ¿Cómo y en qué notas que ha influido el cristianismo en nuestra cultura? (El objeto de este ejercicio consiste en que cada cual lea el tema tratando de comprenderlo. Estas mismas preguntas pueden servir de autoevaluación).

3.   Mirar en una enciclopedia algunos nombres propios que se citan en el tema.

C.   Para asimilar y expresar los contenidos

Resumir en 30 ó 40 líneas todo el tema, anotando lo que has aprendido de nuevo y en qué has cambiado tus ideas después de estudiarlo.

D.   Para relacionar con la vida y reflexionar de forma crítica

1.   Averiguar cinco o más confesiones religiosas que no sean la católica y confeccionar una lista con su nombre correcto y domicilio social en la ciudad o provincia. Valorar la influencia social que, a tu juicio, tiene cada una de ellas.

2.   Del catálogo de monumentos artísticos de tu ciudad o provincia, sacar el tanto por ciento de los que tienen relación con la religión. Puede hacerse también con los nombres de las calles.

3.   Enumerar tres costumbres de religiosidad popular que se den en el propio ambiente, explicando en qué consisten y su origen.

4.   Comparar el número de fiestas laborales religiosas con el de las meramente civiles.

5.   Dibujar tres símbolos de religiones distintas y, asimismo, enumerar tres libros religiosos clave de religiones distintas.

6.   Confeccionar un pequeño vocabulario que contenga tres partes: la primera, con objetos religiosos; la segunda, con personas religiosas; y la tercera, con acciones religiosas.

7.   Comentar entre todos las actitudes de diversas personas ante la religión, tratando de encontrar los motivos de las mismas.

E.   Para trabajo en equipo

Terminado el estudio del tema, en grupos de 5 (?), hacer un proyecto de cómo «hubieses expuesto y explicado el tema, si tú fueses el profesor». Preparar el esquema de una supuesta charla que el grupo daría a la asociación de padres o a un colectivo de personas mayores sobre el tema de la religión.

F.   Manualidades

También en pequeño grupo, proyectar un mural o periódico-mural, en folio o doble folio, que exprese una idea o secuencia de ellas en relación con el tema.

Pueden hallarse orientaciones para este tipo de actividades en «Actualidad Catequética», revista del Secretariado Nacional de Catequesis, 91 (1979) 79-135.

También pueden ser útiles las carpetas de Vega-Caño, *Sin palabra... con dibujos.* CCS, Madrid 1984.

DE LA RELIGION HEREDADA A LA FE PERSONAL

El cristianismo se concibe como una fe religiosa; pero es importante señalar las diferencias que podemos encontrar entre la religión sociológica con sus funciones en la sociedad, por una parte, y la fe cristiana con sus repercusiones sociales, por otra.

El *carácter personal* o de opción consciente que tiene la fe es algo que la religión no requiere tan fuertemente, ya que ésta consiste más en un fenómeno propio de la *colectividad* que del individuo concreto. Se nace en una sociedad determinada con su propia cultura, y por eso se pertenece también a una determinada religión que da cohesión a esa sociedad. Por esta función de señalar la identidad de un pueblo, la religión será en principio *tradicional y conservadora*, legitimando el poder y la estructura que aglutina esa sociedad. La religión, como el *cemento*, consolida.

La fe cristiana viene definida por los evangelios como sal, luz y *fermento dinamizador*, y, si cabe, podría decirse que es sobre todo profética, en el sentido de *crítica* con respecto a la marcha de las relaciones sociales.

Para la religión, los *ritos externos* (que no deben ser cambiados, sino repetidos al pie de la letra) son cauces de identificación social. Para la fe, la *vivencia interna* de un espíritu (que podrá ir actualizándose también por medio de ritos auténticamente expresivos) llevará a la innovación de formas y al compromiso ético en todos los momentos de la vida particular y social.

Por otra parte, mientras que para la religión la distinción entre sagrado y profano es fundamental, para la fe cristiana esto no está excesivamente claro: todo podrá concebirse como profano, porque todo podrá ser sagrado por obra y presencia de Dios.

Cuando la fe cristiana se encauza como religión, los problemas –dada la identidad externa que procuran las normas y los ritos– serán numerosos. Y, en ello, la que casi siempre pierde es la fe: ocurrirá, por ejemplo, que los sacerdotes se convertirán en funcionarios de la religiosidad popular, mientras que en la fe serán animadores o presidentes de la comunidad de creyentes.

La fe no es solamente una opinión. Lo más genuino de la fe se expresa en las palabras «creo en ti»: esta es su forma más radical, comprometida y abarcadora. En esa expresión se ve que la fe es mucho más profunda que otras formas de creencia u opinión como pueden ser: «te creo», «creo que...», etc. Estas no son más que formas secundarias de expresar la fe.

Más profundo, pues, que la creencia-opinión es el creer-confiar. De aquí que la fe no sea sólo una relación entre el hombre y las cosas, sino entre persona y persona. El verbo latino «credere» («creer») significa «cor dare», es decir, dar el propio corazón a otro, dar totalmente la propia persona. Creyendo, en este sentido, uno se pone en manos de otro, es decir: el primero traspasa el dominio sobre sí mismo al otro, estableciendo una relación de vida entre ambos.

De ahí que creer, como acto personal, es mucho más que llevar una vida de fe, o sea, que rellenar una vida con formulaciones de fe. Y es que la fe en las palabras, asertos o verdades tiene su fundamento en la *calidad* del otro, en la *autoridad* de su persona.

Las religiones hacen referencia a algo más allá de sí mismas, es decir, manipulan la divinidad, disponen de ella y la hacen mágica, porque tratan de agarrarla y dominarla en cualquier forma posible.

La fe, por el contrario, es la entrega a un Dios, absolutamente libre y personal, que se «des-vela» a sí mismo, que revela sus misterios, que habla al hombre para que éste pueda oírlo. Esta revelación o descubrimiento que Dios hace de sí es, a su vez, una respuesta que él hace al hombre sobre una cuestión que éste tiene planteada acerca del «por qué», del «cómo» y del «para qué» de su propia existencia.

Ahora bien, como lo que Dios dice de sí mismo y del hombre lo dice en una persona, Jesucristo, que es su palabra, la fe, como acto personal, es una decisión de seguimiento incondicional a Jesucristo.

Desde esta realidad de *decisión personal para seguir a Jesucristo en el que Dios habla*, la diferencia entre creyente y no creyente no se halla en la división entre sabios y tontos, críticos y conformistas, honestos intelectuales y ciegos creyentes irracionales... La única diferencia se manifiesta entre los que se abren a la perspectiva de Dios, en la persona de Jesucristo, y los que con escéptica reserva no quieren decidirse por nada ni por nadie.

La fe cristiana, en definitiva, es una actitud personal del hombre suscitada por Dios. Como tal actitud, comporta una decisión rotunda y plena a seguir a Jesucristo, hijo de Dios salvador, omnipotente y fiel, adhiriéndose a su pensamiento, deseos, palabras y obras, lo cual motiva una creciente presencia de Dios en el creyente, con una orientación nueva y definitiva, dentro de su vida, hacia la salvación total que el hombre anhela.

LECTURAS

A

H. Küng, *Ser cristiano*. Cristiandad, Madrid 1977, 21-154.

L. Boff, *Jesucristo y la liberación del hombre*. Cristiandad, Madrid 1981, 268.

X. Zubiri, *El hombre y Dios*. Alianza Editorial, Madrid 1985, 210.

R. Guardini, *La esencia del cristianismo*. Cristiandad, Madrid 1977.

A. Fierro, *La fe y el hombre de hoy*. Cristiandad, Madrid 1970.

J. Gómez Caffarena, *La entraña humanista del cristianismo*. DDB, Bilbao 1984, c. 2, 3 y 8.

B

M. Quoist, *En el corazón del mundo*. Sígueme, Salamanca 1971.

J. Arias, *El dios en quien no creo*. Sígueme, Salamanca 1972.

H. Otero, *Posters con humor*. CCS, Madrid 1982, temas 3 y 7.

V. Pulle, *Gonzales, llamado el Jesús*. Herder, Barcelona 1977, c. 10 y 36.

S. Salom Más, *¿Fe o religión?:* «Vida Nueva», n. 1.093 (1977) 23-30.

J. Vimort, *Creo, pero no como antes*. Edimurtra, Barcelona 1982.

«Imágenes de la fe», n. 2. PPC, Madrid.

AUDIOVISUALES

Algo-Alguien. COE. 60 diap. 16' 20".
Dios con nosotros. Paulinas. 24 diap. 5' 35".
La experiencia religiosa. CCS.

Películas comerciales para un posible ciclo de cine sobre tema religioso:

El evangelio según san Mateo, P. P. Pasolini.
La última cena, T. Gutiérrez Alea.
Proceso a Jesús, Heredia.
Ya no basta con rezar, Aldo Francia.
El séptimo sello, Ingmar Bergman.
La strada, F. Fellini.
Roma, città aperta, R. Rosellini.
Las tentaciones de Benedetto, Nino Manfredi.
Andrei Rubleff, Kotchakowsky.
Viridiana, Luis Buñuel.

Cassette: *Vida con Dios*, 1. Paulinas, 089-90-91 RE.

PARA LA REFLEXION DE FE

A. Para un acercamiento al tema

1. ¿Distingues de manera suficiente la religiosidad de la fe?
¿Cómo fueron las relaciones de Jesús con la religión institucionalizada de su tiempo?

2. Diálogo acerca de la religión-ambiente o cristianismo sociológico (en qué se distingue de la «fe del carbonero», «nacionalcatolicismo», etc.).

3. Cuestiones a debatir: ¿Cómo explicar que Argentina e Inglaterra lucharan en las Malvinas, diciendo cada una que Dios estaba de su parte? ¿Qué puede significar el lema del dólar: «In God we trust» o en las monedas: «Reina por la gracia de Dios»? (¿Qué significa en estos casos ia palabra Dios?). Juzgar desde el evangelio y desde la religión los siguientes hechos: la imagen de Santiago matamoros; la dotación económica de los estados a las iglesias; las procesiones; las suplencias sociales de la iglesia en enseñanza, sanidad, tiempo libre, beneficencia, etc.

B. Para la expresión personal (individual o colectiva)

1. Imagen que cada uno tiene de Dios. Puede expresarse escribiendo cada uno una carta a Dios.

2. Puesta en común del camino de fe recorrido por cada uno: ¿cuál ha sido la influencia familiar y ambiental; qué personas, circunstancias o instituciones te han ayudado a encontrar a Jesús o a buscarlo?; ¿concibes el cristianismo como una moral o cosas que hacer?; ¿puedes decir que tu fe es suficientemente personal?; ¿qué entiendes que debe ser un cristiano?; ¿te sientes libremente cristiano?; ¿qué pasos prevés que te quedan por dar todavía? Puede hacerse una gráfica de la vida de fe con sus altibajos.

C. A la luz de la palabra

Mt 3, 9: No os hagáis ilusiones.
Mt 5, 23: Religión sí, pero...
Mc 2, 23-28: La religión para el hombre.
Sant 1, 26-27: La religión intachable.
Mt 25, 31-46: Las obras de la fe.
Mt 22, 34-40: Las columnas de la fe.
Mt 12, 1-14: Solidaridad y culto.
Sant 2, 14-17: Fe muerta.

D. Para la oración y el compromiso

«Si te viene el pensamiento de que todo lo que has pensado sobre Dios es equivocado y que Dios no existe, no te consternes por ello. Eso sucede a todos. Pero no creas que tu falta de fe procede de que no hay Dios.

Si ya no puedes creer en el Dios que antes creías, esto se debe a que en tu fe había algo equivocado y falso y tienes que esforzarte en comprender mejor eso que llamas Dios.

Cuando un salvaje deja de creer en su dios de madera, eso no significa que no haya Dios, sino que el verdadero Dios no es de madera» (L. Tolstoi).

Ante lo que hemos descubierto en el curso de esta reflexión:

¿Cómo me expreso ante Dios, qué le digo, cómo oro...?

¿Qué actitud tomar...? ¿Qué voy/vamos a hacer en concreto?

2

La religión en el mundo contemporáneo

1. SITUACION, CANTIDAD, SINCERIDAD

Con estadísticas y mapas podemos hacernos una idea aproximada del número de creyentes y de su agrupación geográfica. Nos referimos a creyentes desde el punto de vista sociológico, es decir, los que por costumbre o herencia cultural pertenecen a una religión sin que haya influido en dicha pertenencia una decisión personal clara. Es, por tanto, normal que muchas de esas personas no vivan de acuerdo con todas las normas externas que su religión les marca, o que, aun cumpliendo parte de ellas, sus creencias estén poco personalizadas.

Este fenómeno se da también dentro del área que cubre el cristianismo, o sea, el llamado occidente y sus zonas de influencia, principalmente antiguas colonias. Se le puede llamar «cultural-cristianismo».

Por otra parte, las encuestas o sondeos de opinión nos pueden orientar respecto a la realidad interior o porcentaje de convencimiento personal. No se trata de comprobar la ilustración de la fe en un determinado país y momento, pero no cabe duda de que los conocimientos influyen en la personalización de las creencias.

Los siguientes datos nos pueden servir de ejemplos:

RELIGION	1900		1980		2000	
		%		%		%
Cristianos	558	34,4	1.443	32,9	2.020	32,3
Católicos	272	16,8	809	18,5	1.169	18,7
Protestantes/anglicanos ...	153	9,4	345	7,9	440	7,0
Ortodoxos orientales	121	7,5	124	2,8	153	2,4
Otros	12	0,7	155	3,6	258	4,1
Ateos	3	0,2	911	20,8	1.334	21,3
Musulmanes	200	12,4	723	16,5	1.201	19,2
Hindúes	203	12,5	583	13,3	859	13,7
Budistas	127	7,8	274	6,3	359	5,7
Religiones pop. chinas	380	23,5	198	4,5	158	2,5
Religiones tribales	118	7,3	103	2,4	110	1,8
«Nuevas religiones»	6	0,4	96	2,2	138	2,2
Judíos	12	0,8	17	0,4	20	0,3
Otros	13	0,8	36	0,8	61	1,0

Las cifras están expresadas en millones.

Fuente: David Barret, *The World Christian Encyclopedia*.

Diversas estadísticas presentaban este o parecido panorama religioso en la España de 1982.

No creyentes, ateos	7 %
Indiferentes, dudosos	12 %
Católicos no practicantes	22 %
Católicos poco practicantes	24 %
Católicos practicantes	32 %
Otras religiones	0,9%
No contestan	1,9%

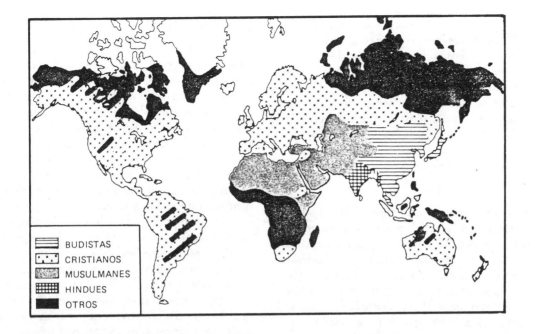

BUDISTAS
CRISTIANOS
MUSULMANES
HINDUES
OTROS

2. LA MODERNA SOCIEDAD ACTUAL ANTE LA RELIGION

Mucho se ha hablado de la crisis religiosa en el mundo actual y no siempre con la debida objetividad. Sin embargo, es un hecho que ciertas características propias de nuestro mundo someten a la religión a un proceso ambivalente: unas veces la purifican y otras la ahogan.

La más fácil comunicación de ideas y personas, junto con los avances de la ciencia y de la técnica, produce una creciente socialización e interdependencia incluso de países lejanos, plasmándose en una sociedad urbana de carácter pluralista y secularizada. En este contexto, problemas como la paz, la limitación de la energía, las relaciones norte-sur, la evolución de la pirámide de edades, la ecología, el sistema monetario internacional, etc., ocupan un amplio horizonte.

Afirmar que nuestra sociedad es *pluralista* indica que nadie puede pretender con sentido el ordenar, dominar, estructurar o manipularlo todo. Sólo los estados totalitarios abrigan esta intención, sin conseguir no obstante sustraerse a la evolución, desarrollo

y diversidad del resto. Este pluralismo impide que una religión pueda cumplir, como antes, su función en una sociedad: ser cemento que consolida y cohesiona a todo el entramado social, dándole un principio de identidad para todos sus miembros y legitimando el poder. Sin embargo, aunque en un determinado país pueda haber distintas religiones, sólo la que tradicionalmente ha sido propia y peculiar podrá seguir cumpliendo este papel, aunque sin la efectividad de antaño. Unicamente ella formará parte de su historia anterior y de su folklore. Sus símbolos y sus ritos pertenecerán de algún modo a la comunidad nacional, a su patrimonio cultural irrenunciable.

Por otra parte, nos encontramos en una sociedad *secularizada*, entendiendo la secularización como un proceso adverso a la implantación social de la religión. Esto lleva consigo una pérdida de prestigio social de sus símbolos e instituciones y una tendencia a «privatizarla», es decir, a hacerla socialmente invisible, una vez confinada en sus ámbitos y recintos propios.

La secularización es efecto de una concepción del mundo y del hombre como seres autónomos, adultos y dominadores de la naturaleza, constructores de la historia del mundo y artífices del desarrollo de los pueblos. Todo esto es inconciliable con una concepción primitiva de dios como tapahuecos de las deficiencias humanas. Es de notar, también, que la creciente atención de los grupos religiosos por asuntos del presente, desinteresándose en cierto modo del más allá, sumada al pluralismo en materia de religión, hace que ninguna de las religiones coexistentes en una concreta sociedad pueda ya cumplir completamente el papel de integración y legitimación social que antes representaba.

La mentalidad científica ha transmitido al hombre moderno la convicción de que sólo es verdadero lo que se puede comprobar experimentalmente. Esto puede causar cierta deshumanización al considerar exclusivamente la parte racional del hombre, ya que no sólo la experiencia religiosa, sino otras muchas son de un orden distinto, al que la ciencia experimental no puede llegar. El hombre de mentalidad cerradamente científica considerará la religión como un mero fenómeno histórico o cultural, lo cual puede dificultarle de forma notable el acceso a la fe.

Gracias a *la técnica*, el hombre posee una gran cantidad de poder físico capaz incluso de acabar con su propia existencia y de controlar en mayor medida que antes a la propia naturaleza. Muchos creyentes tenían una imagen de dios como explicación de los fenómenos concretos y del misterio general de las leyes cósmicas; sin embargo, el hombre técnico no precisa a dios como explicación, considerándolo como algo superfluo e inútil.

Una sociedad de *producción y consumo*, expresión última del capitalismo, se caracteriza por la creación de nuevas necesidades que el hombre tiene que resolver creándose otras nuevas. Este proceso origina elementos contrarios a los valores que ofrece la religión. La comodidad como valor, la despersonalización, el hombre unidimensional, el materialismo, el individualismo o la incapacitación para el sacrificio en beneficio de otros, pueden ser algunos ejemplos. Así, se puede permanecer intelectualmente creyente, pero la vida cotidiana estará regida por un ateísmo materialista práctico.

3. DE LA RELIGIOSIDAD AL ATEISMO

El hombre ateo era en las antiguas sociedades la excepción que confirmaba la regla. Hoy el panorama es distinto y se suele calificar al ateísmo como fenómeno de masas. No obstante, el resultado en sondeos y encuestas sobre este hecho da mayoría a las creencias religiosas, si bien, como advertíamos antes, no practicadas y poco personalizadas. El indiferentismo y el agnosticismo son expresión más frecuente en las sociedades industriales y urbanas. La falta de una adecuada información sobre el tema tiene también peso decisivo en la situación.

Tampoco podemos ignorar que las posturas tradicionalmente conservadoras de la religión y su apoyo al poder han llevado a importantes sectores, como la juventud o los obreros, a juzgar la religión desde valores sólo exigibles a la fe cristiana. En este sentido, se puede decir que la «religión cristiana» oculta el verdadero rostro de Jesús de Nazaret en múltiples ocasiones, provocando el abandono de lo que se creía verdadero cristianismo. La dinámica de progreso y la justicia no son asumibles solamente desde Jesús, sino que constituyen parte esencial de las actitudes deducibles de su mensaje.

El contratestimonio de los propios creyentes es confesado por la misma iglesia en un documento del Concilio Vaticano II: «En esta génesis del ateísmo pueden tener parte no pequeña los propios creyentes en Cristo que, con el descuido de la educación religiosa o con la exposición inadecuada de la doctrina y también con los defectos de su vida religiosa, moral y social, han velado más bien que revelado el genuino rostro de Dios y de la religión» (IM, n. 19).

4. MARX Y FREUD

El marxismo, por su presencia en el mundo como grupo sociológico ateo y por recoger sistemáticamente todas las críticas a la religión, es un elemento importante en el problema.

Simplificando al máximo, lo cual lleva consigo ser inexactos, podemos decir que para el joven Marx la religión es expresión de la situación de miseria del hombre, protesta ineficaz que consagra esa miseria y consuelo ante la situación de impotencia del mismo.

La religión es el opio del pueblo. No el opio que se echa al pueblo para adormecerlo, que diría Lenin, sino el opio que se toma el pueblo para consolarse; la aspirina que sólo calma el dolor, pero no quita la infección e incluso evita que se tomen medidas para quitarla. La miseria del hombre está provocada por la mala organización social, económica y política. El Marx adulto (1845) viene a decir que la religión es fruto de la alienación radical producida por el sistema económico; éste es el que produce y manifiesta la alienación humana en lo político, lo filosófico y lo religioso. El hombre es en definitiva el que se fabrica la religión. Dios no es más que lo que el hombre es. Cuando se muden definitivamente las relaciones y condiciones de la vida laboral práctica, la religión desaparecerá.

La evolución posterior de la crítica marxista a la religión ha seguido múltiples caminos, siendo los más importantes el del marxismo-leninismo y el del marxismo occidental. No es éste el momento de entrar en ello, pero baste ver la diferencia que existe entre la persecución religiosa defendida por unos a lo expresado por el marxista español M. Azcárate: «La religión ¿es sólo opio? Pensamos que no. Es necesario profundizar más de lo que se ha hecho hasta aquí en la idea expresada por Marx en el texto citado más arriba, que presenta la religión como protesta contra el desamparo del hombre. Esta concepción se refleja en otros trabajos clásicos del marxismo. Es un aspecto fundamental sin el cual una serie de hechos históricos y actuales escaparían a nuestra comprensión» («Realidad», 5-5-65, 68).

Para el psicoanálisis de Freud, el hombre es un animal evolucionado que tiene que liberarse de sus represiones, explotando las posibilidades que se esconden en lo más íntimo de él mismo. Una traba importante es la religión, la cual no consiste más que en una ilusión infantil o, lo que es peor, en una neurosis obsesiva y universal. Dios es una ilusión fabricada por los hombres para tener seguridad y ternura.

La negación de la trascendencia para este hombre al que se reconoce inacabado y lleno de deseos es común a Marx y Freud.

5. EL FUTURO DE LA RELIGION

Hablar del futuro con pretensiones de seriedad no es fácil; por ello recurrimos a las opiniones de personas que pueden, por sus conocimientos, aportarnos alguna luz.

El historiador británico Arnold J. Toynbee afirma: «Estoy convencido de que ni la ciencia ni la tecnología pueden satisfacer las necesidades espirituales a que todas las posibles religiones tratan de atender, por más que consigan desacreditar algunos de los dogmas tradicionales de las llamadas grandes religiones. Visto históricamente, la religión vino primero, y la ciencia nació de la religión. La ciencia nunca ha suplido a la religión, y confío en que no la suplirá nunca... ¿Cómo podemos llegar a una paz duradera? Para una paz verdadera y permanente, es una revolución religiosa, de ello estoy seguro, conditio sine qua non. Por religión... entiendo la superación del egocentrismo, tanto en los individuos como en las colectividades, a base de entablar relación con la realidad espiritual allende del universo y poner nuestra voluntad en armonía con ella. Tengo para mí que ésta es la única clave para la paz, pero aún estamos muy lejos de tenerla en la mano y poder utilizarla, y así, hasta que lo consigamos, la supervivencia del género humano seguirá puesta en duda».

Es ahora el teólogo Hans Küng el que opina: «Los verdaderos expertos en sociología de la religión, desde Max Weber y Emile Durkheim hasta los contemporáneos, están de acuerdo: siempre habrá, al igual que arte, también religión. Y la religión seguirá siendo, pese a todos los cambios, de capital importancia para la humanidad: sea preferentemente como factor de integración en la sociedad, en el sentido de Durkheim (pertenencia a una comunidad); sea más como elemento de orientación y valoración racional, en el sentido de Weber (instalación en un sistema interpretativo); sea directamente en favor de las relaciones personales e interhumanas, pero con formas sacrales (Thomas Luckmann, Peter Berger); sea indirectamente en favor de las instituciones y estructuras sociales conservando sus formas sacrales (Talcott Parsons, Clifford Geertz); sea, en fin, que desempeñe una función orientadora e integradora a base de formar unas élites de avanzadilla en las sociedades pluralistas (Andrew Greenley).

Los sondeos socio-religiosos hechos hasta el presente se han fijado casi exclusivamente en el material estático de la asistencia a los servicios litúrgicos y otras prácticas religiosas. Innegable es, sin embargo, la persistencia del interés por la religión en capas sociales aparentemente alejadas de ella, como ha sido recientemente ratificado por el nuevo material estadístico, en contra de algunas suposiciones y prejuicios descontrolados. El control extensivo de la religión ha remitido: la religión ejerce cada vez menos influencia directa en los ámbitos de la ciencia, la educación, la política, el derecho, la medicina y el bienestar social. Pero, ¿puede deducirse de ahí que el influjo de la religión en la vida del individuo y de la sociedad en general ha remitido en la misma medida? En lugar de control y tutela extensivos, puede darse un influjo moral más intensivo e indirecto».

Para la fe cristiana es esperanzador el proceso de mayor personalización que se observa, heroico en algunas ocasiones, que van adquiriendo ciertas comunidades. Se puede decir, sin sobrevalorar el dato, que la fe alienante y desencarnada está a la baja.

BIBLIOGRAFIA

A.
J. Domínguez-J. Castiñeiras, *Fe en el mundo de hoy.* Mensajero, Bilbao 1970, primera parte.
J. Bestard Comas, *Mundo de hoy y fe cristiana.* Narcea, Madrid 1984.
H. Küng, *Ser cristiano.* Cristiandad, Madrid 1977, 63-71.
A. Vergote, *Psicología religiosa.* Taurus, Madrid 1975, 144 y 157.
B.
J. J. Servan-Schreiber, *El desafío mundial.* Plaza y Janés, Barcelona 1982.
Varios, *Fe del hombre y fidelidad de Dios.* S. M., Madrid 1977.
Fundación FOESSA, *Informe sociológico sobre el cambio social en España (1975-1983).* Euramérica, Madrid 1983, 515-784.
Varios, *Informe sociológico sobre la juventud española 1960/82.* S. M., Madrid 1984.
Th. Luckmann, *La religión invisible.* Sígueme, Salamanca 1973.
F. Fürstenberg, *Sociología de la religión.* Sígueme, Salamanca 1976.
J. M. Velasco, *La religión en nuestro mundo.* Sígueme, Salamanca 1973.
H. Küng, *¿Existe Dios?* Cristiandad, Madrid 1979.
«Concilium», *El indiferentismo religioso* (mayo 1983) 185.
«Selecciones de teología», *Los sociólogos y el cristianismo* (1985) 93.
C.
Pierre Dentin, «Mesa redonda». Apostolado de la prensa, Madrid 1969, cuadernos 6 y 7.
«Imágenes de la fe», n. 31-37-98-133-165. PPC, Madrid.
La sociedad actual (col. «Grandes temas»). Salvat, Barcelona 1973.
José M.ª Gironella, *Cien españoles y Dios.* Plaza y Janés, Barcelona 1976.

Para información sobre distintos grupos religiosos

Abundante bibliografía en *El fenómeno religioso,* II, 2.ª
parte: *Las religiones actuales.* Claret, Barcelona
1978.
J. García Hernando, *Pluralismo religioso.* Sociedad de
educación Atenas, Madrid 1981-1983.
Lion Publishing, *El mundo de las religiones.* Verbo
Divino, Estella 1985.
K. Algermissen, *Iglesia católica y confesiones cristia-
nas.* Rialp, Madrid 1964.
F. König, *Cristo y las religiones de la tierra.* Editorial
Católica, Madrid 1960.
«Vida nueva», n. 836, 838, 840, 842, 865, 942, 943,
1.018, 1.192, 1.381, 1.387, 1.406, 1.468.

«Imágenes de la fe», n. 96, 108, 122.
Colección «Temas clave». Salvat, n. 9, 62, 89, 93, 97.
«Concilium», n. 98, 116, 128, 136, 158, 173, 174.
Fichas «Mesa redonda», n. 2. Apostolado de la prensa,
Madrid 1970.

AUDIOVISUALES

Sacadme de aquí. Edebé, 60 diap. 13' 17''.
La otra carrera. Paulinas, 48 diap. 8' 10''.
El hinduismo. CCS.
El budismo. CCS.

ACTIVIDADES

A.

1. Comprobar el punto de partida contestando a estas preguntas:

La religión, ¿está más o menos extendida en nuestros días que en tiempos pasados? ¿En qué te basas? ¿O quizá tiene características distintas? ¿Cuáles son? ¿Piensas que la religión seguirá existiendo en el futuro o desaparecerá? ¿Cómo te imaginas el futuro de la sociedad, con o sin religión?

2. En pequeños grupos, hacer una descripción o retrato del comportamiento de estos tres tipos distintos de personas: *la religiosa, la indiferente y la atea.* Describir dicho comportamiento en el modo de vestir, trabajo, diversión, amigos, política y religión.

3. Puesta en común de lo elaborado por los grupos en el ejercicio n. 2, escribiendo en el encerado las características de los tres tipos, resaltando aquellas en las que todos coinciden o las que son manifiestamente divergentes; establecer un pequeño debate a fin de aclarar el sentido de lo expresado y llegar a una unificación de criterios.

4. Hacer un «rol-playing» o una «pantomima» con los resultados del ejercicio anterior.

5. Enumerar cinco características de la sociedad actual y decir lo que puede tener de positivo y negativo cada una de ellas.

B.

1. Puede usarse la misma actividad que la correspondiente en este apartado del tema anterior.

2. Con los datos de la estadística presentada en el punto primero del tema, elaborar un diagrama de columnas o círculos que exprese visualmente los porcentajes de adeptos correspondientes a las diversas religiones. Para ello pueden usarse distintos colores.

3. Confeccionar un cuadro a tres columnas verticales. Escribir en la primera las características de nuestra sociedad señaladas en el punto 2 del tema. En la segunda columna, una breve descripción de la correspondiente característica. Y en la tercera, señalar también brevemente cómo resulta afectada la religión por cada una de ellas.

4. Por medio de un «Philips 6'6», aclarar qué quiere decir que *la religión ha perdido control extensivo y directo,* pero que *puede haber crecido en influjo intensivo e indirecto.* Citar algunos ejemplos significativos.

C. Una vez estudiado el tema, anotar en qué han cambiado tus opiniones respecto a lo expresado en la actividad A. 1.

D. Debate, mesa redonda o diálogo sobre alguno de los siguientes temas:

«Curas guerrilleros»: pros y contras.

Procesiones: ¿actos culturales o religiosos?

Sentido de las rogativas, de las oraciones para aprobar los exámenes, etc.

Qué opinaría Jesús de la religión que tú conoces.

Limitaciones de la ciencia en cuanto a dar respuesta al sentido de la vida.

Pluralismo: problemas de relación mayoría-minoría.

E. Elaborar en el plazo de dos semanas un «dossier» que refleje el funcionamiento de una parroquia o comunidad religiosa de tu ciudad, especificando los siguientes apartados: culto, catequesis, actividades formativas, actividades recreativas, administración, actividades asistenciales, personal con que cuenta, proyectos, estilo...

F. Pintar un proyecto de póster con cada característica de la sociedad o todas reflejadas en uno.

¿PARA QUE ESTAMOS EN LA TIERRA?

El interrogante sobre el sentido de la vida, el por qué y el para qué puede resultar teórico y por tanto prácticamente inútil para muchas personas en determinadas situaciones. Para responder de una forma comprometida, es necesario que la pregunta sea vivenciada, provenga del interior de la persona y no se plantee como algo meramente exterior de carácter retórico o como entretenimiento filosófico o académico. No basta preguntarse quedándose fuera de la cuestión. Es preciso sentirse implicados en la pregunta. Estudiar al hombre como una cosa más de las que existen es prescindir de lo más peculiar del hombre: la conciencia de sí mismo.

Hay ocasiones y modos de ser que pueden hacer fácil que la pregunta exterior llegue a ser pregunta personal e interior. La edad y la capacidad de interiorización, o determinadas experiencias límite pueden tener mucho que ver en ello. Lo cierto es que la pregunta sólo podrá ser contestada cuando de verdad el sujeto se interroga a sí mismo. La pregunta se puede escamotear, y vivir distraídamente, pero no por ello se detiene la vida, sino que simplemente se le quita consciencia.

¿Qué sentido le estoy dando a mi vida?, ¿adónde camino de hecho?, o ¿qué sentido quiero darle a mi vida?, ¿a dónde quiero ir? son variantes de un mismo tema, aunque el punto de partida sea distinto.

Aparecimos en la vida, nos nacieron sin ninguna decisión nuestra y de hecho seguimos viviendo, caminando, pero... ¿hacia dónde? El hombre es un ser inacabado y por tanto lleno de deseos que anda sin descanso y espera llegar, pero... ¿a dónde?

¿De dónde sacar la contestación? ¿Qué o quién me puede ayudar a responder? ¿Cómo han llegado otros a darse contestación? ¿Existe una respuesta objetiva y evidente? ¿O realmente el hombre y su existencia es un misterio sólo abordable desde la fe y el convencimiento sin demasiados argumentos externos? ¿Creer que sí, creer que no, creer que «qué sé yo»? ¿Puede ayudar la ciencia o tal vez las ideologías o quizá las religiones?

¿Es Jesús respuesta para nosotros? ¿Por qué? ¿Qué hacer? ¿Cómo aceptamos sus valores?

LECTURAS

J. Gómez Caffarena, ¿Cristianos hoy? Cristiandad, Madrid 1976.

M. Benzo, Sobre el sentido de la vida. BAC, Madrid 1980.

Equipo Eucaristía, El hombre. Verbo Divino, Estella 1979.

V. Frankl, *El hombre en busca de sentido*. Herder, Barcelona 1979.

V. Frankl, *La presencia ignorada de Dios*. Herder, Barcelona 1978.

Fabry, *La búsqueda de significado*. Fondo de cultura económica, México 1977.

«Concilium», n. 128 (septiembre, 1977).

H. Otero, *Posters con humor*. CCS, Madrid 1982, c. 4.

Colección «El credo que ha dado sentido a mi vida». DDB, Bilbao.

AUDIOVISUALES

La galaxia de Cristo. Marova, tomo I, 48 diap.

Dios existe. Claret, 168 diap.

Hombre, ¿quién eres tú? Claret, 160 diap.

La alondra y las ranas. Edebé, 48 diap. 10' 44''.

PARA LA REFLEXION DE FE

A. Averiguar cuál es de hecho nuestra escala de valores en la vida, valiéndonos de alguno de estos procedimientos:

1. Supón que el médico te da dos años de vida; piensa un poco y haz una planificación con lo que harías en estos dos años que te quedan. Haz una lista de diez cosas que querrías hacer y ordénalas por orden de preferencia. Posteriormente, en grupo, comunica a los compañeros lo que has elegido y las razones que te han movido a ello.

2. Imagina que este edificio se incendia y únicamente uno puede salvarse. En primer lugar, piensa las razones por las cuales crees que eres tú quien debe salvarse. Anótalas para convencer al grupo. A continuación, además de exponerlas a tus compañeros, escuchas las razones de los mismos: no se permite discutir las razones de los otros, sino sólo hacer preguntas que inviten al compañero a reflexionar; ve anotando las razones de los demás componentes.

– Haz una lista de razones que han expuesto los compañeros y en las que tú no habías pensado.

– Compara esa lista con la que en principio habías confeccionado tú y responde a las siguientes preguntas: ¿Qué descubres al compararla? ¿Hay algún valor que querías considerar? ¿Cambiaría algo tu vida si tuvieras en cuenta alguno de estos valores mencionados por los compañeros? ¿Querrías que cambiara en este sentido? ¿Se te ocurre que hay algo que te gustaría cambiar en ti después de esta reflexión?

B. Hacer en grupo un comentario a la siguiente poesía de León Felipe:

El Cristo... es el Hombre

«No hay otro oficio ni empleo que aquel que enseña
al hombre a ser un hombre.
El Hombre es lo que importa.
El Hombre ahí,
desnudo bajo la noche y frente al misterio,
con su tragedia a cuestas,
con su verdadera tragedia,
con su única tragedia...,
la que surge, la que se alza cuando preguntamos,
cuando gritamos en el viento.
¿Quién soy yo?
Y el viento no responde... Y no responde nadie.
¿Quién es el hombre?».

C. A la luz de la palabra

Mt 7, 24: Sólidos cimientos.

Mt 10, 39: Ese hallará la vida.

Mt 11, 16: No queréis ver la verdad.

Mt 16, 24-28: De qué te sirve, si te pierdes tú.

Jn 14, 5-11: Camino verdadero y viviente.

2 Tim 1, 12: Sé de quién me fío.

D. Confeccionar entre todos un «credo» que dé sentido a nuestra vida, o una «carta programática» que exprese desde la fe cristiana el sentido de la vida.

25

3

La imagen de Jesucristo

1. UN SOLO JESUS Y DIVERSOS MODOS DE ENTENDERLO

La fe cristiana supone una adhesión explícita a la persona de Jesucristo. Pero, ¿qué o quién se esconde detrás de este nombre? ¿Qué Cristo? Porque las experiencias en relación al único y mismo Jesús han sido y son muy distintas, de tal manera que han dado pie a unos para abrazar la fe y a otros para abandonarla. También el no creyente tiene una imagen de Jesús más o menos determinada.

El conjunto de visiones sobre Jesús es muy variado: para unos es dulce y con cabellos rizados, mientras que para otros es un duro guerrillero liberador. Esta diversidad es hasta cierto punto natural, ya que los hombres somos distintos porque estamos distantes y, en consecuencia, cada uno ve las cosas y las personas desde «su lugar» y su perspectiva. No se ven las cosas igualmente desde una choza que desde un palacio. Así se producen imágenes en parte complementarias, pero no faltan también las que son incompatibles, no sólo en los detalles, sino incluso en el fondo.

A lo largo de la historia, el arte en sus manifestaciones plásticas, literarias o musicales nos muestra unas imágenes de Cristo que son más plasmación de un ambiente y un contexto cultural que creaciones de un artista en un momento dado. Una determinada representación plástica de Cristo es así porque, en el tiempo y lugar donde se produjo, se veía a Cristo de esa manera a causa de innumerables factores de todo tipo: económicos, de relación, de información, etc. De este modo, encontramos a Jesús representado como dios, juez, rey, impasible al dolor, hombre, modelo e ideal de belleza, doliente, trabajador, guerrillero, hippy, etc.

Cada uno de nosotros, cuando hablamos o pensamos en Jesús, nos lo imaginamos de una forma relativamente concreta, dependiendo de la información que de él hemos recibido en nuestro ambiente, y dependiendo también de nuestra propia manera de ser.

Al creyente o al simplemente interesado por Jesús no le importa tanto el retrato físico de su cuerpo cuanto el significado total de su persona. ¿Cómo interpretamos a Jesús? O de otro modo: ¿qué o quién es Cristo para mí? Esa es en definitiva la pregunta clave.

2. EL RETRATO FISICO DE JESUS

El Nuevo Testamento no nos da indicación alguna sobre el aspecto externo de Jesús y, si nos atenemos a lo escrito, incluso los cuatro evangelios lo presentan desde distintos puntos de vista; no podía ser de otra manera: nos dan de Jesús imágenes diferentes, aunque complementarias.

En un comienzo se mantuvieron dos posturas divergentes: una, que defendía la belleza y otra, la fealdad física de Jesús. Partidarios de esta última eran, entre otros, san Justino, san Clemente de Alejandría, Tertuliano, san Ireneo y Orígenes. Todos pretendían basarse en la biblia. Para defender la fealdad, se citaban Is 52, 14; 53, 2. Para la postura contraria, las citas eran muy numerosas, pero igualmente sacadas de contexto. Por fortuna para el arte, triunfaron los partidarios de la belleza.

Enseguida se establecieron cánones típicos o normas de representación. Un ejemplo, aunque tardío, es la llamada carta de Léntulo, pretendido predecesor de Pilato. A pesar de ser una falsificación del siglo XIII, nos puede servir para conocer cómo eran los rasgos de las imágenes de Jesús de entonces.

«Es un hombre robusto, de mediana estatura –quince puños y medio de alto–, de presencia firme, noble y venerable. Su cabello castaño desciende recto hasta la altura de las orejas, y se riza allí en suaves bucles, tendiéndose sobre los hombros; los lleva divididos en medio de la cabeza al estilo de los nazireos. Su frente es despejada y serena. Su rostro, sin arrugas ni mancha, agraciado por una morenez media, no muy subida. Nariz y boca, impecables. Lleva barba poblada, partida en medio y del mismo color que los cabellos. Tiene grandes ojos gris-azulados. Su mirada es sencilla, profunda y de sorprendente y variadísima capacidad de expresión. Terrible al reprender, dulce y amable cuando amonesta. Es sobriamente alegre. Algunas veces llora, pero jamás se le ha visto reír. Su figura corporal se muestra siempre firme y recta. Sus brazos y manos, bien formados. Habla con serenidad, con moderación y mesura. Con razón se le podrían aplicar las palabras del profeta: es el más hermoso de los hijos de los hombres».

En oriente, según el «manual del pintor», la figura de Cristo es «... tal como lo han transmitido aquellos que lo vieron desde los comienzos: el cuerpo humano del hijo de Dios mide tres codos de largo, levemente inclinado. La nota más sobresaliente es su mansedumbre. Tiene muy bellas cejas, unidas entre sí; bellos ojos y nariz color trigueño. La cabeza, de cabello crespo, con leve toque rubio. Barba negra. Los dedos de sus manos finísimas son algo largos, pero de buena proporción. En resumen: como la madre de la cual tomó vida y humanidad perfecta».

A la abundancia de imágenes de Cristo debió contribuir el culto al retrato del emperador, al que se tributaba el mismo ceremonial de honores que al emperador en persona.

Los primeros supuestos retratos de Jesús van acompañados de leyendas que indican que no estaban hechos por manos humanas o que, en todo caso, su realización era milagrosa. Las más populares de estas leyendas atribuyen a san Lucas el oficio de pintor retratista de María y, por indicaciones de ella, también de Jesús. De gran antigüedad (s. III) es la tradición de la imagen edesana. Según esta leyenda, Jesús se habría llevado un paño al rostro donde quedó impreso su retrato, posteriormente enviado al rey de Edesa con una carta. Parecida historia es la de Verónica. A través de todas estas tradiciones, proliferan las imágenes del tipo «Santa Faz». La sábana santa de Turín, con todos sus interrogantes, contiene no sólo el rostro, sino la figura completa de Jesús yacente en el sepulcro.

3. CRISTO EN EL ARTE OCCIDENTAL

En el llamado *arte paleocristiano* encontramos que, por influencia de la tradición judía de no representar figuras humanas, y mucho menos a Dios, no se representa a Jesús sino por medio de símbolos, anagramas y alegorías: letras, el pez, el león, el pavo real, la paloma, el áncora y el pan son los más frecuentes.

Entre las *imágenes más antiguas de Jesús*, ya en el s. III, está la que lo presenta como Helios. Se halla en la bóveda de un mausoleo cristiano del cementerio que se encuentra bajo la actual basílica de san Pedro. Figura Cristo como el sol que conduce una cuadriga. Sin embargo, la más famosa es el buen pastor que imita la figura de Hermes imberbe. También es notable la de Cristo maestro, sentado en la cátedra. En estas representaciones podemos descubrir una iglesia que usa el lenguaje artístico pagano sin renunciar a su propia identidad y comunica su mensaje de fe por medio de formas culturales de su ambiente.

Hasta el siglo V no se conoce lo que hoy llamamos crucifijo. En un principio fue solamente un cordero bajo la cruz y en un segundo momento la cruz sin Cristo.

Durante la vigencia del *estilo románico*, dos son las más frecuentes formas de caracterizar a Cristo: la llamada «Cristo en majestad» y el «Pantocrator». En la primera, Cristo aparece como dios, rey y juez, que tiene la cruz, no como suplicio, sino como un trono en el que un Jesús no sufriente, vestido con rica túnica y a veces con corona real, presenta un cristianismo triunfante que, ya como religión implantada, legitima el poder establecido. El dogma y el rito son los puntos de interés. La imagen de Batlló y el Cristo del Cid, ambas en el museo de arte de Cataluña, son dos ejemplos cercanos. El Pantocrator («todopoderoso») también caracteriza a Cristo como Dios (luz de luz), con un porte imperial inmutable y eterno en medio de un mundo en cambio.

Colocado en la entrada o en el interior de los templos, señala que la salvación está en la iglesia, que es la que administra el camino hacia la realidad última. Uno de los más conocidos es el colocado en el Pórtico de la Gloria de Santiago de Compostela.

Con el *estilo gótico* se opera un cambio de imagen. Cristo es ahora el «Beau Dieu», que bendice sonriente, o el crucificado sufriente, que manifiesta así su humanidad. Siempre como maestro y modelo que sirve de ejemplo. La claridad y la moral son ahora los puntos de interés. En los crucifijos, los tres clavos, en lugar de los cuatro hasta entonces habituales, dan una mayor sensación de dolor; y su cabeza baja, hacia el fiel, lo hacen más cercano. Los símbolos son sustituidos por la expresión psicológica: es el Dios que se acerca a los hombres. San Francisco de Asís, inventor del belén viviente, y santo Tomás de Aquino, autor de una síntesis entre la filosofía griega y el pensamiento cristiano, por su humanidad y su claridad, son dos personajes representativos de la época.

La imagen de María, como elemento dulcificador y maternal, se hace presente en las imágenes de tipo «piedad».

El *Renacimiento*, con una preferente búsqueda de la estética y la belleza, hace de Cristo un hombre ideal con formas similares a las del dios Hermes. El Juicio final de Miguel Angel es un ejemplo claro.

Durante el *barroco*, se trata de convencer por la emoción más que por la razón. El pueblo inculto recibe así el mensaje, ya que el catolicismo de la época no lee tanto la biblia como el protestantismo. En las imágenes ve el fiel pasión, sentimiento y dolor representado de la forma más realista. Ojos de cristal, dientes naturales, vestidos de tela, lágrimas, policromía, etc., son los medios más usados. El Cristo crucificado o yacente, como muerto, entra en el cuadro de procesiones y autos de fe mezclado con el ruido de las cadenas, el incienso y las luces. Los Cristos de Gregorio Fernández pueden ser una buena muestra de ello.

El *rococó* trae consigo una afeminación en la que el dolor se rehuye. La obra de Francisco Salcillo está en esta línea.

El *neoclásico*, con su academicismo, realiza un tipo de Cristo que podría ser calificado de perfecto, pero frío y sin emoción.

Durante el *siglo XIX*, con la revolución industrial, se inicia la imaginería en serie sobre arquetipos anteriores. En España, las escayolas de Olot (Gerona) proliferarán por las iglesias, presentando, por ejemplo, un Corazón de Jesús muy poco afortunado en cuanto a expresión artística se refiere.

En el *siglo XX*, los nuevos humanismos y las tragedias y problemas del hombre contemporáneo diversifican la presentación de las imágenes de Jesús propias de esta época. Tercer mundo, amenaza atómica, injusticia social, estructuras injustas y un mundo de asfalto y hormigón, carente de humanidad, influyen decisivamente en las representaciones de Cristo. Esta problemática y la ideología del artista son los factores que más determinan el tipo de caracterización. Sin embargo, en el común de los templos perduran las imágenes dulzonas e irreales de la época anterior. Por otra parte, el arte de distintos continentes, América, Africa y Asia, va produciendo imágenes indígenas de Cristo desde la perspectiva de su cultura.

4. CRISTO EN EL CINE

Unas cuarenta películas abordan en exclusiva el tema de Jesús, aunque no todas merezcan el mismo interés. En 1897, a sólo dos años de la invención del cine, se hicieron no menos de cinco filmes sobre Jesús. El mismo Lumière produjo «Vida y Pasión de Jesucristo» sobre representaciones populares · de Bohemia con el drama de la pasión. «La Passion du Christ», de Lear, rodada en un salón, «La Passione di Gesù», de L. Topt, «Passion Play» y «The Sing of the Cross» fueron otros títulos rodados. En 1915 se hizo la primera versión importante: la italiana «Christus». En 1926 se llevó a cabo una superproducción colosalista de C. B. de Mille titulada «Rey de reyes». El francés J. Duvivier, siguiendo como guión el evangelio de san Mateo, realizó «Gólgota» (1935).

En México, con mejor intención que resultados, se hicieron «Jesús de Nazaret» (1942) y «El mártir del calvario» (1952). En España se rodó un largo documental, «Cristo» (1953), sobre pinturas del siglo XVI y XVII. Más mediocres fueron «El Judas» y «El beso de Judas». Conocidas en todo el mundo

fueron «Los misterios del rosario» del padre Peyton y «Rey de reyes» de Nicholas Ray, también rodadas en España. Las más de las veces todo quedaba en cine de romanos, barbas, cartón piedra, miradas melífluas y tinta roja como sangre. El título de G. Stevens, «La historia más grande jamás contada» (1964), indica ya por dónde iba la realización.

El llamado cine pobre sobre Jesús lo inició Pier Paolo Passolini con su «Evangelio según san Mateo», siguiendo al pie de la letra lo escrito por el evangelista. Más tarde, «Jesucristo Superstar», adaptación de Norman Jewison de la ópera rock del mismo nombre, recreaba y actualizaba personajes y situaciones. «Godspell», más lograda en el teatro que en el cine, sirvió de continuación a la anterior. Andrej Wajda (1972) realizó «Pilato y los demás». «El Mesías» (1976), de Rossellini y «Jesús de Nazaret», de Franco Zeffirelli –ésta última realizada con gran exhibición de medios y estrellas– son las dos últimas películas notables sobre el tema.

5. EPOCA E IMAGEN

Al examinar las diferentes imágenes, vemos que cada época ha encontrado en Jesús sus propias ideas. Cada individuo puede crearse un Jesús a imagen y semejanza de su particular personalidad. No es el Jesús histórico o exegético el que determina una concreta teología o praxis cristiana. Más bien, cada teología y cada actitud cristiana modelan según sus propias necesidades la figura, de suyo bastante indeterminada, del Jesús histórico. Es normal que así sea. La figura histórica de Jesús no está rigurosamente perfilada por los datos de las fuentes ni por la investigación de los exégetas. Las lagunas de nuestro conocimiento sobre la historia de Jesús ofrecen un campo bastante amplio para este pluralismo de interpretaciones. Sin embargo, la figura de Jesús no puede convertirse en un recipiente vacío en el que cada teólogo vierte sus propias ideas. La investigación tiene que hacer posible, al menos, la exclusión de falsas interpretaciones. En cada época, los creyentes tratan de descubrir en Jesús los rasgos que mejor pueden iluminar los problemas en que se ven envueltos. Por eso es normal que el cristiano de hoy se pregunte, por ejemplo, por el comportamiento político de Jesús.

6. MEDIOS ANTIGUOS Y NUEVOS

Ya sea con medios tradicionales como el teatro, la novela, la poesía, o modernos como el póster o el cómic, se suele expresar hoy la visión que de Jesús se tiene creando al mismo tiempo una aceptación de esa imagen en los demás.

No hemos de perder de vista tampoco que cuando se manifiesta un determinado concepto de lo que debe ser la iglesia o la moral del cristiano, también se está manifestando indirectamente una imagen de Jesús que fundamenta la de la iglesia o la de la moral. Las diversas tendencias teológicas, al igual que las devociones, expresan unos perfiles que definen, al menos por aproximación, el «cómo», «quién» y «para qué» de Cristo.

BIBLIOGRAFIA

H. Küng, *Ser cristiano*. Cristiandad, Madrid 1977, 154-178.
R. Rodríguez Culebras, *El rostro de Cristo en el arte español*. BAC, Madrid 1974, 1-13.
J. L. Martín Descalzo, *Jesucristo*. BAC, Madrid 1974, I, 1-8.
José M.ª Cabodevilla, *Cristo vivo*. BAC, Madrid 1963, 113-117.
J. A. Pagola, *Jesús de Nazaret*. Idatz, San Sebastián 1981, 213.
J. Gómez Caffarena, *La entraña humanista del cristianismo*. DDB, Bilbao 1984, 169-183.
J. L. Carreño, *Las huellas de la resurrección*. Madrid 1978.
J. L. Carreño, *Al cerrarse la urna de la sábana de Cristo*. CCS, Madrid 1980.
«Vida nueva», *Los nuevos films sobre Jesús*, n. 1.122 (1978).

AUDIOVISUALES

Pintura española. Escultura española. Sanz Vega.
Historia del arte español. Hiares, Madrid.
Historia universal del arte y la cultura. Hiares, Madrid.
El paso de Jesús por la historia. Claret, 77 diapositivas.
El evangelio de los iconos. Claret, 96 diapositivas, 30'.
Fotopalabra. Marova, Madrid (340 imágenes).
Fotoproblemas. CCS, Madrid (288 imágenes).
Fotolenguaje. S. M., Madrid (120 imágenes).

ACTIVIDADES

A.

1. Cómo pintarías tú a Jesús. Descríbelo en una redacción-telegrama de 30 ó 40 líneas.

2. Describe qué opinaría Jesús sobre la guerra, el dinero, los alcohólicos, el poder político, la religión... Igualmente puedes describir dónde viviría en tu ciudad, cómo vestiría ahora, qué música le gustaría...

3. Sobre la foto de una imagen de Jesús, decir en qué se está de acuerdo y en qué no, o por qué es indiferente. Indicar las causas.

4. Inventar un sistema por el cual podamos conocer qué imagen de Jesús es la que tiene la mayoría del grupo.

5. De modo parecido a la anterior actividad n. 3, indica alguna canción que exprese una idea sobre Jesús con la que estés de acuerdo.

6. Cómo te gustaría ser a ti. Da diez características en distintas facetas: corporal, inteligencia, trato con los demás, cualidades, relaciones con los problemas de la sociedad, etc. Posteriormente, observar si esa imagen propia se proyecta sobre Jesús y sacar las consecuencias.

7. Qué sentido tiene que llevemos cruces o medallas colgadas al cuello.

8. Qué sentido tiene la presencia del retrato de los jefes del estado. Qué sentido puede tener la presencia de imágenes de Cristo.

B.

1. Realizar un cuadro sinóptico de tres columnas verticales y paralelas, incluyendo en la primera el estilo, en la segunda las características de las imágenes de Jesús en ese estilo artístico, y en la tercera columna ejemplos de ese estilo.

2. Proyectar, en orden, dos diapositivas de cada tipo de imagen de Jesús, comentando sus características.

3. Proyectar, en desorden, diversas imágenes de Jesús e identificar a qué estilo pertenece cada una de ellas.

C. Comentario del texto de una poesía sobre Jesús.

D. Cuestiones para comentar o debatir

1. ¿Por qué apenas se representa a Cristo como el hombre de hoy o al hombre de hoy como Cristo, al estilo de la imagen del pintor italiano Rosal (Galería Vaticana de Arte Moderno)?

2. Las imágenes de Cristo ¿ayudan a crear una idea de Cristo o es la idea de Cristo la que crea las imágenes?

3. ¿Qué opiniones nos merecen las procesiones, romerías, representaciones de la pasión, autos sacramentales, dances, «moros y cristianos», pastoradas o similares? ¿Son para todos o sólo para la gente de fe?

4. Cómo captar el espíritu de Jesús lo más objetivamente posible para hacerlo presente hoy.

E.

1. En grupo, averiguar y poner en común qué tipo de imágenes son las más frecuentes en las iglesias de la ciudad, por qué están ahí, qué situaciones manifiestan, etc.

2. Ver un programa religioso de TV y deducir qué imagen de Jesús se quiere presentar.

F. Dibuja, retrata, modela o emplea otros medios plásticos para realizar la imagen de Jesús que tú tienes o la que tiene el grupo.

Y VOSOTROS, ¿QUIEN DECIS QUE SOY YO?

«¿Quién dice la gente que soy yo?» (Mt 16, 13-16). Esta pregunta que hace Jesús a sus discípulos en Cesarea de Filipo recibe a lo largo de los siglos las respuestas más diversas. Cada generación y aun cada individuo responden según su comprensión del mundo, del hombre y de Dios. El hecho de Cristo está ahí, pero ¿cómo lo interpretamos? ¿Quién es en realidad Cristo para ti? ¿Un personaje del pasado como Espartaco o Felipe II? ¿Alguien destacado por su coherencia entre lo que decía y lo que hacía? ¿Un hombre extraordinario por sus ideas? ¿Un fundador religioso como Buda o Mahoma? ¿El que nos da la letra de una nueva ley de Dios a la que nos hemos de someter a costa de nuestra libertad? ¿El que da un nuevo estilo a nuestras relaciones con Dios y, por tanto, también a nuestra relación con el mundo y los hombres? ¿El Cristo? ¿El Hijo de Dios?

Los interrogantes podrían ser infinitos. Todavía nos quedan contestaciones teóricas aprendidas por diversos cauces, pero lo que nos interesa ahora es nuestra respuesta profunda y vital. Más de cincuenta títulos o calificativos daba a Jesús la comunidad primitiva (Cristo: 500 veces; señor: 350, hijo del hombre: 80; hijo de Dios: 75, etc.). No se trata de dar una contestación verbal con títulos antiguos o nuevos que objetivamente son verdad, pero que a veces sólo afectan, y de forma superficial, a nuestra inteligencia. Nuestra respuesta real ha de ser ya camino de fe, intentando vivir como él vivió: saliendo de nosotros mismos y buscando el centro del hombre, no en uno mismo, sino fuera de sí, en el otro y en Dios, trasladando las pautas de Jesús a nuestra vida. Es necesaria una respuesta que abarque toda nuestra persona y, por tanto, que comprometa toda nuestra vida. Entonces Jesús no será sólo la más famosa figura de nuestro mundo cultural, que nos hace llegar los efectos de su obra, sino alguien vivo aquí y ahora.

Desde la fe, y aun desde fuera de ella, lo podemos ver provocativo para la derecha y para la izquierda, más próximo a Dios que a los sacerdotes, más libre frente al mundo que los ascetas, más moral que los moralistas y más revolucionario que los revolucionarios; entiende la voluntad de Dios como norma inmediata de acción. ¿Y qué quiere la voluntad de Dios? Para Jesús está claro: la felicidad de los hombres.

Jesús entiende la ley de un modo diferente. La utiliza al servicio del amor al hombre. «Para que gocemos de esta libertad, Cristo nos hizo libres... y jamás nos debemos dejar sujetar de nuevo al yugo de la servidumbre» (Gál 5, 1). Así se desteologiza la religión. Y la voluntad de Dios habrá que buscarla, no sólo en los libros santos, sino principalmente en la vida diaria; se desmitologiza el lenguaje religioso, usando expresiones de las experiencias comunes a todos; se desritualiza la piedad, insistiendo en que el hombre está siempre delante de Dios y no solamente cuando va al templo a rezar; se emancipa el mensaje de Dios de su relación con una comunidad religiosa determinada, dirigiéndolo a cada hombre de buena voluntad (Mc 9, 38-40; Jn 10, 16); por fin, se secularizan los medios de salvación, haciendo del sacramento del otro (Mt 25, 31-46) el elemento determinante para entrar en el reino de Dios.

En palabras del «Gran Inquisidor» de Dostoiewski: «En vez de dominar la conciencia, viniste a

profundizarla más; en vez de cercenar la voluntad de los hombres, viniste a ampliarle el horizonte. Tu deseo era liberar al hombre para el amor. Libre de seguirte, sentirse atraído y preso por ti. En lugar de obedecer las duras leyes del pasado, debe el hombre, a partir de ahora, con el corazón libre, decidir lo que es bueno y lo que es malo, teniendo tu ejemplo ante sus ojos».

Intentar vivir semejante proyecto de vida es seguir a Cristo, con la riqueza que esta palabra –seguir e imitar a Cristo– encierra en el Nuevo Testamento. Seguimiento significa liberación y experiencia de novedad, de vida redimida y reconciliada, pero también puede incluir, como en Cristo, persecución y muerte.

BIBLIOGRAFIA

L. Boff, *Jesucristo y la liberación del hombre*. Cristiandad, Madrid 1981, 124-252 y 163.

«Concilium», n. 238 (1970).

LECTURAS

J. Gómez Caffarena, *La entraña humanista del cristianismo*. DDB, Bilbao 1984, c. 9.

J. M. Rovira Belloso, *Hacia la verdadera imagen de Cristo*. Mensajero, Bilbao 1975.

J. Losada, *Los nuevos rostros de Jesús:* Sal Terrae 62 (1974).

J. I. González Faus, *La teología de cada día*. Sígueme, Salamanca 1976, 126.

Para ti, ¿quién es Jesucristo? Narcea, Madrid 1972.

V. Pulle, *Gonzales, llamado el Jesús*. Herder, Barcelona 1977, c. 1.

J. L. Cortés, *Un señor como Dios manda*. PPC, Madrid 1984.

A. Mingote, *Al cielo iremos los de siempre*. PPC, Madrid 1984.

«Imágenes de la fe», n. 91 y 138.

N. Kazantzakis, *Cristo de nuevo crucificado*. Pomaire, Barcelona 1976.

AUDIOVISUALES

Jesús. COE. 60 diapositivas, 20'.

En busca de Jesucristo. Tres Medios.

Discos: *Godspell*, NLX-1048.

C. Mejía Godoy, *Misa campesina nicaragüense*. Movieplay 17.0819/1.

PARA LA REFLEXION DE FE

A. Intentar responder a las siguientes cuestiones:

¿Tienes ante Jesús una actitud de fe o de religión social?

¿Te sientes sometido a las normas de la iglesia y del clero, en moral y prácticas religiosas, o te sientes, más bien, atraído por la persona y el estilo de Jesús, a pesar de no estar de acuerdo en todos los detalles con el modo de vivir de la propia iglesia?

B.

1. Comentad en grupo las siguientes frases:

● «Lo cristiano... es un estilo, una manera de actuar.

No es el *qué*, sino el *cómo*.

No es el domingo, sino la forma de vivir a lo largo de la semana.

No es la religión como actividad aparte, sino la 'fe' que impregna todas las actividades».

● En cierta ocasión, refiriéndose a la sección religiosa semanal del «Times», dijo H. Cox que, si Dios leyera la revista, lo último que se le ocurriría leer sería el espacio dedicado a la religión; pues, efectivamente, «Dios se halla más interesado en el mundo que en la religión».

● El creador que entra en conflicto con la criatura es un dios falso. Y dioses falsos hacen inhumanos incluso a los piadosos (quizá diríamos mejor: «sobre todo a los piadosos»), como atestiguan centenares y miles de páginas de la historia de la iglesia.

2. Enumera dos actitudes que más admires de Jesús. ¿Tratas de vivirlas? ¿Cómo?

3. ¿Proyectamos nuestra idea de Dios sobre Jesús o la idea de Jesús sobre Dios?

4. ¿Qué características tiene el Cristo que presentan los dibujos de Cortés, el *Un tal Jesús*, el *Gonzales llamado el Jesús*, de Pulle, el *Superstar* o el *Godspell*?

C. A la luz de la palabra

Mt 5, 13: Sois sal de la tierra.

Mt 5, 23: La ofrenda ante el altar.

Mt 6, 21: No todo el que diga «¡Señor!».

Mt 9, 17: Vino nuevo en odres nuevos.

Mt 12, 7: Solidaridad más que ritos.

Mt 15, 8: Sólo preceptos humanos.

Mt 21, 28: El sí que es no.

D. Usar como guión de la oración común o personal la siguiente poesía. Tratar de encontrar a través de ella nuestro compromiso.

No tienes manos

Jesús, no tienes manos.
   Tienes sólo nuestras manos para construir
   un mundo donde habite la justicia.

Jesús, no tienes pies.
   Tienes sólo nuestros pies para poner en
   marcha la libertad y el amor.

Jesús, no tienes labios.
   Tienes sólo nuestros labios para anunciar
   por el mundo la buena noticia de los pobres.

Jesús, no tienes medios.
   Tienes sólo nuestra acción para lograr
   que todos los hombres sean hermanos.

Jesús, nosotros somos tu evangelio,
   el único evangelio que la gente puede leer,
   si nuestras vidas son obras y palabras eficaces.

Jesús, danos tu musculatura moral para desarrollar
   nuestros talentos y hacer bien todas las cosas.

Anónimo

4

El Jesús de la historia

1. JESUS DE NAZARET

Pero... ¿ha existido en realidad Jesús de Nazaret? La pregunta puede parecer innecesaria para el creyente cristiano que, por el hecho de serlo, da por supuesto que sí, aun sin detenerse a estudiar los detalles del problema. Pese a todo, tanto el cristiano como el ateo, o el perteneciente a otra confesión religiosa, suelen formularse alguna vez este interrogante sin disponer normalmente de la necesaria información.

Podemos decir que la cuestión de la existencia de Jesús no se plantea de forma notable hasta finales del siglo XVIII, aunque el tema llegue a comienzos del XX. Bruno Bauer defendió que Jesús era sólo «una idea» predicada por los evangelizadores. Arthur Drews (1909) lo consideró como puro «mito del Cristo», al igual que el inglés J. M. Robertson y el matemático americano W. B. Smith.

Casi se puede afirmar que desde entonces *la existencia histórica de Jesús no se ha visto discutida por ningún investigador serio.* Escritores nada solventes han dicho cosas extrañas sobre él: hijo de Herodes, extraterrestre, psicópata, mito astral, casado en secreto... y teorías semejantes. J. M. Allegro interpreta a Jesús como la denominación de un hongo de mosca alucinógeno *(amanita muscaria),* que era empleado, según él, en los ritos de los primeros cristianos.

Sin embargo, además de otras razones, explicar el origen del cristianismo sin Cristo resulta no sólo excesivamente complicado, sino prácticamente tan imposible como explicar una hoguera sin una primera chispa.

Alguien tan competente en estos temas como Johannes Leipoldt dice: «... La realidad efectiva de la vida de Jesús podemos comprobarla con las mejores razones que la ciencia pura posee en tales investigaciones». Rudolf Bultmann, uno de los críticos más radicales de las fuentes evangélicas, se expresa así: «Desde luego, la duda de si Jesús ha existido realmente carece de fundamento y no merece ni una sola palabra de réplica. Queda plenamente claro que Jesús está, como autor, detrás del movimiento histórico cuyo primer estadio palpable lo tenemos en la más antigua comunidad palestinense».

Jesús de Nazaret no es un mito. *Su historia se puede localizar y datar.* Y, aunque no podamos llegar a la última concreción, el número de kilómetros cuadrados o de años en los que se le enmarca es muy reducido.

En consecuencia, el objetivo del tema será tratar de traducir a fechas concretas de nuestro calendario la imprecisa frase evangélica «en aquel tiempo».

2. EN AQUEL TIEMPO

Para situar a Jesús de Nazaret en el tiempo, se emplean toda clase de documentos: historiadores romanos y judíos, arqueología, escritos religiosos judíos y, por supuesto, los evangelios y cartas de los primeros cristianos. No hace falta aclarar que los evangelios no son tratados de historia en el sentido moderno de la palabra; además, ni siquiera nos dan grandes precisiones cronológicas o geográficas. Pero, aun así, son documentos con un valor histórico, que coinciden con los que nos da la historia. Los evangelios *no son simples informes, pero también contienen informes y se basan en informes sobre el Jesús real.*

Los principales pasajes evangélicos que nos dan algún dato cronológico son: Lc 1, 5 (en los días de Herodes, rey de Judea); Mt 2, 2 (vimos su estrella en oriente); Lc 2, 1-7 (edicto de César Augusto; Cirino, gobernador de Siria, hace un censo); Lc 3, 1-3 (Juan comienza a predicar el año 15 de Tiberio; Poncio Pilato, los tetrarcas, Anás, Caifás); Lc 3, 23 (Jesús tenía unos 30 años); Lc 23, 54 (era el día de la preparación y apuntaba el sábado)...

2.1. Jesús no nació en el año 1

En el imperio romano los años se contaban desde la fundación de Roma, que convencionalmente se fija en el 753 a. C. Fue el monje Dionisio el Exiguo el que, en el siglo VI, calculó, con los datos que poseía en su época, que Jesús habría nacido en el 754 de Roma, y, por tanto, que ése era el año 1 de nuestro calendario. Hoy conocemos un detalle que aquel monje desconocía y que modifica la datación: *Herodes I el Grande*, bajo cuyo reinado nació Jesús, *murió el año 4 a. C.* Según esto, lo seguro es que *el nacimiento de Jesús tuvo lugar antes del referido año 4 a. C.* Si, además, tenemos en cuenta toda una serie de indicios, podemos colocar con muchísima probabilidad el nacimiento de Jesús entre el final del año 7 a. C. y los comienzos del 6 a. C. Los años de nuestros actuales calendarios no son, por tanto, la distancia exacta que nos separa de la aparición de Jesús. Que el hecho tuviese lugar en tiempo del emperador Octavio César Augusto encaja perfectamente, ya que gobernó desde el 30 a. C. hasta el 14 d. C.

La «estrella de los magos» ha representado un papel tradicional desde los tiempos del gran astrónomo J. Kepler. Los cálculos astronómicos han demostrado que en el año 7 a. C. ocurrió una gran conjunción de Júpiter y Saturno en la constelación Piscis. La astrología antigua considera a Júpiter como el astro rey, a Saturno como el astro de los judíos y a Piscis se la relaciona con el final de los tiempos. La interpretación astrológica del fenómeno astronómico fue ésta: «En el país de los judíos ha nacido el rey de los últimos tiempos». Las coincidencias son tentadoras: la fecha en la que probablemente nació Jesús y una interpretación, hecha por no cristianos, que es perfectamente aplicable a él.

Los expertos en la biblia, sin embargo, juzgan lo anterior como mera coincidencia, indicándonos que *la estrella a la que se refiere Mateo sólo es una forma literaria* (poética, podríamos decir) y no un fenómeno astronómico real. Por otra parte, era normal hablar de una estrella en el nacimiento de grandes hombres: Abrahán, Alejandro, César... El cometa Halley, al que algunos hacen alusión, pasó en el año 12 a. C.; fecha, por tanto, bastante alejada de la que nos interesa.

Conviene también recordar que la celebración de la navidad, *el 25 de diciembre*, se establece tan sólo a finales del reinado de Constantino II (seguro desde el año 354 d. C.) y *nada tiene que ver con la fecha y el mes concretos en que realmente tuviera lugar el nacimiento*. El día 25 era la fiesta romana del «sol renaciente e invencible», por ser el solsticio de invierno, es decir, el momento en que la fuerza solar crece de nuevo. El más antiguo mosaico cristiano conocido (s. III) representa a Cristo-sol en su carro.

Los relatos de la infancia de Jesús, por su especial género literario, son «difíciles de leer», pues aunque aparenten ser relatos folklóricos, *son en realidad teología de alto nivel*. Desde luego, no se pueden leer como si fueran literariamente «historia». Además, a todo ello se suman muchos elementos tradicionales conocidos por todos, que provienen de evangelios apócrifos como, por ejemplo, los nombres de los «reyes magos», los de Joaquín y Ana (padres de María), etc.

Sobre la fecha del empadronamiento que habría motivado que Jesús naciese en Belén, nada sabemos con certeza. Unos tratan de situarlo en el año 7 a. C.; otros, como el historiador judío Flavio Josefo, en el 6

d. C. La dificultad está en que *no sabemos que Cirino fuera gobernador de Siria en tiempo de Herodes I*, como parece deducirse del evangelio de Lucas. Tertuliano dice que este empadronamiento general lo mandó hacer Sentio Saturnino, del cual sí sabemos que fue gobernador de Siria entre los años 9 y 6 a. C. La dificultad desde luego carece de importancia, siendo muchas las explicaciones aceptables que se dan para solucionarla.

2.2. Jesús comienza a predicar

La única fecha exacta que los evangelios nos dan no se refiere a Jesús, sino a Juan el bautista, personaje citado también por el historiador Flavio Josefo (*Ant.*, 18; 5, 2).

En Lc 3, 1 s., se nos cuenta que «en el año 15 de Tiberio César, siendo Poncio Pilato procurador de Judea y Herodes, tetrarca de Galilea; Filipo, su hermano, tetrarca de Iturea y Traconítida, y Lisanias, tetrarca de Abilene; en el pontificado de Anás y Caifás, fue dirigida la palabra de Dios a Juan, hijo de Zacarías, en el desierto; y se fue por toda la región del Jordán proclamando un bautismo de conversión para el perdón de los pecados».

Todos los nombres indicados coinciden perfectamente con la fecha que se señala. Tiberio César sucedió a Octavio el 19 de agosto del año 14 d. C., y si se nos dice que llevaba 15 años reinando, una simple suma nos da el año 29 d. C.; pero si nos atenemos, como es lo más lógico, al modo de contar en Siria, equivaldría a septiembre del 27 d. C. Resumiendo: lo seguro es que, el año 28 de nuestra era, Juan bautista andaba predicando. Del resto de las personas citadas podemos decir que Poncio Pilato fue prefecto o procurador romano desde el año 26 d. C. hasta el 37 d. C.; Herodes Antipas, el que interviene en la muerte de Jesús, gobernó desde el año 4 a. C. hasta el 39 d. C.; Filipo lo hizo desde el 4 a. C. al 34 d. C; Anás fue sumo sacerdote desde el año 6 d. C. al 15 d. C., y Caifás del 18 al 37 d. C.

Si suponemos que la predicación de Jesús se inició poco después que la del bautista, quizá ya en el año 28 de nuestro calendario comenzase la «vida pública». La duración de la predicación de Jesús debió ser de unos dos años o tal vez menos.

En Lc 3, 23, se nos dice que Jesús, al comenzar, tenía «*unos 30 años*». El dato, tomado al pie de la letra, nos daría pistas para averiguar otras fechas; sin embargo, *la frase parece que hay que entenderla en sentido simbólico, no matemático*. Así, cuando José comienza su actividad en Egipto, tiene 30 años (Gn 41, 46); cuando empieza a reinar David, tiene 30 años (2 Sm 5, 4); cuando Ezequiel recibe la vocación profética, tiene 30 años (Ez 1, 1). Todo parece indicar que «30 años» hay que traducirlo simplemente como «*la edad ideal para comenzar una misión*».

En realidad, Jesús tendría más años por aquel entonces. La cifra de 33 años que se atribuye a la duración de su vida estaría compuesta de 30 años, cuando empezó, y 3 de predicación. Como vemos, ninguna de las dos cifras es correcta.

2.3. Cuándo murió Jesús

Todos los evangelistas coinciden en que era viernes, «día de preparación, víspera del sábado». Dado que en aquella época el día se contaba de puesta a puesta del sol, este viernes (desde las seis de la tarde del jueves hasta las seis de la tarde del viernes) abarca todo el desarrollo de los acontecimientos: última cena, juicio, crucifixión y entierro. Sin embargo, los tres evangelios sinópticos afirman que eso tuvo lugar el día 15 de Nisán y Juan señala que fue el 14 del mismo mes.

La cronología astronómica da por seguro que ni el 14 ni el 15 de Nisán cayeron en viernes en los años 28, 29 y 32. Es decir, que en esos años no pudo ocurrir la muerte de Jesús. Se constata también que el 7 de abril del año 30 y el 3 de abril del 33 fueron viernes y, probablemente, 14 de Nisán. Esto daría la razón a Juan, pero no excluye por completo la posibilidad de que el viernes 27 de abril del año 31 y el viernes 7 de abril del año 30 fueran día 15. Así tendrían razón los sinópticos.

Lo más aceptado es que Jesús murió el 7 de abril del año 30, sin entrar a decidir si era día 14 o día 15. La fecha admisible más lejana para la muerte de Jesús sería el 5 de abril del año 33. Todavía hoy *celebramos la semana santa siguiendo el calendario lunar* (el sábado siguiente al primer plenilunio de primavera); por esta razón no cae siempre en las mismas fechas del calendario.

Según todo lo anterior, Jesús tendría al morir de 36 a 39 años (6 + 30 = 36). Y *la frase evangélica «en aquel tiempo» queda concretada como topes máximos entre los años 7 a. C. y 33 d. C.*

Piedra descubierta en Cesarea con el nombre de Poncio Pilato.

3. DOCUMENTOS NO CRISTIANOS SOBRE JESUS

Tenemos también algunos testimonios, generalmente anticristianos, acerca de Jesús. Son pocos, porque toda la tradición histórico-literaria de la época imperial se ha perdido, con excepción de Suetonio y Tácito. No sabemos lo que dirían los demás historiadores, pero desde luego podemos pensar lógicamente que la gran historia universal apenas se fijaría en Jesús de Nazaret o en los cristianos.

3.1. Suetonio escribe en el año 120 sobre los sucesos del año 51 y dice que «el emperador Claudio expulsó de Roma a los judíos porque, *por la influencia de Cresto*, llegaron a ser causa permanente de desorden» *(Vita Claudii*, 25, 4). El hecho se cita también en Hch 18, 2. Es igualmente seguro que la letra «e» la leían como «i».

3.2. Tácito, el gran historiador romano, en un texto del año 117, escribe a propósito del incendio de Roma, ocurrido en el año 64, cuando ardieron las tres cuartas partes de la ciudad y la gente lo atribuyó a Nerón que quería reconstruirla:

«Para acabar con este rumor, Nerón tachó de culpables y castigó con refinados tormentos a esos que eran detestables por sus abominaciones y que la gente llamaba cristianos *(chrestiani).* Este nombre les viene de *Cristo, que había sido entregado al suplicio por el procurador Poncio Pilato durante el principado de Tiberio.* Reprimida de momento esta detestable superstición, surgía de nuevo, no sólo en *Judea*, donde había nacido aquel mal, sino también en Roma, en donde desemboca y encuentra numerosa clientela todo lo que hay de más vergonzoso y criminal en el mundo.

Empezaron, pues, a apresar a los que confesaban su fe; luego, basándose en sus declaraciones, cogieron a otros muchos que fueron convictos no tanto del crimen de incendio como de odio contra el género humano. No se contentaron con matarlos, sino que se ideó el juego de revestirlos con pieles de animales para que fueran desgarrados por los dientes de los perros, o bien los crucificaban, los embadurnaban de materias inflamables y, al llegar la noche, iluminaban las tinieblas como si fuesen antorchas. Nerón abrió sus jardines para este espectáculo y daba juegos en el circo, vistiéndose unas veces de cochero, mezclándose otras con el populacho o participando en las carreras, de pie sobre su carro. Por eso, aunque aquella gente era culpable y digna de los castigos más rigurosos, muchos se compadecían de ellos diciendo que les hacían desaparecer no por interés público, sino para satisfacer la crueldad de uno solo».

No sabemos de dónde sacó Tácito esta información, si de lo que decía la gente, de lo que contaban los mismos cristianos o de los archivos del imperio.

3.3. Plinio el Joven, legado imperial en las provincias próximas al Mar Negro, escribe consultando a Trajano en el año 110/112:

«Es costumbre en mí, señor, darte cuenta de todo asunto que me ofrece dudas. ¿Quién, en efecto, puede mejor dirigirme en mis vacilaciones o instruirme en mi ignorancia? Nunca he asistido a procesos de cristianos. De ahí que ignore qué sea costumbre, y hasta qué grado, castigar o investigar tales casos. Ni fue tampoco mediana mi perplejidad sobre si debe hacerse alguna diferencia de las edades, o nada tenga que ver tratarse de muchachos de tierna edad o de gentes más robustas; si se puede perdonar al que se arrepiente o nada le valga a quien en absoluto fue cristiano haber dejado de serlo; si hay, en fin, que castigar el nombre mismo, aun cuando ningún hecho vergonzoso le acompaña, o sólo los crímenes que pueden ir anejos al nombre. Por de pronto, respecto a los que eran delatados a mí como cristianos, he seguido el procedimiento siguiente: empecé por interrogarles a ellos mismos. Si confesaban ser cristianos, los volvía a interrogar segunda y tercera vez con amenaza de suplicio. A los que persistían, los mandé ejecutar, pues fuera lo que fuere lo que confesaban, lo que no ofrecía duda es que su pertinacia y obstinación inflexible tenían que ser castigadas. Otros hubo, atacados de semejante locura, de los que, por ser ciudadanos romanos, tomé nota para ser remitidos a la Urbe. Luego, a lo largo del proceso, como suele suceder, al complicarse la causa, se presentaron varios casos particulares. Se me presentó un memorial, sin firma, con una larga lista de nombres. A los que negaban ser o haber sido cristianos y lo probaban, invocando con una fórmula por mí propuesta a los dioses y ofreciendo incienso y vino a tu estatua, que para este fin mandé traer al tribunal con las imágenes de las divinidades, y *maldiciendo por último a Cristo* —cosas todas que se dice ser imposible forzar a hacer a los que son de verdad cristianos–, juzgué que debían ser puestos en libertad. Otros, incluidos en las listas del delator, dijeron sí ser cristianos, pero inmediatamente lo negaron; es decir, que lo habían sido, pero habían dejado de serlo: unos desde hacía tres años; otros, desde más, y aun hubo quien desde veinte. Todos ellos adoraron tu estatua y la de los dioses y *blasfemaron de Cristo*.

Ahora bien, afirmaban éstos que, en suma, su crimen o, si se quiere, su error se había reducido a haber tenido por costumbre, en días señalados, reunirse antes de rayar el sol y cantar, alternando entre sí, a coro, un himno a Cristo como a Dios y obligarse por solemne juramento no a crimen alguno, sino a no cometer hurtos ni latrocinios ni adulterios, a no faltar a la palabra dada, a no negar, al reclamárseles, el depósito confiado.

Terminado todo esto, decían que la costumbre era retirarse cada uno a su casa y reunirse nuevamente para tomar una comida, ordinaria empero e inofensiva; y aun eso mismo lo habían dejado de hacer después de mi edicto por el que, conforme a tu mandato, había prohibido las asociaciones secretas. Con estos informes, me pareció todavía más necesario inquirir qué hubiera en todo ello de verdad, aun por la aplicación del tormento, a dos esclavas que se decían «ministras» (o diaconisas). Ninguna otra cosa hallé sino una superstición perversa y desmedida. Por ello, suspendidos los procesos, he acudido a consultarte. El asunto, efectivamente, me ha parecido que merecía la pena de ser consultado, atendido, sobre todo, el número de

los que están acusados. Porque es el caso que muchos, de toda edad, de toda condición, de uno y otro sexo, son todavía llamados en justicia y lo serán en adelante. Y es que el contagio de esta superstición ha invadido no sólo las ciudades, sino hasta las aldeas y los campos; mas, al parecer, aún puede detenerse y remediarse. Lo cierto es que, como puede fácilmente comprobarse, los templos, antes ya casi desolados, han empezado a frecuentarse, y las solemnidades sagradas, por largo tiempo interrumpidas, nuevamente se celebran, y que las carnes de las víctimas, para las que no se hallaba antes sino un rarísimo comprador, tienen ahora un excelente mercado. De ahí puede conjeturarse qué muchedumbre de hombres pudiera enmendarse con sólo dar lugar al arrepentimiento» (*Epist.*, lib. 10, 96).

3.4. Flavio Josefo, el único historiador judío de la época del que conservamos sus escritos, nos habla en *Antigüedades judías* (año 94 d. C.) de Juan bautista y, en dos ocasiones, de Jesús. Flavio Josefo es un personaje ambiguo, nacido en el año 37 d. C. Lo encontramos en el 67 como jefe de los insurrectos de Galilea, luchando contra los romanos. Capturado por éstos, se pasa al bando enemigo y vive rico en Roma, donde escribe varias obras.

La primera ocasión en la que nombra a Cristo es hablando de Anás el joven, sumo sacerdote, de temperamento impetuoso y sumamente atrevido, perteneciente a la secta de los saduceos, que, cuando son ellos los que juzgan, son más duros que todos los demás judíos. Anás, en el año 62 d. C., «convocó a los jueces del sanedrín y trajo ante ellos *al hermano de Jesús, llamado Cristo* –su nombre era Santiago–, y a algunos otros. Los acusó de haber violado la ley y los entregó para que los lapidaran... Pero todos los habitantes de la ciudad, que eran considerados como los más equitativos y estrictos cumplidores de las leyes (los fariseos), se indignaron por ello y enviaron secretamente a pedir al rey (Agripa II) que no dejara obrar de esta forma a Anás... El rey Agripa le quitó por esta causa el sumo pontificado que había ejercido durante tres meses, y puso a Jesús, hijo de Damné» (*Ant.*, 20; 9, 1).

En la misma obra se contiene otra referencia más polémica, ya que los historiadores, aunque materialmente no lo puedan probar, creen que ha sido retocada por manos cristianas alrededor del siglo III. El párrafo es el siguiente: «Por esta época, *vivió Jesús*, un hombre excepcional, ya que llevaba a cabo cosas prodigiosas. Maestro de personas que estaban totalmente dispuestas a prestar buena acogida a las doctrinas de buena ley, conquistó a muchas personas entre los judíos e incluso entre los helenos. Cuando, al ser denunciado por nuestros notables, *Pilato lo condenó a la cruz*, los que le habían dado su afecto no dejaron de amarlo, ya que se les había aparecido al tercer día, viviendo de nuevo, tal como habían declarado los divinos profetas, así como otras mil maravillas a propósito de él. Todavía en nuestros días no se ha secado el linaje de los que por causa de él reciben el nombre de cristianos» (*Ant.*, 18, 63-64).

El párrafo no está sólidamente vinculado al contexto. El texto que se considera oficial (de Eusebio de Cesarea) dice: «... Hombre excepcional en tanto en cuanto conviene decirle hombre... era Cristo...». San Jerónimo: «Se creía que él era Cristo». Agapios: «Quizá fuera el mesías». Y Miguel el sirio: «Se pensaba que era el mesías». Orígenes dice que Josefo no creía que Jesús fuera el Cristo. Es difícil que un judío diga: «en tanto en cuanto se le pueda llamar hombre» y «era el Cristo».

Ignoramos también por qué Josefo no nos da más noticias sobre Jesús.

Se suelen citar unas frases del *Talmud de Babilonia* que hablan de que «la víspera de la fiesta de pascua se colgó a Jesús..., por hechicería y haber seducido a Israel», pero parece seguro que el Jesús al que se refiere el texto talmúdico (San. bab., 43 a) no es Jesús de Nazaret, sino Jesu, el discípulo de Jehosua ben Perahya (sobre el año 100 a. C.). La grosera leyenda *Toledoth Yesu* («vida de Jesús»), además de ser del siglo VI, no es digna de fe.

Nombre hebreo de «Jesús», encontrado en un osario del cementerio del Monte de los Olivos.

3.5. Otros datos pudieron haber existido: san Justino (año 110), hablando de los milagros y la muerte de Jesús, alude como prueba a las *«Actas de Pilato, conservadas en Roma»* como relaciones públicas y auténticas (*Apol.*, I, 48; I, 35). También parece que Tertuliano alude a ellas (*Apol.*, I, 21). Pero no conocemos rastro alguno de estos documentos.

4. SOBRE EL NOMBRE DE JESUS

En el libro de los Números (13, 8-16), Josué, al principio , se llamaba *Hôsea'*, que quiere decir «salvación». Pero Moisés le cambió el nombre por el de *Yehôsûa'*, que significa «Yavé salva». Por el fenómeno fonético llamado «disimilación», se convirtió en *Yêsua'*. Así lo encontramos en Nehemías (8, 17), de donde procede el nombre latino de Jesús. Hasta el siglo II d. C., fue un nombre muy corriente entre los judíos.

Así, pues, el nombre hebreo de Jesús es *Yêsûa'*. La última letra puede pronunciarse en castellano como j, por lo que suena como Yêsûaj. No obstante, es muy seguro que la pronunciación galilea del nombre se comía las últimas letras, resultando así Yesû. Precisamente el idioma que habló Jesús fue una variedad galilea del arameo occidental, que se diferencia del arameo de Judea por la pronunciación, por las diferencias de léxico y por las deficiencias gramaticales. A un galileo se le podía conocer fácilmente por su pronunciación.

5. LA EXISTENCIA DE JESUS: DE LA HISTORIA A LA FE

Hemos visto los documentos no-cristianos de la época. Podemos observar que *ninguno niega la existencia real e histórica de Jesús de Nazaret*. Todos se refieren a él como a alguien concreto y no como a un ser mitológico. En realidad, si a la existencia de Jesús le pedimos más pruebas que a otros personajes, es precisamente porque él tiene actualmente para nosotros una trascendencia que los demás no tienen.

Sin la existencia real de Jesús, no habría lugar para la fe, pero, aunque con documentos históricos hayamos comprobado su existencia, *sólo la fe personal podrá hacernos ver en él al «hijo de Dios»*.

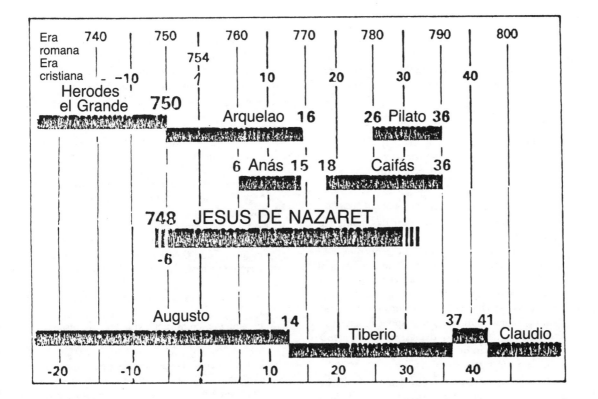

BIBLIOGRAFIA

W. Trilling, *Jesús y los problemas de su historicidad.* Herder, Barcelona 1974, 15, 60-72, 75-98.

H. Küng, *Ser cristiano.* Cristiandad, Madrid 1977, 179-205.

J. Jeremias, *La última cena. Palabras de Jesús.* Cristiandad, Madrid 1980, 38-39, 82-83, nota 99.

Varios, *Flavio Josefo.* Verbo Divino, Estella 1982, 50-52.

A. Paul, *Intertestamento.* Verbo Divino, Estella 1980, 17-25.

Ch. Perrot, *Los relatos de la infancia de Jesús.* Verbo Divino, Estella 1980, 24-26, 29-35,52, 61.

G. Vermes, *Jesús el judío.* Muchnik, Barcelona 1984.

S. Obermaier, *¿Murió Jesús en Cachemira?* Martínez Roca, Barcelona 1984.

Suetonio, *Vida de los doce Césares.* Alma Mater, Madrid 1964.

Tácito, *Anales.* Gredos, Madrid 1979, XV, 244.

Flavio Josefo, *Contra Apión.* Aguilar, Madrid 1967.

Plinio, en Ruiz Bueno, *Actas de los mártires.* BAC, Madrid 1968.

ACTIVIDADES

A.   Contestar brevemente a las siguientes preguntas, haciendo después una puesta en común:

¿Qué edad se atribuye generalmente a Jesús?
¿En qué se basa este cálculo?
¿Qué fallos tiene esta tradición?
¿Qué episodios de la infancia de Jesús conoces?
¿Nació Jesús en el año 1 de nuestra era?

B.   Contestar por escrito a los siguientes grupos de preguntas. Una vez contestadas, confeccionar un breve guión para hacer una exposición en público (especie de conferencia) del tema que resulte con las contestaciones. Una vez que todos individualmente han escrito sus contestaciones y han confeccionado su «guión» («esquema» o «resumen brevísimo»), se elige por sorteo a dos o tres participantes para que, uno tras otro, expongan «sus conferencias»; mientras, los demás escuchan atentamente, anotando lo que se dejan de exponer, lo cual se añade al final de cada exposición:

1.   ¿Por qué Jesús no nació el año 1 de nuestra era? ¿Tiene que ver la fecha de navidad con la fecha del nacimiento de Jesús? ¿Por qué? ¿Qué decir de la estrella de los magos? ¿Qué decir de los relatos de la infancia? ¿Qué dato evangélico no coincide con la historia? ¿Es importante?

2.   ¿Cómo podemos saber la fecha de la muerte de Jesús? ¿Por qué la semana santa cae cada año en distinta fecha?

3.   ¿Qué dicen los testimonios de los historiadores acerca de Jesús? ¿Son favorables o contrarios al cristianismo? ¿Ven a Jesús como mito o como persona real?

4.   ¿Es importante para la fe cristiana la existencia histórica de Jesús? ¿Por qué?
¿Cuál crees que es el motivo de que la existencia de Jesús preocupe más que la de otros personajes?

5.   ¿Basta con creer que Jesús existió para ser cristiano?

C.   Construye en papel cuadriculado un cuadro en cuya parte superior consten en horizontal los años desde el 10 a. C. hasta el 40 d. C. Coloca en el lateral izquierdo del cuadro anterior, uno debajo de otro, los nombres de Herodes el Grande, Arquelao, Pilato, Anás, Caifás, Octavio César, Tiberio César y Jesús de Nazaret.
Pinta con colores, distinto para cada personaje, los cuadritos que vayan desde la vertical del año de su nacimiento hasta la vertical del año de su muerte.
Averigua cuáles son estos años: búscalos en el texto.
Finalmente, comprueba si la vida de Jesús coincidió con la del resto de los nombres.

D.   Comentar las posiciones de los que niegan la existencia de Jesús, opinando sobre si creemos que hay mucha gente informada acerca de este tema.

E.   Distribuidos en grupos, buscar datos en una enciclopedia sobre los nombres propios que se citan en el texto, organizándoos para hacer más fácil y efectivo el trabajo.

F.   Dibujo tipo «cómic», en folio o doble folio, en el que los personajes Herodes el Grande, Pilato, Augusto, Tiberio, Anás, un hombre corriente de entonces y un soldado romano den su opinión sobre Jesús.

JESUS, EL HOMBRE QUE ES DIOS

En un hombre descubrieron los apóstoles y la iglesia primitiva a Dios. El hombre Jesús de Nazaret reveló en su humanidad tal grandeza y profundidad que los que lo conocieron de verdad, tras un proceso de reflexión, concluyeron: sólo Dios puede ser tan humano. Entonces comenzaron a llamarlo Dios. Se convirtieron en «cristianos».

Lo que de experiencia de Dios hay en las religiones, los cristianos lo encuentran vivo y concreto en un hombre, Jesús de Nazaret, en su vida, en sus palabras y en sus hechos, en su muerte y resurrección.

Pero, ¿cómo puede entenderse que un hombre concreto con su historia individual y datable sea al mismo tiempo Dios? ¿Cómo hacer comprensible y armónica la difícil paradoja de que lo finito es infinito, o lo «totalmente otro» es, no parecido, sino igual a nosotros?

No será a través de un análisis abstracto de los términos «Dios» y «hombre» como nos podemos acercar mejor a este misterio, sino partiendo de Jesucristo mismo. No se trata tanto de hablar sobre él, como de hablar desde él.

¿Con qué palabras podemos expresar esta realidad de la encarnación de Dios? Al hablar y reflexionar a partir de Jesucristo, usamos palabras y comparaciones del mundo cultural que nos rodea, las mismas con las que podemos entendernos con los demás y hacernos comprensibles a nosotros mismos. Nuestros conceptos y fórmulas son el vaso exterior que envuelve el misterio. No sustituyen el misterio, pero quieren comunicarlo, aunque sea de forma imperfecta, siempre dentro del lenguaje comprensible de cada época. Si bien los dogmas no quieren abarcar ni sustituir el misterio, establecen una regla doctrinal y comunitaria de hablar a partir del misterio. Son la fijación verbal y doctrinal, con la ayuda de los modos de expresión que la cultura ambiental ofrece, de las verdades fundamentales del cristianismo para un determinado tiempo.

Por eso, para ser cristiano y ortodoxo no basta con recitar fórmulas antiguas y venerables. Es necesario vivir el misterio que las fórmulas encierran e intentar decirlo siempre de nuevo, dentro de nuestro lenguaje y de nuestro tiempo. Sólo así la fe deja de ser un objeto de museo y se convierte en elemento inspirador de vida y de continua superación en dirección a Dios y a la profundidad humana.

Mantener que Jesús es auténtico hombre y auténtico Dios llevó trabajo a la iglesia antigua. Jesús no es una apariencia de hombre que en realidad ni sufre ni muere, ni un subordinado o criado de Dios, ni siquiera un hijo adoptivo. No es un hombre semejante a Dios, sino de igual naturaleza que Dios (luz de luz), Dios auténtico y hombre perfecto y verdadero.

Pero esta confesión de fe en Jesús lleva consigo la exigencia de imitar su modo de ser como «ser-para-los-otros». La encarnación, por tanto, encierra un mensaje concerniente no sólo a Jesucristo, sino también a la naturaleza y destino de cada hombre.

Si Jesús es verdadero hombre, lo que se afirma de él se podrá afirmar, en alguna medida, de todos los hombres, y podremos así entrever quiénes y cómo somos nosotros mismos. Como Jesús, todo hombre se encuentra en una situación de apertura a la totalidad de la realidad, no solamente al mundo o la cultura. Está abierto al infinito que él entrevé en la experiencia del amor, de la felicidad, de la esperanza, del sentir, del querer y conocer que anhela por eternidad y totalidad. El hombre no quiere ser solamente esto o aquello: lo quiere todo.

Jesús es para nosotros ejemplo tipo del verdadero hombre que cada uno de nosotros debe ser y todavía no es.

BIBLIOGRAFIA

L. Boff, *Jesucristo y la liberación del hombre*. Cristiandad. Madrid 1981, 193-196, 215-216.

LECTURAS

V. Pulle, *Gonzales llamado el Jesús*. Herder, Barcelona 1977, c. 28.

«Imágenes de la fe», n. 120 y 160. PPC, Madrid.

PARA LA REFLEXION DE FE

A.

¿Conocemos suficientemente el pensamiento de Jesús?

¿En qué medida hemos leído con atención el Nuevo Testamento?

¿Qué libros sobre Jesús hemos leído?

¿Qué tiempo y esfuerzo hemos dedicado a conocer a Jesús?

B.

1. Comentar estas frases del comienzo de la película «El mesías» de Rossellini. Hacerlo primero con cada frase por separado y después ver la relación que hay entre ellas.

«Toda la historia tiende a Cristo y viene de él; la aparición del hijo del hombre es el eje de la historia humana» (Hegel).

«Malditos quienes hacen escribir sentencias opresoras para excluir de la justicia a los desgraciados y quitar sus derechos a los pobres» (Isaías).

«La religión es el opio del pueblo» (K. Marx).

2. Temas para diálogo o debate:

¿Vive la iglesia anclada en otro tiempo pasado?

¿En qué se tiene que adaptar a nuestro tiempo?

¿Cuál es nuestra responsabilidad en el tema?

¿Qué vamos a hacer en concreto?

¿Qué juicio te merece la actual situación internacional?

Unos pocos países ricos, cada vez más ricos, cada vez con menos población y más envejecida y, por otra parte, países pobres, cada vez más pobres, con población creciente y cada vez más joven. Enumerar objetos de uso corriente cuya materia prima es traída del tercer mundo (J. J. Servan-Schreiber, *El desafío mundial*. Plaza y Janés, Barcelona 1982, 144).

C. A la luz de la palabra

Mt 1, 25: Le puso por nombre «Dios salva».

Mt 5, 43-48: Como vuestro Padre.

Mt 25, 31-46: A mí me lo hicisteis.

Lc 9, 29-37: Haz tú lo mismo.

D. Inspirar la oración y programar el compromiso con el tema de esta canción del padre Aimé Duval.

Por la calle de las Vallas
el hombre pasaba.
Durante la noche
ha tejido lana;
regresa con pena
a la madrugada,
el vestido sucio
y la cara pálida.

Vosotros, los que buscáis al Buen Dios
en las nubes, nunca veréis su cara.
Vosotros, los que buscáis al Buen Dios
en las nubes, no le veis cuando pasa.

Por la calle de las Vallas
el Señor pasaba.
Durante la noche
ha tejido lana;
regresa con pena
a la madrugada,
el vestido sucio
y la cara pálida.

Vosotros, los que buscáis al Buen Dios
en las nubes, no veréis nunca su cara;
vosotros, los que buscáis al Buen Dios
en las nubes, no le veis cuando pasa.

Aimé Duval

5

La historia de Israel

Para comprender la figura de Jesús no basta desde luego con saber que existió. Si queremos juzgar la originalidad de sus hechos y palabras, nos será imprescindible conocer el ambiente físico y social en el que se movía, el entorno sobre el que él causaba contraste. La historia del pueblo en el que nació nos ayudará a penetrar en sus aspiraciones, creencias y modos de vida.

El nombre tenía para los naturales del Medio Oriente una gran importancia como expresión o descripción de una persona o realidad. Apoyándonos en ello y empleando las tres denominaciones que se dan a este pueblo: hebreos, israelitas y judíos, dividiremos en tres partes este breve resumen de su historia.

1. LOS HEBREOS

1.1. Prehistoria

Los orígenes del pueblo de Jesús son extremadamente complejos y oscuros. Todos los datos nos llevan a pensar que los antepasados de Israel han procedido originariamente de los pueblos seminómadas de la alta Mesopotamia y Siria, que los acadios llamaban amorreos, es decir, occidentales. De estos amorreos descendieron tanto los hebreos como los arameos posteriores.

La biblia nos presenta a Téraj, padre de Abrahán, muriendo en Jarán, ciudad del noroeste de Mesopotamia; y desde allí parte Abrahán hacia lo que después sería Palestina (Gn 11, 32). Los indicios manifiestan que, aunque predominantemente semitas, los hebreos eran sin duda una mezcla de otras muchas razas. De hecho, los israelitas sintieron siempre su parentesco con los arameos. Una confesión cúltica, presumiblemente muy antigua, dice: «Mi padre era arameo errante que bajó a Egipto y se refugió allí cuando aún eramos pocos. Los egipcios nos maltrataron y Yavé nos sacó de allí y nos trajo a esta tierra» (Dt 26, 5).

1.2. Los patriarcas

Los patriarcas son jefes de clanes bastante numerosos. Son seminómadas, procedentes del noroeste de Mesopotamia, que viven en tiendas de piel de cabra y recorren Canaán (nombre primitivo de Palestina) y sus regiones limítrofes en todas las direcciones, en busca de pastos y agua para sus rebaños de asnos, ovejas y cabras, llegando en ocasiones hasta Egipto.

La historia de Sinuhé muestra la facilidad de comunicación entre Egipto y Canaán. Los patriarcas no se adentran profundamente en el desierto porque no son nómadas camelleros, sino que usan asnos para el transporte de sus enseres y niños pequeños. Andan por los alrededores de las poblaciones sedentarias, rara vez cultivan la tierra y sólo poseen pequeñas parcelas para enterrar a sus muertos. Originariamente debieron hablar un dialecto arameo, pero debido a la lejanía fueron hablando cananeo, del cual el hebreo es un dialecto.

Su status social debió ser el de «habiru», es decir, una clase sin ciudadanía, seminómadas casi siempre, sedentarios de ocasión, pacíficos o guerreros según las circunstancias, mercenarios de guerra o esclavos, si la necesidad lo pedía. Tal vez de esta palabra «habiru» venga el apelativo «hebreos» con el que los extranjeros llamaban a los patriarcas (Gn 14, 13).

De los patriarcas como personas individuales y concretas no sabemos otra cosa que lo que nos dice la biblia, pero estos documentos bíblicos, aunque se escriben varios siglos después, reflejan de forma auténtica el ambiente de la época en que los hechos ocurrieron, comprobándose una gran fidelidad en su transmisión oral. Las narraciones patriarcales se encuadran incuestionablemente en el ambiente del segundo milenio y no en un período posterior. Las costumbres, los nombres, el modo de vida, los desplazamientos e incluso ciertas narraciones míticas nos lo certifican.

Los nombres de Jacob y Abrahán, entre otros muchos, son usados por documentos no bíblicos en este período. Por otra parte, numerosos incidentes de la narración del Génesis encuentran explicación a la luz de las costumbres vigentes en el segundo milenio; por ejemplo: el que la esposa estéril proporcionara una sustituta a su marido, la prohibición de expulsar a la esclava y a su hijo, el robar los dioses (que equivalía al título de la herencia), la compra según la ley hitita de una cueva para sepulcro, etc. El tipo y modo de desplazamiento que usan los patriarcas corresponden a principios del segundo milenio. Los relatos de la creación y el diluvio son originarios de Mesopotamia.

Las narraciones patriarcales están firmemente basadas en la historia y podemos afirmar con toda seguridad que Abrahán, Isaac, Israel y Jacob fueron verdaderos individuos históricos y no creaciones legendarias. Fueron jefes de clanes que vivieron entre los siglos XX y XVII a. C. Aunque el parentesco entre ellos sea improbable, a pesar de que la biblia nos los presenta como una familia (Téraj-Abrahán-Isaac-Jacob= Israel, etc.), no quiere decir que de hecho tuviesen vínculos de sangre, sino de otro tipo, por ejemplo económicos o sociales. Este parentesco ficticio se expresa en un árbol genealógico común. Si dos clanes o tribus se fusionan socialmente, los árboles genealógicos respectivos se acomodan para indicar un mismo origen, una sola cabeza. El vínculo de sangre que une a los miembros de una tribu puede ser real o supuesto. Toda organización social se describe en árbol genealógico. El recién llegado a la tribu o el grupo más débil que se junta con el fuerte se incardina de sangre y nombre reconociendo al antepasado de la otra tribu como propio. El sistema de las doce tribus es igualmente artificial.

1.3. La religión de los patriarcas

Por lo que sabemos, la religión de los patriarcas fue completamente distinta a los cultos oficiales mesopotámicos o a los cananeos de la fertilidad. Se nos describe como una relación personal entre el patriarca y el dios, mantenida por una promesa y sellada por una alianza. La promesa del dios era tierra y posteridad numerosa, es decir, riqueza y fuerza que harían feliz a la tribu. Dios cumplirá la promesa, el adorador lo que debe hacer es confiar y obedecer. Al dios se le da culto sacrificando animales, simbolizando así la vida del fiel que se entrega a dios. No tienen templos ni sacerdocio organizado. El dios es la cabeza invisible de la casa.

Probablemente los patriarcas identificaron el «dios de los padres» con el dios cananeo llamado «El» y desde el monoteísmo práctico llegaron al teórico. Las fiestas pastoriles pasaron a ser religiosas. La luna llena indicaba el comienzo de las transhumancias: se mataba un cordero, se usaba pan ácimo y se untaban los postes de la tienda con sangre para alejar al genio exterminador del ganado.

1.4. Bajaron a Egipto

Parte de estos seminómadas, por motivos que desconocemos, seguramente por hambre o sequía, bajaron a Egipto. Durante el reinado de Ramsés II (ca. 1250 a. C.), aparecen repetidamente los habiru como esclavos trabajando en proyectos del faraón. También por el mismo tiempo, cientos de palabras semitas entraron en el lenguaje egipcio. El libro del Exodo nos dice que los descendientes de los patriarcas trabajaron en Ramsés (que en realidad se llamaba Avaris, pero que hasta el s. XI fue llamada «casa de Ramsés»). Parece incluso que la biblia alude a una estela colocada en esta ciudad en el cuatrocientos aniversario de su fundación. La tradición bíblica tiene todos los visos de ser contemporánea del hecho que narra. Apenas se puede dudar de que los antepa-

sados de Israel fueron esclavos en Egipto y escaparon de allí de forma sorprendente. No es la «honrosa» historia que un pueblo se inventaría.

1.5. Tradiciones bíblicas de este período

Aunque puestas por escrito mucho más tarde, la biblia contiene narraciones sobre lo ocurrido al pueblo de Jesús en este período: Génesis y comienzos del Exodo. Al leerlas, debemos informarnos antes del modo de hablar de los antiguos cuando escribían lo que a nosotros nos parece historia, a fin de que no pensemos que las cosas sucedieron así al pie de la letra.

---

2. LOS ISRAELITAS

Aquellos esclavos que encontramos trabajando en la construcción de ciudades egipcias salieron bajo la dirección de un líder –Moisés–, formaron una confederación de tribus expresada en una alianza con el dios Yavé y, tras atravesar el desierto, entraron en Canaán, estableciéndose allí de forma casi sedentaria, haciendo de esta tierra su patria propia.

No hay otros testimonios que la biblia, pero una creencia tan antigua y enraizada sólo tiene explicación admitiendo que Israel salió, géneros literarios aparte, de forma sorprendente de Egipto. Israel recordará siempre este suceso que lo convirtió en pueblo. Los que salieron no eran sólo semitas, sino toda clase de esclavos fugitivos entre los que había incluso egipcios (Lv 24, 10). Quizá lo que sole-

mos llamar Mar Rojo fuese un brazo de aguas pantanosas del lago Menzalé, puesto que se le llama «mar de las cañas» y en el Mar Rojo no hay cañas.

2.1. Moisés y Yavé

Moisés debió ser el gran fundador de la fe de Israel y aun de este mismo como pueblo. Moisés presenta a Yavé como Dios único y protector de la confederación de tribus y como aglutinante esencial. Yavé ha elegido a los israelitas como pueblo sin ningún mérito por parte de ellos, los ha sacado de Egipto, los ha hecho libres y ha pactado una alianza con ellos en el Sinaí, que mantendrá mientras se cumplan las condiciones divinas. A partir del decálogo, se formó una ley casuística que regulaba las relaciones de los miembros de la comunidad tanto respecto a Dios como entre los miembros del nuevo pueblo. Este dios es concebido en términos personales y se le describe con antropomorfismos. No se identifica con ninguna fuerza natural ni está localizado en ningún lugar de la tierra o del cielo. Además, nunca se le podrá coaccionar con el culto. Como símbolo usaron un arca, llamada «de la alianza», donde guardaban las tablas de la ley y otros objetos significativos. En los primeros tiempos, esta arca metida en una tienda de campaña especial hacía las veces de santuario portátil.

2.2. Entrada en Canaán

No pudiendo entrar en Canaán por el sur, tras largas correrías por el desierto, lo intentaron con éxito por el este. La arqueología nos muestra que las ciudades cananeas fueron destruidas en la segunda mitad del s. XIII a. C. y sustituidas por construcciones pobres. Estos debieron ser los efectos de la entrada de los israelitas en ellas. No obstante, la toma del país no fue una campaña guerrera, sino un complicado proceso en el que alternaron medios pacíficos y violentos. Ni los llegados eran todos de una raza, ni los ocupantes cananeos les eran completamente extraños, al ser semitas que no habían bajado a Egipto. Israel ocupó sobre todo las montañas, porque en la llanura los carros que se empleaban para la guerra los vencían. No dominaron un territorio unido y continuadamente, sino enclaves que lo eran de forma intermitente.

En estas circunstancias, la confederación de tribus era dirigida ocasionalmente por unos líderes que destacaban en los tiempos de peligro y que con sus cualidades personales (carisma), que probaban ante sus compatriotas que el espíritu de Yavé estaba con ellos, unían a los clanes contra el enemigo común. Esta función de líder no era permanente ni hereditaria, sino personal y ocasional. En la biblia se les llama «jueces».

En el terreno religioso, los llegados, salvo casos excepcionales, no tomaron de los cananeos más que lo compatible con el yavismo, desechando, por ejemplo, los sacrificios de los niños, los cultos a la fertilidad o las ofrendas como alimento del dios.

En 1200 a. C. estaba terminada la ocupación de Canaán.

2.3.   La experiencia de la monarquía

Recien asentados los israelitas en la nueva tierra, se produce la llegada de los filisteos, pueblo procedente de Grecia, que eran formidables guerreros, conocedores del hierro y dotados de carros para el combate. Este pueblo, simbolizado en el gigante Goliat, derrota de momento con facilidad al peque-ño e inerme Israel y da un nuevo nombre a esta tierra: Palestina.

Tal vez por necesidades de organización para la resistencia, se nombra y unge rey permanente a Saúl, que forma ya un ejército regular. Se destaca por aquel tiempo David, un famoso jefe de banda armada que protegía a las ciudades que le pagaban (1 Sm 25, 7 s.; 15 s.) e incluso se prestaba a combatir en favor de los filisteos (1 Sm 27). Derrotado y muerto Saúl, David, que es ya un soldado curtido, se hace con el poder y derrota a los filisteos. Posteriormente, se instala en Jerusalén, adonde lleva el arca de la alianza, haciendo de esta ciudad el centro administrativo y religioso.

Ahora Israel no es ya una confederación de tribus independientes, sino un país unificado con un rey a su cabeza. David conquista incluso tierras extranjeras y forma un imperio de no muy grandes dimensiones, pero respetado por los vecinos. Y lo dota de una administración centralizada y de un sacerdocio estructurado.

Importante sería para toda la historia futura la profecía de Natán sobre los descendientes de David: «Afirmaré después de ti la descendencia que saldrá de tus entrañas y consolidaré el trono de tu realeza. Yo seré para él un padre y él será para mí un hijo» (2 Sm 7, 12-16).

2.4. De la grandeza a la desaparición

A David le sucedió su hijo Salomón, que desarrolló en grado sumo la potencia económica del reino y las relaciones exteriores. Consiguió un auge en el ejército, la marina mercante, las minas de cobre, el comercio de carros y caballos, la cultura y la música, y también... un sistema fiscal gravoso que dio origen a algo desconocido en Israel: grandes diferencias entre ricos y pobres. La democracia tribal había terminado. La monarquía fue cuestionada por muchos.

En el orden religioso, además de construir el primer templo, se produjeron en su época la puesta por escrito de muchas tradiciones orales anteriores que llamamos «yavistas», y también la historia de la corte de David.

Muerto Salomón, estalla la rebelión en el norte, y en el año 931 a. C. la división se consuma: la mayor parte de las tribus se suman al reino del norte, que se llamará reino de Israel, y solamente dos quedan en el reino del sur, que toma el nombre de reino de Judá. El uno al lado del otro vivieron unas veces en paz y otras en guerra.

2.5. Desaparición de Israel y de Judá

La debilidad de los imperios de la zona les permitió a estos dos pequeños reinos vivir algún tiempo, pero no fue mucho lo que duró su estabilidad.

Israel (reino del norte) fue paganizándose rápidamente, y el yavismo entró en una gran decadencia combatida por los profetas Amós y Oseas. Mientras tanto, la vecina Asiria iba creciendo como potencia. En el 721 a. C., los asirios, a quienes interesaban mucho la madera, los minerales y el paso a Egipto, invaden Israel y trasladan su población a Mesopotamia, donde los deportados pierden su identidad como pueblo. En su lugar se traen extranjeros con costumbres y religiones propias. Estos darían origen a los samaritanos, tan odiados después por los judíos. Israel, el reino del norte, había dejado de existir.

Judá (reino del sur) continuó existiendo, pero como vasallo de los asirios. Cultos, supersticiones extranjeras y costumbres, sobre todo asirias, entran en el país. La economía va mal, aunque las diferencias sociales no fuesen tan grandes como en Israel. Ante esto, los profetas Isaías y Miqueas critican a los responsables. Egipto procura desde el sur enemistarlos con Asiria y la tensión política es muy grande. El rey Ezequías reaccionó contra este estado de cosas (paganización y abusos sociales) y cuando lo creyó oportuno se rebeló contra Asiria, pero fue derrotado y los tributos aumentaron. La idea religiosa atendía más a la profecía a David (Dios protegerá sin condiciones) que a la alianza del Sinaí (si cumplís mis mandatos, os protegeré). En el 622 a. C., el rey Josías intenta también otra reforma apoyándose en el documento que llamamos «deuteronomista». En este escrito se indicaba que la existencia del país dependía de la vuelta a la alianza del Sinaí. Tras diversas vicisitudes, Nabucodonosor destruye Jerusalén y deporta la población del reino a Babilonia. Es el 587 a. C. Ahora ya no existe ninguna tierra que sirva de patria fija al pueblo de Israel. Esta situación forzó la búsqueda de una patria portátil.

2.6. Tradiciones bíblicas de este período

Con las mismas advertencias que lo hemos hecho para el período anterior, citamos los libros bíblicos donde podemos hallar la narración de los acontecimientos de esta etapa de la historia. El libro del Éxodo, el de Josué, los Jueces, los de Samuel, Reyes y Crónicas, unidos a profetas como Jeremías y otros, contienen la narración central de los principales hechos.

---

3. LOS JUDIOS

La destrucción de Jerusalén y su templo y el subsiguiente exilio cambió la trayectoria histórica del pueblo de Israel. Al desaparecer los israelitas como nación y con ello todas sus instituciones, quedaron reducidos a individuos desterrados y vencidos, pero supieron salir del trance con una fe más fortalecida y disciplinada. Encontraron la dirección que había que seguir en el porvenir. Del exilio nació el judaísmo. No fue ajeno a esto el que los exiliados eran lo más selecto de Israel, pues por eso habían sido elegidos. Su estancia en Babilonia, aunque humillante, no fue extremadamente severa. Vivían cerca de la capital en una especie de «reservas». Algunos se dedicaron al comercio e incluso se hicieron ricos, de ahí que, al poder regresar a su antigua tierra, algunos prefiriesen quedarse en Babilonia. Los que no fueron al destierro se dispersaron por Egipto u otros países continuando la diáspora o dispersión judía por toda la tierra.

El imperio de Babilonia se hunde y la nueva potencia se llama Ciro de Persia que, en el 538 a. C., permite a los judíos regresar a Palestina y reconstruir su templo. La fe israelita verá a Ciro como instrumento de Yavé, señor de la historia, que libera nuevamente a su pueblo. Regresa un pequeño resto y reconstruye el templo. Dos dirigentes, Esdras y Nehemías, tratan de poner en pie el nuevo país, uno en lo político-administrativo y el otro en lo religioso-espiritual. Presentan la ley como constitución del pueblo, y éste la acepta. Esta adhesión a la ley de Moisés o Torá, que conservamos en los cinco primeros libros de la biblia, será, con sus costumbres y normas correspondientes, la patria portátil del judío esté donde esté. El sábado, el culto, la circuncisión, etc., tendrán ahora mucha importancia, porque la ley contenida en el Pentateuco lo dice así.

3.1. La cultura griega

Alejandro Magno (333 a. C.) derrotó a los persas y se apoderó de su imperio, que, como hemos visto, incluía a Palestina. A su muerte, sus generales se dividieron el imperio: Tolomeo se quedó con Egipto y Palestina, y Seleuco con Babilonia. En tiempo de Tolomeo, Alejandría se convirtió en el centro del mundo judío y allí se hizo una traducción al griego de los libros de la biblia que se suele llamar de «los setenta» (LXX). Posteriormente, Palestina pasó a depender de los descendientes de Seleuco, que intentaron helenizar a la fuerza a los judíos palestinenses. Se trataba de quitarles sus costumbres propias, su patria portátil, y obligarles a adoptar modos de pensar y costumbres griegas. Ya los judíos del extranjero (diáspora) habían recibido la influencia de la cultura griega, pero en Palestina la resistencia fue feroz por parte de muchos sectores. El expolio del templo, los gimnasios, el culto a Hermes, la prohibición de practicar el judaísmo, la quema de la ley, los altares paganos y la obligación de comer carne de cerdo, fueron demasiadas cosas para que los judíos las toleraran. Los hasidim, o piadosos, de los que después saldrán los fariseos y esenios, se resisten hasta que la familia de los macabeos (= martilladores) organiza militarmente la rebelión y consigue algunas victorias.

La vuelta al cumplimiento estricto de la ley (sábado, circuncisión, sacrificios, fiestas, etc.) se hace normal y con ello se despierta un profundo desprecio hacia los extranjeros, los malos judíos y sobre todo los samaritanos.

El sumo sacerdote se convierte en cabeza espiritual y rey temporal. La sinagoga, nacida en el destierro de Babilonia, con sus reuniones religiosas de los sábados, propaga un mejor conocimiento de la Escritura sagrada (ley, profetas y otros escritos). Pero, pese a todo, la cultura griega dejará una notable huella en el pensamiento de los judíos.

3.2. Bajo el yugo de Roma

Una vez establecidos en el poder, la fidelidad de los macabeos se corrompe. De los dos partidos en lucha: los fariseos amantes del judaísmo y los sadu-

ceos partidarios de la helenización, el poder reprime a los fariseos.

En medio de las revueltas interiores, Pompeyo toma Jerusalén en el año 63 a. C. e inicia el gobierno de Roma, de momento, por medio de Herodes I el Grande, un idumeo al que los judíos desprecian. Para hacerse querer, Herodes comienza la reconstrucción del templo (20 a. C.), pero las tensiones no cesan y unos 6.000 fariseos niegan juramento a Octavio César Augusto, «hijo del divino, padre de la patria». En este clima de tensión nace Jesús de Nazaret. Judas Galileo, capitaneando un grupo de resistentes armados, llamados zelotes o fanáticos, hace frente a los romanos. Sus bases, situadas a 5 kilómetros de Nazaret, en la ciudad de Séforis, son destruidas y más de 2.000 de ellos son crucificados. Poncio Pilato y otros cargos romanos harán con su antisemitismo que la situación estalle.

3.3. Las guerras judaicas

Las revueltas continuaban y los zelotes sembraban el terror, consiguiendo que la sublevación fuera general. La mayor parte de los cristianos abandonaron en estos momentos Jerusalén. Las guarniciones romanas se rindieron y fueron pasadas a cuchillo. Los refuerzos fueron derrotados. La victoria parecía que había llegado. Vespasiano y su hijo Tito acudieron con tres legiones y tropas auxiliares.

Comenzaron a barrer el país por el norte. En Galilea hicieron preso a Flavio Josefo, que dirigía un grupo rebelde y llegaron a poner cerco a Jerusalén. En el interior de la ciudad, las luchas intestinas entre los rebeldes eran feroces. Una gran cantidad de visitantes venidos para la fiesta de los ácimos hizo que Jerusalén estuviese superpoblada. El hambre hizo estragos y el templo fue quemado y destruido (año 70 d. C.).

Nuevamente en el 117 d. C., los judíos se alzan en armas, pero la revuelta es sofocada. Fue en el 132 cuando estalló la segunda guerra judaica dirigida por Simon bar Kosba (el hijo de la estrella), al que algunos rabinos designan mesías-rey. La guerra duró más de tres años y la derrota fue total. Sobre Jerusalén se edificó una ciudad de tipo romano llamada Elia Capitolina, se terraplenó el calvario y se erigieron templos paganos y otros monumentos. A los judíos se les prohibió entrar en la ciudad bajo pena de muerte. Nuevamente hubo abundantes salidas para la diáspora.

3.4. Tradiciones bíblicas de este período

Los libros de Esdras y Nehemías, junto con los de los Macabeos, contienen lo nuclear de los sucesos. Otros numerosos libros proféticos y sapienciales nos ayudan a comprender la época.

3.5. Hasta hoy

En tiempos del emperador romano Constantino el Grande (325) se destruyeron los templos paganos y se construyeron santuarios cristianos a donde peregrinaron numerosos personajes como santa Elena, la madre del emperador, o la monja gallega Egeria. Los persas destruyen estos templos que son reedificados por los bizantinos en 630 d. C. Los musulmanes son los siguientes ocupantes y, tras ellos, los bizantinos continuan la larga lista de destrucciones y construcciones. Los turcos son derrotados por los cruzados hasta que el sultán de Egipto los expulsa. Cristianos, musulmanes, tártaros, mamelucos, turcos, etc., traen la historia hasta 1947, en que se proclama el nuevo estado de Israel sobre la tierra que estaba bajo mandato británico.

AÑOS	SUCESOS HISTORICOS	LIBROS
3000 a. C.	Palestina casi sin población sedentaria. Ciudades destruidas por una invasión de seminómadas.	
1850	Vienen del noroeste de Mesopotamia (Jarán) los amorreos (= occidentales) y con ellos los antepasados de Israel y los arameos. Dt 26, 5. Era de los patriarcas: Abrahán, Isaac, Jacob, Israel. El dios de los padres se identifica con el El cananeo. Status de habiru. HEBREOS. Gn 12-50.	Tradiciones orales de este tiempo: modos de vida, nombres, costumbres, desplazamientos y mitos lo certifican. Gn 1-11.
1500	Algunos de estos antepasados de Israel van a Egipto, mientras otros quedan en Palestina. Ex 1-14.	
1250	Salen de Egipto junto con esclavos de otras razas, incluso egipcios, bajo Ramsés II, después de haber trabajado en Avaris y otros sitios. Moisés, fundador del pueblo (= suma de tribus) de ISRAEL y de su fe en el dios Yavé. Paso «milagroso» del mar de las cañas. Ex 14-15. Alianza del Sinaí. Ex 19-24. Decálogo. Ex 20. Arca de la alianza. Dirigidos por Josué, ocupan Palestina. Dt 10 y Jos 1-7.	
1200	Final de la ocupación de Palestina. Jos 7-23. Jueces.	
1185	Llegan los filisteos de origen griego, guerreros con carros y hierro. Dan nombre a Palestina (Filistina), que antes se llamaba Canaán. Derrotan a Israel dirigido por caudillos o líderes ocasionales (= jueces): Gedeón, Jefté, Sansón, etc.	
1000	Se nombra rey a Saúl y se forma un ejército regular. David, rey soldado, derrota a los filisteos y forma una nación con capital en Jerusalén. Profecía de Natán: «la casa de David reinará siempre». Salomón construye el primer templo y aumentan los tributos y las diferencias sociales. 1 Sm 3; 1 Re 1-12.	J (= yavista) pone por escrito las tradiciones orales.
931	El reino se divide en Israel (norte) y Judá (sur). 1 Re 12.	
750		E (= elohista) Amós, Oseas, Isaías, Miqueas.
721	Los asirios conquistan y deportan a Israel y ponen en su lugar colonos extranjeros (después samaritanos).	
700		Sofonías, Josué, Jeremías, Jueces, 2 Samuel, 2 Reyes.
622		D (= deuteronomista).

AÑOS	SUCESOS HISTORICOS	LIBROS
587	Los babilonios conquistan y deportan a Judá (sur). Destierro de Babilonia. 2 Re 24.	Nahún, Habacuc, Ezequiel, Lamentaciones. P (= priester =sacerdotal).
538	Ciro de Persia toma Babilonia. Regresan los JUDIOS. Construcción del segundo templo. Esd 1-6.	Ageo, Zacarías, Malaquías, Abdías, Job, Proverbios, Cantar, Rut, Salmos.
400		Redacción final de J-E-D-P (= la Torá) Pentateuco.
333	Los griegos con Alejandro Magno derrotan a los persas. 1 Mac 1 y s.	Joel, 2 Crónicas, Esdras, Nehemías, Jonás, Tobías.
300		Eclesiastés, Ester, Traducción de los LXX (al griego).
200	Helenización forzosa de Palestina. Persecuciones y revueltas de los macabeos.	Eclesiástico, Daniel, 2 Macabeos.
150	Fariseos, saduceos y esenios.	
100	Destrucción del templo de Garizín.	1 Macabeos, Judit.
78	Son crucificados 800 fariseos.	
63	El romano Pompeyo toma Jerusalén. Sublevaciones.	Sabiduría.
48	Julio César derrota a Pompeyo en Farsalia.	
44	Julio César es asesinado por Bruto.	
33	Herodes I el Grande, rey en Jerusalén.	
30	Octavio César Augusto, hijo del divino, padre de la patria, emperador (después de derrotar a Antonio).	
20 12 10	Comienza la reconstrucción del 3.er templo. Cometa Halley. Sulpicio Cirino. Empadronamientos en Siria.	

AÑOS	SUCESOS HISTORICOS	LIBROS
7	Herodes I manda estrangular a dos de sus hijos (su mujer ya había sido asesinada en el año 29). Más de 6.000 fariseos niegan el juramento a Augusto, tal vez con ocasión de un empadronamiento. Conjunción de Júpiter y Saturno en la constelación Piscis = rey en el país de los judíos.	
6?	Nace Jesús de Nazaret (año 747 de Roma).	
4	Aguila de oro en el templo. Ejecución del hijo mayor de Herodes. Muerte de Herodes I en Jericó. Disturbios en todo el país. Le sucede Arquelao. Rebelión de los zelotes, de Judas Galileo desde su base de Séforis (a 5 km. de Nazaret). Son crucificados más de 2.000.	
0	Año 754 de la fundación de Roma (Dionisio el Exiguo, s. VI).	

BIBLIOGRAFIA

J. Bright, *La historia de Israel.* DDB, Bilbao 1966.

R. Michaud, *Los patriarcas.* Verbo Divino, Estella 1976.

J. B. Pritchard, *La sabiduría del Antiguo Oriente.* Garriga, Barcelona 1966.

R. Reichert, *Historia de Palestina.* Herder, Barcelona 1973.

W. Keller. *Historia del pueblo judío.* Omega, Barcelona 1969.

R. de Vaux, *Historia antigua de Israel.* Cristiandad, Madrid 1975.

G. E. Wright, *Arqueología bíblica.* Cristiandad, Madrid 1975.

J. Briend, *El Pentateuco.* Verbo Divino, Estella 1979.

E. Charpentier, *Para leer el Antiguo Testamento.* Verbo Divino, Estella 1982.

Lion Publishing, *Enciclopedia de la biblia.* Verbo Divino, Estella 1984.

F. Castel, *Historia de Israel y de Judá.* Verbo Divino, Estella 1984.

J. J. Bartolomé, *Panorama bíblico.* CCS, Madrid 1980.

AUDIOVISUALES

Exodo. Claret, 180 diapositivas, 80'.

Historia de la salvación (evocación del Antiguo Testamento). Paulinas.

Serie bíblica. S/8 mm. Paulinas.

Video: *Jueces.* Paulinas, 105'.

Samuel y David. Paulinas, 120'.

BIBLIA EN DIBUJOS

La biblia. La historia del pueblo de Dios. Comics. Notas. Documentos. Verbo Divino, Estella 1985, 8 tomos.

A. Bringas, *La tierra prometida.* S. M., Madrid 1983.

Biblia en imágenes. Herder, Barcelona 1980.

Colección «la Biblia». S. M., Madrid 1982.

ACTIVIDADES

A.   ¿De qué forma crees que influye la historia pasada de España en tu modo de vivir, ser y pensar? ¿Por qué?

¿Qué narraciones conoces referentes a la historia del pueblo judío? ¿De qué forma pudo influir la historia de su pueblo en Jesús?

B.   Con el texto delante, contesta a las siguientes cuestiones:

¿De dónde eran originarios los antepasados de Israel? ¿Qué era un patriarca? ¿Cómo podemos saber que las narraciones de la biblia son del segundo milenio antes de Cristo? ¿Qué nombres de patriarcas conoces? ¿Qué características tenía la religión de los patriarcas? ¿Cómo llamaban a dios? ¿Cómo se llaman los dos primeros libros de la biblia?

¿En qué puedes distinguir a los israelitas de los hebreos? ¿Quién dirigió la salida de Egipto? ¿Cómo se llama el dios que da unidad a la confederación de tribus? ¿En qué consistía la alianza con dios? ¿Qué era el arca de la alianza? ¿Cómo se llamaba aquella tierra antes de recibir el nombre de Palestina? ¿Quiénes eran los jueces bíblicos? Describe a los filisteos. ¿Quién vence a los filisteos? ¿Qué motivos hacen que las tribus se separen? ¿Cómo desaparecen los reinos de Israel y Judá? ¿De dónde viene el nombre de Judá?

¿Para qué sirvió el destierro de Babilonia? ¿Qué quiere decir la expresión: «patria portátil»? ¿Cómo trataron los griegos a los judíos? ¿Cómo los trató Roma? ¿Qué sabes de las guerras judaicas? ¿Cómo ha llegado el estado de Israel a la situación actual?

C.

1.   Haz un cuadro-esquema a tres columnas con las tres etapas en que hemos dividido la historia del pueblo de Jesús y anota los principales acontecimientos y nombres propios.

2.   Hacer un pequeño mapa de las naciones del área del Medio Oriente. Han de entrar Grecia, Egipto y Mesopotamia. Colocar todos los nombres de ciudades y países citados en el texto.

3.   Escritas en la pizarra las palabras siguientes, cada uno escribirá su significado en un folio. Al final, se dirá el auténtico significado y cada uno se corregirá y dará nota según los resultados. Los puntos serán diez. Palabras: seminómada, patriarca, clan, genealogía, pan ácimo, decálogo, circuncisión, pentateuco, éxodo.

D.

1.   Buscar en la biblia el significado de las siguientes expresiones castellanas:

Más viejo que Matusalén (Gn 5, 21-27).
Más malo que Caín (Gn 4, 1-18).
Aquello era el arca de Noé (Gn 7, 1-16).
Por un plato de lentejas (Gn 25, 29-34).
Época de vacas gordas (Gn 41, 1-36).
El benjamín de la casa (Gn 42 s.).

2.   En grupos de seis, hacer una lista de conocimientos que poseemos sobre el pueblo judío. Por ejemplo: sefarditas, judíos españoles famosos, costumbres de todo tipo de los judíos actuales, significado de las palabras ghetto y pogrom...

E.   Organizar el trabajo para que en grupos de menos de 10 se pueda redactar una «historia» de Abrahán, Moisés, David y Salomón. Habrá de distribuirse la localización de datos en los distintos libros de la biblia.

F.

1.   Elaborar un guión radiofónico para tres emisiones de quince minutos. Anotar la música, ruidos, voces y diálogos de cada parte.

Para orientación: revista «Auca», boletín informativo del Departamento de Audiovisuales del Secretariado Nacional de Catequesis, n. 23-24 (1981).

2.   Puede hacerse también con la escenificación radiofónica, grabada en magnetofón, de la lucha entre David y Goliat, creando un diálogo entre los dos enemigos.

3.   Relatar la historia de Israel en nueve cuadros de cómic.

4.   Escenificar o hacer guión de algún capítulo del libro: L. García Iglesias, *Los judíos en la España antigua*. Cristiandad, Madrid 1978; o de la revista «Imágenes de la fe», n. 159.

6

La tierra de Jesús

La influencia del ambiente en la persona es indudable. El panorama físico y las relaciones sociales de cualquier tipo (políticas, administrativas, económicas o religiosas) determinan en gran parte los modos de ser y pensar de la persona afectada por ello. Esto ocurre en mayor medida en las sociedades de tipo rural donde el control social es mucho más extenso e intenso. ¿Ocurrió esto con Jesús? ¿En qué medida resultó afectado?

Pretendemos conocer, siquiera superficialmente, cómo era la realidad ambiental en la que vivió, para interpretar sus tomas de postura como normales o como discrepantes. Su encarnación en el aquí y el ahora, su libertad y sus criterios propios nos interesan para valorar el relieve de su figura. En qué y hasta qué punto fue distinto de los hombres de su tiempo es para nosotros importante.

1. DESCRIPCION GEOGRAFICA

1.1. Palestina (país de los filisteos) formaba parte del imperio romano desde el 64 a. C. y, oficialmente, se llamaba «Judea». Situada a más de un mes de navegación de Roma, estaba compuesta por una franja en forma de trapecio de 50 y 100 km. en sus bases y 220 km. de altura, con una extensión de unos 26.000 km², es decir, como la mitad de Aragón o un poco menor que Galicia o Bélgica.

Estaba atravesada de norte a sur por el río Jordán («el siempre corriente», «el que baja»), que tiene la particularidad de hacer su recorrido bajo el nivel del mar. El Jordán tiene unos 320 km. (algo menor que el

Miño) y, tras nacer de tres fuentes en el sur del Líbano, forma en su trayecto tres lagos: el Hulé (-68 m.), el Tiberíades (mar de Galilea o Genesaret), que tiene 172 kms², 45 m. de profundidad y está a 212 m. bajo el nivel del mar (en él se puede pescar) y, por último, el mar Muerto, a donde las aguas del Jordán (200 m³. por segundo) van a parar, pero que nunca se llena ni se desborda porque la intensa evaporación compensa la falta de desagüe. Es un fenómeno único en el mundo, ya que se encuentra a 392 m. bajo el nivel del Mediterráneo, siendo por ello la mayor depresión de la corteza terrestre. Su salinidad es de más del 20% (seis veces más que el Mediterráneo); esto, sumado a las fuentes de asfalto, hace imposible la vida en su seno e impide que el cuerpo humano se hunda. La leyenda dice que bajo él se encuentran las abrasadas ciudades de Sodoma y Gomorra (a −790 m.).

Se suele llamar Transjordania a la parte este del río (donde hoy se halla Jordania) y Cisjordania, a la parte oeste (actual estado de Israel). Esta última es la que nos interesa, porque en ella se desarrolló la actividad de Jesús de Nazaret. En la Cisjordania se encuentran escalonadas, de norte a sur, las regiones de Galilea, Samaría y Judea. La zona costera del Mediterráneo es casi una llanura; en cambio, el valle del Jordán está entre dos cadenas montañosas que no alcanzan casi nunca los 1.000 m. de altura. El clima del país es muy variado. En general, podríamos decir que es subtropical con sólo dos estaciones: seca o verano (de mayo a septiembre) y lluviosa o invierno (de septiembre a abril). El clima, tórrido en algunos lugares, alcanza su

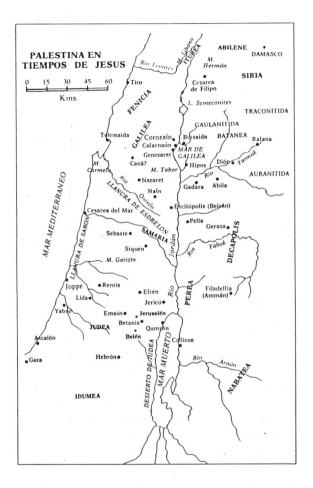

PALESTINA EN
TIEMPOS DE JESUS

0 15 30 45 60
Kms.

máxima temperatura en agosto con unos 45° y la mínima en enero con -4°. Las noches suelen ser bastante frías.

1.2. Galilea es la región más septentrional. Su nombre significa «distrito». En su parte montañosa están las poblaciones de Naín («bonito»), Nazaret («mirador») y Caná («cañaveral»). Séforis, a 5 km. de Nazaret, era un importante centro de caravanas entre Damasco y los puertos del Mediterráneo. La parte más llana, alrededor del lago Tiberíades, era abundante en cereales, fruta, olivos y vid, así como en pesca y derivados. Allí estaban las ciudades de Cafarnaún («aldea de Naún»), Corozaín y Betsaida («casa de la pesca»). Por haberse fusionado la pobla-

ción con extranjeros, no judíos de religión, los galileos no eran bien vistos por los judíos fervientes, que llamaban a la región «Galilea de los gentiles», algo así como «el distrito de los ateos». Se les echaba en cara que no hablaban correctamente el arameo por no pronunciar bien las guturales. El nombre de Lázaro, por ejemplo, es incorrecto; el correcto sería Eleazar. El ambiente era muy agrícola y pesquero, cosa que influirá en el lenguaje de Jesús.

Nacionalistas y amantes de la libertad, preferían el honor al dinero. Para las autoridades, cualquier galileo era un rebelde terrorista en potencia; de hecho, de esta región populosa y relativamente próspera surgieron los movimientos revolucionarios que tanto inquietaron a los romanos. Había bastante inmigración, y José, esposo de María, pudo ser uno de los que vinieron a ganarse la vida aquí.

En 1962, Avi Jonah descubrió una lápida de mármol negro del siglo III a. C. que nombra a Nazaret. Ni el Antiguo Testamento ni sus comentarios, sin embargo, lo hacen.

1.3. Samaría está situada entre Galilea y Judea. Es fértil y con alto nivel urbano. Sus habitantes nunca fueron auténticamente judíos de religión, ya que muchos de ellos descendían de colonos extranjeros, traídos por los asirios en el 722 a. C. Están, si cabe, más aferrados a la ley que los judíos. Esperan un mesías que será un nuevo Moisés («el taheb», «el que ha de venir»). Admiten en exclusiva el Pentateuco, pero rechazan el resto de los libros del Antiguo Testamento y no reconocen a Jerusalén como centro religioso. Ellos tienen su templo en el monte Garizín, en Siquén. En tiempos de Jesús, este templo estaba destruido, pero quedó como lugar de culto. Hay que recordar que entre ellos y los judíos existía un odio mutuo. En Cesarea del Mar, ciudad nueva, residía el prefecto romano y el grueso del ejército. Ciudades importantes eran: Samaría («atalaya»), Siquén («cuello») y Betel («casa de Dios»).

1.4. Judea es la región más meridional. La ciudad principal de Judea es Jerusalén (ciudad de la paz, de la felicidad). Su importancia es, en primer lugar, religiosa: allí está el centro de formación religiosa de los judíos, su dirección y, sobre todo, el único templo judío del mundo, al que todos deben peregrinar.

A este motivo hay que añadirle su importancia política: mientras Herodes I es rey, mantiene una corte fastuosa y, después de él, habrá también guarnición militar; pero, además, es la sede de la «asamblea suprema» o sanedrín, cuya competencia se extiende, al menos teóricamente, a todos los judíos del mundo, lo que le da un peso internacional grande. Los dos motivos anteriores producían un tercero: su importancia económica.

Aunque la ciudad tenía unos 60.000 habitantes, en las festividades pasaban de 125.000 los turistas peregrinos (las cifras que dan Josefo y Tácito son improbables). Toda esa masa· humana le daba enorme importancia económica: centro de grandes negocios monetarios, de banqueros, recaudadores de impuestos, de mercaderes de esclavos y de ganado (el templo consume mucho ganado). Los precios allí eran muy altos (hasta 10 veces más). Todo judío debía gastar la décima parte de su cosecha en Jerusalén y enviar dos días de su salario al templo. Grandes caravanas abastecían la ciudad, ya que Judea producía poco trigo, aunque bastante vid, olivos, higueras, dátiles y legumbres. En Jerusalén estaban prohibidos en aquel tiempo los jardines; sólo había una rosaleda que se empleaba para hacer perfume. Una regular ganadería (ovejas, cabras, novillos) podía abastecer a la población (ya que se comía poca carne y más pescado ahumado o salado), pero no al templo. Para hacer llegar los productos, había que protegerlos de los bandoleros.

En la parte montañosa o desierto de Judá, junto al Mar Muerto, se encontraba el principal centro esenio: Qumrán. Ciudades de esta región eran: Arimatea, Efraín, Jericó, Emaús, Betfagé («casa de los higos verdes»), Betania, que no se debe confundir con el lugar donde bautizaba Juan al otro lado del Jordán, y Belén («casa del pan»). Este pueblecito está a 8 km. de Jerusalén y a 148 km. de Nazaret.

1.5. Otras regiones vecinas son también nombradas por los evangelios: Perea, en la Transjordania, donde bautizaba Juan. La Decápolis, confederación de diez ciudades para mutua defensa; una de ellas era Ammán, capital de la actual Jordania. Idumea, al sur de Judea, que limita ya con el desierto árabe. Iturea, Abilene y Traconítida eran regiones transjordanas del norte.

Palestina es un minúsculo punto del imperio romano, encuadrado en la provincia de Siria. Es una zona fronteriza. Sus habitantes son muy peculiares y viven pobremente gracias a dos elementos: el fisco y la mala distribución de la riqueza. En tiempos de Jesús, los habitantes debían ser unos 600.000. Si los ascendiéramos a un millón, sería admitir el doble que en 1926. Las cifras que dan los expertos son, sin embargo, muy dispares.

2. ORGANIZACION SOCIAL DE PALESTINA

La estructura social, política y religiosa son un determinante más en la definición de una persona. Datos de este tipo aparecen continuamente en los evangelios y hemos de aprovecharlos para encuadrar a Jesús en su ambiente.

2.1. Estructura política de Palestina

La política en los tiempos de Jesús estuvo fundamentalmente marcada por dos personas: Herodes I y Poncio Pilato.

a) Herodes I el Grande, hombre de talante helenista y origen árabe, fue puesto por el senado romano como rey vasallo de toda Palestina (del año 37 a. C. al 4 a. C.). Estaba obligado a defender con sus tropas auxiliares las fronteras del imperio que le correspondían. Era muy hábil para maniobras políticas, y así superó todas las crisis y cambios de «dueño». Estaba obsesionado por mantener su soberanía mediante dos métodos: estar siempre del lado del que mandase en Roma y eliminar a los que podían aspirar a su puesto, principalmente a sus hijos.

Cuenta un escritor que Augusto decía: «Más vale ser el cerdo («hun», en griego) de Herodes, que su hijo». Este escritor tenía en cuenta que los judíos no comen cerdo y que a sus hijos Herodes los mataba. Con un ejército compuesto por galos, germanos y tracios, distribuidos por todo el país, reprimía cuantas conspiraciones se organizaban (fariseos, año 25 a. C.). En el 35 a. C., porque el pueblo aclamó al sumo sacerdote Aristóbulo (17 años), cuñado suyo, mandó ahogar a éste en una piscina de Jericó. Mató a dos de sus hijos y estranguló a su mujer. Cinco días antes de su muerte, hizo matar a otro hijo y quemar a varios fariseos. Ordenó que después de su muerte ejecutasen a un numeroso grupo de importantes judíos, que tenía concentrados en el hipódromo, diciendo que de esta manera llorarían muchos el día de su muerte. Trató mal incluso a los saduceos. Atribuirle, pues, una matanza de niños no es nada improbable (Nerón mandó matar a muchos niños de Roma por la aparición de un cometa en el cielo romano).

Herodes hizo muchísimas obras públicas: reconstrucción del templo, de las tumbas de los patriarcas, conducciones de agua, teatros, fortalezas como la Torre Antonia, ciudades portuarias (Cesarea) y estadios deportivos. Los juegos atléticos le gustaban mucho y él ofreció los premios más importantes de la 192 Olimpiada; ayudó para que no dejasen de celebrarse juegos cada cinco años por falta de dinero. Con todo esto trataba de ganarse la simpatía del pueblo (obras públicas y puestos de trabajo). Su reinado fue bastante bueno en el terreno económico: controló a los bandidos en beneficio del comercio. En épocas de hambre, fundió su propia vajilla de plata para alimentar a los necesitados. Redujo en varias ocasiones los impuestos.

El país gozó de forzada tranquilidad y de cierta prosperidad mientras él reinó. Quiso que le sucedieran tres de sus hijos, partiendo el reino, pero Roma sólo los admitió en calidad de gobernadores, no de reyes como él lo había sido.

Herodes I el Grande
rey de toda Palestina

Arquelao	Herodes Antipas	Filipo
Samaría y Judea	Galilea y Perea	Iturea y Traconítida

Estos fueron virreyes, bajo el dominio de Roma, en partes del territorio de su padre. Uno de ellos, Arquelao de Judea, fue desterrado al sur de Francia (Vienne) a causa de su crueldad y, en su lugar, se pusieron prefectos (procuradores) romanos. El quinto de ellos fue Poncio Pilato.

b) Poncio Pilato, protegido por Sejano (el hombre más influyente de Roma y, además, antijudío), fue prefecto (gobernador) mientras se desarrolló la predicación y muerte de Jesús (del 26 d. C. al 37 d. C.). Tenía como función controlar aquellas regiones, nombrando o destituyendo al sumo sacerdote (especie de presidente del gobierno), cobrar por medio de una red de agentes (publicanos) los tributos que se imponían, partiendo de las tasas que se hacían en los censos, y autorizar la ejecución de la pena de muerte, generalmente por delitos políticos.

Pilato nombró sumo sacerdote a José Caifás, el cual, como su apodo permite suponer, había sido director de las investigaciones del sanedrín y que perdió su cargo al mismo tiempo que Pilato. A Gayo Pilato lo describe Agripa como «inflexible de carácter, arbitrario y despiadado» y le acusa de «venalidad, desafueros, robos, ultrajes y amenazas; de acumular las ejecuciones sin previo juicio, de crueldad salvaje e incesante», citando también ejemplos de todas estas acusaciones. Pilato residía en Cesarea del mar (puerto). Provocó constantemente a los judíos: trajo descubiertas a Jerusalén (hasta entonces se había evitado) las enseñas de sus tropas, las águilas romanas y la imagen del emperador (las imágenes de animales y personas son contrarias a la religión judía), y hubo de retirarlas después de tumultos y muertes. Empleó dinero del templo (dinero sagrado) para obras hidráulicas, disolviendo las manifestaciones sus soldados que, disfrazados de judíos y armados de garrotes, estaban entre la gente. Realizó una matanza de galileos en el templo y, posteriormente, otra de samaritanos. En sus monedas estaban los símbolos del culto al emperador.

Disponía de unos 3.000 hombres, en su mayoría griegos y sirios (los judíos estaban exentos del servicio militar para poder guardar el sábado). Tenía de respaldo tres legiones (36.000 hombres) y una flota anclada en Antioquía, que dependían del gobernador de Siria. Cuando Sejano cayó en desgracia y fue ejecutado, Pilato se quedó sin apoyo y fue depuesto por su superior Vitelio y enviado a Roma para rendir cuentas ante el emperador (año 37 d. C.). Cuando llegó a Roma, Tiberio había muerto. Desterrado a las Galias, parece que murió violentamente.

c) El sanedrín («consejo», «sentarse juntos») era la institución más importante en el mundo judío. Era una especie de parlamento con poder legislativo, judicial y ejecutivo, sólo limitado en sus funciones por los ocupantes romanos, pero con influencia en todos los judíos dispersos por el mundo, a los que se llamaba «los de la diáspora», los de la dispersión. Unos siete millones de judíos había en el imperio romano.

El sanedrín estaba compuesto por 71 miembros pertenecientes a tres clases: los ancianos (senadores o presbíteros) que, a su vez, pertenecían a la aristocracia y hombres de negocios; los sumos sacerdotes retirados o los miembros de sus cuatro familias; y, finalmente, los letrados o escribas, casi todos del grupo fariseo.

El presidente era el sumo sacerdote en funciones (especie de presidente del gobierno), y su cometido era el de gobernar el país bajo la tutela de Roma. Sabemos que en algunas épocas no tenía poder para ejecutar sentencias de muerte sin permiso del prefecto romano.

Como corte de justicia, el sanedrín juzgaba los delitos contra la ley, fijaba la doctrina y controlaba toda la vida religiosa. Tenía guardias a su disposición. Por toda Palestina había pequeños sanedrines de tres miembros, uno de los cuales hacía de juez.

2.2. Estructura religiosa de Palestina

La vida religiosa giraba en torno a tres instituciones: el templo de Jerusalén, las grandes fiestas y la sinagoga.

a) El templo. Prácticamente siempre fue uno solo para todos los judíos del mundo, que iban a él al menos una vez en la vida. Era algo tan esencial en Israel que se podía definir al país como «el Estado del templo», ya que vivía de él y para él. La historia breve del templo podría ser ésta: el primer edificio fue construido por Salomón, como parte de su palacio, y destruido por los babilonios en el año 587 a. C. Después se edificó otro, en el mismo lugar, al regreso del exilio, en el año 515 a. C., que fue también destruido varias veces. La tercera reedificación fue

llevada a cabo principalmente por Herodes I y se terminó en el año 64 d. C. Seis años más tarde, fue destruido por los romanos y no se ha vuelto a construir ningún otro en ese lugar. Hoy ocupa su sitio la mezquita de Omar. Podemos observar, pues, que durante toda la vida de Jesús el templo estuvo en obras. Recalquemos que era el único para todo el mundo y no había, como sucede con nuestras iglesias, uno en cada ciudad.

Flavio Josefo nos describe así el templo construido por Herodes: «El exterior arrebataba los ojos y el espíritu. Por estar recubierto de oro, reflejaba desde el amanecer la luz del sol tan intensamente, que obligaba, a los que querían mirarlo, a apartar la vista. A los extranjeros que llegaban les parecía desde lejos una montaña de nieve, pues donde no estaba cubierto de oro brillaba mármol blanquísimo. En la cima estaba erizado de puntas de oro afiladas para impedir que se posaran las aves y ensuciaran el techo. Algunas de las piedras de la construcción tenían veinte metros de largo...» (De bello judaico, V, 222). Desde luego que cuando el forastero descubría la ciudad de Jerusalén, y en medio una torre de 50 m. de altura (15 pisos), quedaba impresionado.

El templo no consistía en una gran casa, sino en una plaza en forma de rectángulo irregular de 300 por 480 m.; situado en una colina (Sión), dominaba el resto de la ciudad. La gran plaza estaba rodeada de arcos o porches, pudiéndose entrar a través de ellos por nueve puertas. En los arcos se reunía la gente para la discusión, la enseñanza y el tráfico bancario correspondiente al pago de los tributos al templo (todo judío mayor de 20 años debe pagar dos días de trabajo anual al templo, viva donde viva) y la compra de víctimas para los sacrificios (vacas, corderos, palomas...).

A esta primera explanada podía entrar todo el mundo, hasta los no judíos (gentiles, la gente), pero una vez dentro, una nueva barrera avisaba con letreros en latín y griego que los no judíos no debían seguir entrando bajo pena de muerte. Pasada la barrera o muro, había otro que separaba el lugar de las mujeres del de los hombres. En el de los sacerdotes estaba el altar de los sacrificios (25 m. de lado y 7,5 m. de alto).

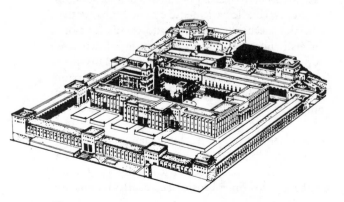

Lo esencial del culto consistía en quemar animales despellejados previamente. Detrás del altar estaba el santuario, es decir, un edificio cúbico de 50 m. de lado, que interiormente sólo tenía dos habitaciones separadas por una doble cortina (velo). En la primera, al entrar –«el santo»–, había un altar con incienso, la mesa de los panes de la proposición y el candelabro de los siete brazos. La otra habitación –«el santo de los santos» (superlativo hebreo que quiere decir: «lo más santo»)– estaba vacía; era el lugar de la presencia del Señor y sólo el sumo sacerdote entraba una vez al año, en la fiesta de «Yom Kippur».

El culto, es decir, el matar los animales y quemarlos tras quitarles la piel, era realizado por los sacerdotes (carniceros especialistas del templo), los cuales, por ello, ocupaban una posición especial en la sociedad, que nada tenía que ver con su situación económica. A la cabeza de ellos estaba el sumo sacerdote que, además de ser la suprema autoridad política, era en el terreno religioso el representante del pueblo ante Dios, intermediario entre Dios y el pueblo. Sus vestiduras las «custodiaban» los romanos, a pesar de las protestas judías por esta ingerencia. A sus órdenes estaban el jefe del templo, el vigilante y tres tesoreros, de los que dependía ya el resto del personal. Disponía también de fuerzas de policía con poder de encarcelar. Se sacrificaban en el templo diariamente por culto oficial cuatro animales y muchísimos más privados, aunque no fuese fiesta.

Los sacerdotes, con traje de lino blanco, eran unos 7.200 divididos en 24 secciones, que intervenían por turno dos semanas al año y también en las tres grandes fiestas. Como carniceros, estaban obligados a guardar una serie de normas higiénico-religiosas para no provocar epidemias.

Fuera de estas ocasiones, el sacerdote, normalmente pobre, practicaba su oficio en el lugar donde vivía. No se accedía al sacerdocio por voluntad propia, o por vocación, sino sólo por herencia. Jesús no pudo ser sacerdote, porque su tribu no era tribu sacerdotal. Como ayuda a los sacerdotes, había unos 10.000 levitas que hacían de sacristanes, músicos, policías, etc. Ya vemos que el parecido de estos sacerdotes con los curas católicos de la actualidad es nulo.

b) **Festividades judías.** Todas tenían carácter religioso y sufrieron muchos cambios desde sus orígenes. En septiembre se celebraba la fiesta de año nuevo, que venía a ser la de Yavé rey. Diez días después, el día del gran perdón («Yom kippur»), en el que se sacrificaba el chivo expiatorio. A su vez, cinco días más tarde, tenía lugar la fiesta de las tiendas (vendimia); durante ella, vivían en tiendas de ramas, recordando el tiempo que vivieron así en el desierto.

En el primer plenilunio de primavera (14/15 Nisán) tenía lugar la fiesta principal: **la pascua** (primeros corderos). La palabra puede significar «salto» o «paso» y en su origen pudo ser una fiesta de pastores. En esta ocasión, acudían a Jerusalén unos 180.000 judíos y extranjeros de todo el mundo. En ella se recordaba la salida de Egipto y se comía el cordero pascual y el pan sin levadura. Cincuenta días después (mayo), con los primeros panes de la cosecha, se celebraba la fiesta de pentecostés, recordando la ley del Sinaí y el pacto o alianza hecha con Dios.

Además de estas fiestas, existían otras de menor importancia. Cada una de las tres grandes fiestas principales duraba una semana, sin contar los días de viaje.

c) **La sinagoga.** La palabra sirve para indicar tanto la gente que se ha reunido como el edificio donde lo hace o la organización por la que se rige. El lugar solía ser una habitación rectangular con sus tres naves orientadas hacia Jerusalén. Tenía un armario para guardar los rollos de la ley, y su local servía, a veces, de escuela. Así como templo no había más que uno para todos los judíos del mundo, sinagogas podía haber varias en la misma ciudad (como «parroquias católicas»).

En Roma había 13 sinagogas y en Jerusalén, 480. La dirección de la sinagoga corría a cargo de un archisinagogo. La sinagoga tenía bienes propios, cementerio e incluso tribunal que podía imponer la pena de flagelación. Con un fondo común se ayudaba a los pobres de esa sinagoga (una especie de «Cáritas»). Cumplía por tanto el papel que entre nosotros desempeñan el ayuntamiento, el juzgado, la parroquia y las obras de beneficencia.

Los ritos religiosos de los sábados (equivalente social a nuestra misa) constaban de dos partes: primero, la «Semá» (escucha), profesión de fe o credo judío, lectura del decálogo y las 18 bendiciones, a las que los asistentes respondían «amén». En la segunda parte se leía un trozo de la ley (Pentateuco) en hebreo y otro trozo de los profetas (cada línea se traducía al arameo). Todo era comentado por los presentes. Leían los varones mayores de 12 años, debían asistir al menos 10 hombres libres y podía predicar cualquiera. El presidente casi nunca era sacerdote.

3. ESTRUCTURA SOCIAL DE PALESTINA

Es difícil dar un nombre adecuado a los grupos judíos en tiempos de Jesús, ya que en ellos se entremezcla el carácter personal, la clase social, la opinión religiosa y las posturas políticas. Por ello no los podemos llamar exactamente ni clases ni sectas ni partidos políticos.

a) Saduceos. Su origen es oscuro, aunque ya se dejan notar en el año 153 a. C. Son posiblemente los autores de Eclesiastés, 1 Macabeos y Eclesiástico.

Su *nombre* deriva de Sadoc, del que descendían, desde los tiempos de Salomón, los sacerdotes de Jerusalén.

Su *situación social* era alta. Eran los más influyentes, por lo que los ocupantes griegos, los romanos y aun Herodes I (que mató a 45 que le eran contrarios) tuvieron que contar con ellos. Eran la aristocracia, los principales sacerdotes y los grandes propietarios. Todos los puestos de importancia nacional estaban en sus manos.

Sus *ideas religiosas:* integristas y conservadoras, sobre todo en lo referente al templo y su funcionamiento, con ceremonias solemnes y fastuosas. Admitían la «Torá» (Pentateuco) al pie de la letra, pero rechazaban la resurrección de los muertos. Decían que Dios premia de inmediato a los buenos (ellos son ricos, luego Dios dice que son buenos). Su conducta era materialista, liberal en algunos aspectos y mundana, por lo cual eran enemigos de los fariseos y, prácticamente, de todos los demás grupos.

Sus *ideas políticas* les llevaban a colaborar con el poder, ya fuese Grecia o Roma. Eran aficionados a modas y culturas extranjeras, por lo cual eran odiados por los judíos más fanáticos (zelotes). Generalmente todos los saduceos residían en Jerusalén. Estaban acorralados porque Roma les había quitado el poder político y una parte del poder religioso (al sumo sacerdote, cargo que no era hereditario, lo nombraba y controlaba Roma). Los fariseos les habían quitado ante el pueblo la autoridad incluso en el culto. Bajo la presión popular, tuvieron que aceptar muchas cosas que no eran de su gusto.

b) Fariseos. Su origen parece ascender al año 160 a. C., cuando se forman grupos (jasideos) para salvar la pureza de la fe y las costumbres judías frente a sus enemigos.

Su *nombre* parece venir del arameo «peryssaya», es decir, los separados, nombre que les debieron dar porque su rigurosa observancia de la ley los separaba de la gente («el pueblo maldito»). A sí mismos se llamaban «haberim», es decir, compañeros. No estaban dirigidos por sacerdotes, aunque había algunos entre ellos. Su organización era bastante completa y tenían hasta «economatos», quizá para tratar menos con el pueblo. Hillel, Sammay, Gamaliel, Johanán ben Zakkai fueron algunos de sus maestros famosos.

Su *situación social* era de la clase media (artesanos y escribas). No tenían mucho dinero, pero tenían saber, y el pueblo veía en ellos sus guías espirituales. Se trataban poco con el pueblo marginado, pero tampoco lo hacían con la clase saducea. Los rabinos o maestros abundaban entre ellos, exigiendo a la gente un trato diferente, especial y honorífico.

Sus *ideas religiosas* estaban apoyadas en una estricta fidelidad a la ley con la ayuda de la tradición oral, pues, según ellos, la «tradición de los padres» obliga como la ley. Es una lástima que se les haya caracterizado como hipócritas. Ellos confesaban que dentro de su grupo había de todo, e incluso ellos mismos caricaturizaban a algunos tipos de fariseos.

A la ley estaba sometido incluso Dios: ellos tenían que cumplir su parte y Dios la suya. Los doctores de la ley tenían poder para decidir lo que estaba prohibido o permitido (atar y desatar). Este celo exagerado por la ley los llevaba a ser intolerantes y a veces inhumanos. Aceptaban la resurrección, los ángeles y el mérito exigible ante Dios por haber cumplido la ley. A pesar de su legalismo, respetaban, a diferencia de los esenios, la vida del hombre: todo peligro de muerte dispensaba de guardar el sábado. Rechazaban lo apocalíptico. Esperaban el advenimiento del mesías y la llegada del reino de Dios. Se consideraban «el resto de Israel», es decir, los únicos verdaderos israelitas. No rompieron con el templo, como hicieron los esenios, y dominaban las sinagogas. Al principio protegieron a los cristianos de raza judía, porque éstos eran buenos cumplidores de la ley.

Sus *ideas políticas* eran de estar en contra de todo lo que no tuviera en cuenta la fe de Israel. No eran colaboracionistas como los saduceos (en el año 7 a. C., 6.000 fariseos se negaron a prestar juramento de fidelidad a Augusto). Ahora bien, por esta causa no ocuparon cargos de importancia. Eran menos extremistas que los fanáticos zelotes. Pensaban qué, cumpliendo la ley, Yavé los libraría de los romanos. Soportaron persecuciones y sanciones, a veces muy cruentas (en el año 78 a. C. fueron crucificados 800). Herodes I quemó a varios de ellos.

c) **Zelotes.** El nombre, apenas castellano, se deriva de la palabra «celo» y viene a significar «los fanáticos». Este fanatismo podía tener diversos objetivos y medios: había fanáticos por cumplir la ley, otros lo eran por castigar a los judíos que no la cumplían (judías casadas con extranjeros) o a los no judíos que profanaban el templo. Solían, pues, ser considerados por los romanos como alborotadores y rebeldes, al menos en potencia.

Si bien antes del tiempo de la predicación de Jesús hubo sublevaciones armadas dirigidas por Judas de Gamala,

alias «el galileo» y su foco principal –Séforis, a 5 km. de Nazaret– fue destruido, crucificándose a dos mil rebeldes o «bandidos», como les llamaban los romanos en el año 3 d. C., la opinión de las últimas investigaciones sobre el tema se inclina por afirmar que en los tiempos de Jesús no existía un grupo más o menos unificado y organizado que se llamase «los zelotes», y que tuviera objetivos políticos, llevando a cabo una lucha organizada.

Había, eso sí, revueltas episódicas y frecuentes, pero se trataba más de obra de fanáticos religiosos que de políticos (aunque no fuera fácil hacer, ni entonces ni ahora, esta distinción). Como grupo político, no debieron reorganizarse hasta el año 66 d. C. Dice Flavio Josefo: «Su fundador fue Judas el Galileo. Sus adeptos están generalmente de acuerdo con la doctrina de los fariseos, pero son gente ebria de libertad, ya que piensan que sólo Dios es su jefe y señor. Las muertes más extraordinarias y los suplicios de sus parientes más íntimos les dejan totalmente indiferentes, con tal no se vean obligados a llamar a ningún hombre señor» (*Ant.*, 18, 23).

Llegada la ocasión, estuvieron enzarzados en luchas internas entre ellos. El término «bandido» o «ladrón», dadas las circunstancias, habrá que examinar en cada caso qué significa, pues puede tratarse de un enemigo del orden social establecido (una especie de terrorista) o de un atentador contra la propiedad ajena (la crucifixión de Jesús entre dos ladrones o la liberación de Barrabás son dos ejemplos en los que puede tratarse de rebeldes políticos). El mismo Juan bautista, nos dice Josefo, fue eliminado por temor a rebeliones. Examinando el grupo de Jesús, encontramos, en primer lugar, que a él le llaman el «galileo» (todo galileo es sospechoso de rebeldía), que algunos de sus seguidores llevan apodos un tanto guerreros: los hijos del trueno, Simón el Zelote, Judas Iscariote... Todo ello parece indicar sus tendencias o antecedentes (sicarios eran los que llevaban un puñal pequeño «sica» para asesinar).

Pese a éstos y otros indicios, es claro que Jesús no fue un agitador político y mucho menos un violento, aunque los que llevaban un puñal pequeño –«sica»– para asesinar). embargo, la doctrina de Jesús tuvo también repercusiones en el campo político. Los zelotes tuvieron mucha importancia en las guerras judías contra Roma (años 66 d. C. y 132 d. C.). Degollaron a la guarnición de Jerusalén, se hicieron con el poder matando a los colaboracionistas y resistieron ferozmente a cuatro legiones romanas. Finalmente, antes de rendirse, se suicidaron en el castillo roquero de Masada.

Sus *ideas religiosas* se fundamentan en que Dios es el único señor de Israel. Aceptar la sumisión a un soberano extranjero y de otra religión (César) supone renegar de su fe y, por tanto, hay que combatirlo, no jurándole, desde luego, fidelidad ni pagándole tributos. Dios desea el heroísmo de su pueblo para hacer llegar su reino y expulsar a los romanos y a sus colaboradores. Esperan un mesías-rey salido de entre sus jefes, e incluso alguno de ellos llega a ser proclamado como tal (Simón bar Kosba, el hijo de la estrella, reconocido mesías por el rabino Aqiba en el año 132 d. C.). Rechazan violentamente todas las imágenes de hombre o animales, linchan a los que profanan el recinto del templo o se casan con mujeres no judías y obligan a todos a circuncidarse.

Sus *ideas políticas* son opuestas a las de los ocupantes romanos y a las de los que colaboran con ellos (saduceos, publicanos, etc.). Su programa social trata de garantizar a todo israelita una subsistencia digna y, al mismo tiempo, impedir las grandes diferencias sociales. Algunas de sus acciones consistieron en destruir los registros de la propiedad y los archivos de los prestamistas (bancos), con lo que se ganaron las simpatías del pueblo deudor. Coinciden con los esenios, fariseos y cristianos en tener como título honorífico el que se les llame «pobres» (un equivalente aproximado a «proletario»).

Su *situación social* –podemos deducirlo fácilmente– era baja, con contadas excepciones. Tampoco es necesario añadir que, como los demás, también se creen el verdadero Israel.

d) Esenios. Nos son conocidos al menos desde el año 136 a. C. Eran una especie de monjes con tendencias muy ascéticas (la mayor parte moría a los 30-40 años de edad, a juzgar por los cadáveres encontrados en sus cementerios) y un nivel de estudio muy alto. Los cita Plinio el Viejo en su *Historia natural* V, 17, 4). Importante entre ellos fue el Maestro de Justicia, personaje misterioso que fue tal vez el fundador o, al menos, el principal organizador.

Su *nombre,* como todo lo referente a ellos, no es muy claro, pero podría significar «los devotos», «los silenciosos», o tal vez «los varones del consejo de Dios». A sí mismos se llaman «los santos» (recordemos que los fariseos y los cristianos también se lla-

maban así) o «los hijos de la luz» (frase que también aparece en los evangelios).

A la comunidad que forman la designan como «la unión» o «los pobres de espíritu». Antes de ingresar en el grupo (a los 20 años de edad) con juramento solemne, debían pasar 2 años de prueba. Los admitía el inspector («mebaqqer», «episkopos»), persona que debía tener más de 30 años y menos de 50. Su función era parecida a la del obispo cristiano; incluso en sus relaciones se habla de las de pastor-rebaño. A la cabeza de todos ellos había también una autoridad monárquica. No se admitía a quien tenía algún defecto físico o mental. Estaban dirigidos sobre todo por sacerdotes y levitas, separados del culto del templo por considerarlo impuro. Vivían en pobreza personal, en celibato (aunque también los había casados) y en obediencia a los superiores que ellos mismos elegían. Estaban rígidamente organizados (como el ejército de Israel en sus tiempos antiguos). Trabajaban manualmente sobre todo en la agricultura, ganadería, artesanías de cerámica, sal o asfalto. Se abstenían del comercio y de la guerra. Podemos decir que casi se autoabastecían. El dinero lo tenían en común y el que entraba aportaba todo lo que poseía, además de su trabajo y sus capacidades.

Eran unos 4.000 y en su mayoría debieron vivir en Qumrán (130 a. C.), lugar en pleno desierto a orillas del Mar Muerto. Ellos convirtieron en huerto lo que antes era sólo un secarral. En un gran edificio central solían vivir los célibes, mientras que los casados habitaban en cuevas y tiendas alrededor. Existían también algunos grupos en las ciudades que tenían propiedad privada. Un empleado en cada ciudad proveía a los esenios en viaje de vestidos y comida. La arqueología descubrió sus instalaciones y biblioteca en 1947; fue el mayor descubrimiento bíblico de todos los tiempos.

Sus *ideas religiosas* eran dar el combate final a los hijos de las tinieblas. Sus prácticas: abluciones rituales, veneración a Moisés y a los ángeles, oración matinal al salir el sol, estricta observancia del sábado aun con peligro de su vida, comidas colectivas rituales (como los fariseos y los cristianos), infierno para los impíos. La idea de la resurrección no está muy clara. Consideran que su comunidad es el templo espiritual y el suyo, el culto verdadero, porque el del templo oficial está hecho por sacerdotes ilegítimos y corrompidos. No coincidían ni siquiera en la celebración de las fiestas, porque ellos usaban un calendario solar de 364 días. Esperaban sólo la señal de Dios para actuar.

Sus *ideas políticas* se centraban en esperar dos mesías: el de Aarón, que eliminaría el pecado, y el mesías de Israel, que establecería el imperio israelita expulsando a los romanos. A ambos los designaban como «hijos de Dios». La guerra final durará 40 años con altibajos y, al final, ellos se vengarán. Su clase social era variada.

e) **Marginados sociales.** En la sociedad palestina había grandes grupos marginados por distintas causas: religiosas, morales o racistas.

Los «'am-ha-ares» o «pueblo del país» eran la clase social inferior, la plebe, fundamentalmente compuesta por habitantes del campo, muchas veces descendientes de extranjeros, que no conocían la ley más que en lo fundamental y ni siquiera eso cumplían. Eran despreciados, especialmente por los fariseos, que les llamaban «gentuza» o «pueblo maldito». No había que compadecerles, ni comprarles frutos, ni recibirlos en casa, porque ni siquiera resucitarán.

Los *esclavos extranjeros* (árabes) tampoco se integraban más que como mano de obra. Los *publicanos* eran otros marginados que cobraban, por arriendo de los romanos, los tributos sobre las mercancías importadas, teniendo empleados a su cargo para este cometido. Como el dinero cobrado tenía que sobrepasar el tributo para que les quedara ganancia, cometían muchos abusos, y el pueblo en general los odiaba y los tenía por ladrones.

Determinados *enfermos*, sobre todo de la piel (tenidos por leprosos) y de afecciones mentales o nerviosas (calificados como posesos) se veían apartados de toda vida social, incluso de la religiosa, mientras padeciesen estas enfermedades.

Bastardos, eunucos y hermafroditas también quedaban al margen. Los *minusválidos* (cojos, ciegos, paralíticos, etc.), frecuentemente convertidos en mendigos, eran otro tipo de marginados.

Los *gentiles* (los que no eran judíos) y los *pecadores públicos* (prostitutas, adúlteras, etc.) eran discriminados por motivos morales-religiosos. Los *samaritanos* formaban un caso aparte; eran «los imbéciles que vivían en Siquén». Llamarle a uno «samaritano» era el peor de los insultos. Ningún judío se relacionaba con ellos ni usaba objetos fabricados en Samaria. A su vez, los samaritanos creaban problemas a los judíos que iban a Jerusalén, a veces hasta con violencia.

4. VIDA Y COSTUMBRES EN TIEMPO DE JESUS

a) **Actividad económica.** La economía de Palestina estaba apoyada fundamentalmente en la agricultura y el turismo religioso a Jerusalén. La agricultura se limitaba a cereales, olivos, higueras, sicómoros y vid. El país era pobre en materias primas y lo único que exportaba era aceite, olivas y vino. Lo demás rara vez se podía encontrar sin importarlo, con los correspondientes recargos. En algunos parajes incultivables se criaba ganado: vacas, corderos, cabras, asnos y algo de avicultura (palomas y gallinas).

La *pesca* era posible solamente en el mar de Galilea (un gran lago). Se solía comer más pescado salado o ahumado que carne.

La *artesanía* era suficiente para el consumo nacional: sastres, zapateros, carreteros, albañiles, fabricantes de tiendas, herreros, alfareros y plateros eran algunos de los oficios más frecuentes.

El *comercio* a base de caravanas (a veces de más de 200 camellos) empleaba camelleros, posaderos, tenderos, cambistas de moneda, etc., todos los cuales eran sospechosos para el resto de la gente de ser estafadores. Había otros oficios que eran despreciados por comunicar mal olor (incluido el oficio de pastor); los refranes eran muchos a este respecto: «el mejor de los médicos es bueno para el infierno» y «el más honrado de los carniceros es un aliado de los amalecitas».

b) **El turismo religioso a Jerusalén** era pieza fundamental para que el país pudiera mantenerse; de ahí que se le pueda llamar a Israel «el Estado del templo» (quien ataca al templo, ataca a todo el país). Todo judío había de ir al menos una vez en la vida al templo y, aunque tenía posada gratuita por ser Jerusalén la casa de todos los judíos, debía gastar obligatoriamente en la ciudad determinada cantidad de dinero («el segundo diezmo»: un diezmo del producto agrícola), además de los tributos religiosos que debía pagar al templo, de la compra de víctimas para los sacrificios, del tanto por ciento por el cambio de moneda y de los «souvenirs».

Tres semanas antes de la pascua, se montaba ya el mercado a las puertas del templo. Además, las obras y el funcionamiento de éste ocupaban a varias decenas de miles de personas, que no todas vivían en Jerusalén.

c) **Otras circunstancias sociales**

En el resto del país los jornaleros abundaban. Se les encontraba en la plaza del pueblo para el trabajo de un día, el cual se ajustaba con ellos en un denario de plata: éste era, pues, el salario de un día. En Galilea, donde tenían sus posesiones los mayores terratenientes (éstos vivían en Jerusalén), las fincas eran dirigidas por administradores, personajes frecuentes en las parábolas de Jesús. El paro fue en algunas épocas muy grande y la emigración mucha (hay que tener en cuenta que sólo heredaba el hijo mayor). Los judíos que vivían en el extranjero compraban, si podían, parcelas en Palestina para pasar allí su vejez y morir en su tierra.

Con parados, mendigos (verdaderos y falsos) y minusválidos, a los que no se permitía ni entrar en el templo, las calles estaban concurridas siempre.

Los escribas (teólogos de carrera) a los 40 años tenían derecho al título de «rabí», pero la gente llamaba así a otros muchos que no tenían estudios (rabí: padre, maestro).

Los esclavos israelitas, contra lo que el nombre hace suponer, eran personas respetadas que tenían trabajo fijo por seis años; pero los esclavos no israelitas lo eran por siempre, rigiéndose por otro estatuto.

Una institución típicamente israelita era el año sabático. Tenía que notarse que Dios era el dueño de todo: cada siete años, llegaba el año sabático, durante el cual la tierra no se sembraba, los esclavos israelitas quedaban libres y las deudas caducaban.

La ley señalaba también el año jubilar: cada 50 años, las tierras tenían que distribuirse de nuevo y cada israelita volvía a tener lo que quizá hubiese vendido su familia anteriormente. Pero parece ser que esta ley no se aplicó nunca.

d) La vida diaria

La familia, patriarcal, tenía al padre como dueño absoluto, sacerdote y maestro de todos los componentes. La mujer era respetable si tenía hijos (ese es su único papel); de lo contrario, era menospreciada; no era sujeto de derecho y por ello la tenía que defender su marido o su padre. Las viudas estaban completamente desamparadas, no servían para testigos e incluso religiosamente eran discriminadas: «Mejor sería quemar la ley que enseñarla a las mujeres». «Alabado seas porque no me hiciste mujer, pues ellas no están obligadas a los mandamientos, sino sólo a las prohibiciones». Estas frases eran corrientes en esa época. Las hijas eran poco más que bienes que se vendían a los pretendientes que las compraban lo mismo que a un esclavo. Se las casaba antes de los 12 años y medio, ya que después de esa edad se precisaba su consentimiento. Los varones lo hacían entre los 18 y los 24 años. Eran frecuentes los matrimonios con sobrinas y la poligamia práctica era bastante normal. La mujer debía lavar los pies al marido, cosa que estaba prohibido hacer incluso a los esclavos judíos. No se la saludaba en la calle y sólo el día de la boda llevaba la cara descubierta. Estaba en estado de impureza legal (higiénico-religiosa) durante la menstruación y 40 u 80 días después del parto, según hubiera dado a luz niño o niña. El hombre podía repudiar a su mujer, según algunos, si se le socarraba la comida o si encontraba otra más hermosa que ella. Otros eran mas severos con las causas. Dado lo distinto del contrato matrimonial (padre-esposo), el repudio no equivalía exactamente al moderno concepto de divorcio que se deduce de un contrato entre esposo y esposa.

Los *hijos varones* eran instruidos por su padre en las costumbres y religión israelita. Tres veces al día debía rezar el judío la oración de las 18 bendiciones de cara a Jerusalén, de pie, con las manos extendidas y la vista baja.

El *sábado* lo guardaban los judíos de todo el mundo. Era día de descanso para todos, incluso para los animales, por lo que se discutía si era lícito comer un huevo puesto en sábado. Tres toques de trompeta anunciaban su comienzo y durante él sólo se podía andar algo más de un kilómetro, aunque se admitían muchas excepciones a estos 2.000 codos.

ACONTECIMIENTOS PROXIMOS AL TIEMPO DE JESUS

AÑOS	SUCESOS
ca. 200 a. C.	Helenización forzosa de Palestina. Separación definitiva de los samaritanos y Jerusalén (Garizín). Persecuciones y guerras de los macabeos. Movimiento hasideo.
ca. 150	Los hasideos se dividen en saduceos, fariseos y esenios.
100/128	Destrucción del templo de Garizín.
78	Son crucificados 800 fariseos.
63	El romano Pompeyo toma Jerusalén. Sublevaciones.
48	Julio César derrota a Pompeyo en Farsalia.
44	Julio César es asesinado por Bruto y Casio.
37	Herodes I, rey vasallo.

AÑOS	SUCESOS	AÑOS	SUCESOS
35	Herodes asesina al sumo sacerdote.		con estas equivalencias en nuestro calendario:
30	Octavio César Augusto, hijo del divino padre de la patria, es emperador de Roma, derrotando a Antonio. Por entonces (31), terremotos en Judea y destrucción del complejo de Qumrán.	29	el 14 = 18 de marzo (ha de ser viernes).
		30	el 15 = 7 de abril. Parece la más probable.
29	Herodes mata a Mariamme.	31	el 15 = 27 de abril.
19/20	Se inician las obras del templo de Jerusalén. Más de mil carros transportan material. Hillel y Sammay.	33	el 14 = 3 de abril.
		34	el 15 = 23 de abril. Muere el tetrarca Filipo.
10	Consagración de Cesarea «junto al mar».	35	Dificultades de Pilato por enseñas y escudos. Matanzas de samaritanos en Garizín.
7	Niegan juramento a Octavio César Augusto 6.000 fariseos en un empadronamiento. Herodes I mata a dos de sus hijos.	36	Destitución de Caifás.
		37	Muerte del emperador Tiberio y destitución de Poncio Pilato.
7/6 4 a. C.	NACIMIENTO DE JESUS DE NAZARET (= año 747 de Roma). Muere Herodes I el Grande. Le suceden sus hijos: Arquelao, Herodes Antipas, etc. Se reconstruye Qumrán (año 750 de Roma).	39	Destierro de Herodes Antipas a Lyon. Hay cristianos helenistas en Antioquía.
		41 al 54	Claudio César.
		44	Levantamiento de Teudas. «Concilio de Jerusalén».
1	Año 754 de Roma. Dionisio el Exiguo, autor del calendario que usamos, supone que en este año nació Jesús de Nazaret.	47 al 49	Años de hambre en Palestina. Expulsan de Roma a los judíos.
		51	Represión del bandidaje y luchas entre judíos y samaritanos.
4. d. C.	Aguila de oro en el templo, sedición en Jerusalén, disturbios en todo el país. Rebelión de Judas el Galileo sofocada en Séforis (varios miles de crucificados).	52 al 60	M. Antonio Félix, procurador.
		54 al 68	Nerón.
6/7	Censo. Sulpicio Cirino, gobernador de Siria. Anás, sumo sacerdote. Arquelao destituido por cruel.	58	Disturbios entre judíos y sirios en Cesarea. Detención de san Pablo.
		60 al 62	Porcio Festo, procurador.
14	Muere en agosto Octavio César Augusto y le sucede Tiberio César Augusto.	62	Martirio de Santiago el menor.
15	Cesa Anás de sumo sacerdote.	63	¿Viaje de san Pablo a España?
18	José Caifás, sumo sacerdote.	64	Terminan las obras del templo «de Herodes I». Incendio de Roma y persecu-
26	Poncio Pilato, prefecto romano.		
27/28	Predicación y ejecución de Juan bautista. Quizá Jesús está ya predicando en Jerusalén para pascua. Jesús es crucificado el 14 ó 15 de Nisán		

AÑOS	SUCESOS
	ciones contra los cristianos. Quizá muere san Pedro.
66	Floro crucifica a algunos judíos. Sublevaciones en todo el país. Los rebeldes derrotan a C. Galo.
67	Vespasiano, con 60.000 hombres, conquista Galilea y captura a Flavio Josefo, jefe insurrecto. Es decapitado san Pablo. Juan de Giscala, dueño de Jerusalén. Matanzas de notables.
68	Destrucción de Qumrán. Muerte de Nerón.
69	Gran sequía. Simón bar Giora se mantiene en Jerusalén.
70	Tito, con 4 legiones, conquista Jerusalén casa por casa. Incendio y destrucción del templo. Matanzas de judíos. Los cristianos judíos llegan a Efeso.
71	Arco de Tito en Roma.
73	Los zelotes se suicidan en Masada antes de rendirse. Regresa a Jerusalén una parte de los judeocristianos.
132	Segunda rebelión judía. Simón bar Kosba persigue a los cristianos que no se unen a la rebelión.
135	Es aplastado el levantamiento. Se construyen en el calvario templos a Júpiter, Juno y Venus, y en el templo estatuas a Zeus y Adriano. En la gruta de Belén, un bosque sagrado a Adonis. Vuelven los cristianos no judíos.
325	Constantino I el Grande destruye los templos paganos y edifica los cristianos. Santa Elena y otros muchos viajeros.
614	Los persas destruyen los santuarios cristianos.
638	El califa Omar levanta mezquitas en el solar del templo.
1054	Los bizantinos lo reconquistan.

AÑOS	SUCESOS
1078	Lo conquistan los turcos.
1099	Lo conquistan los cruzados.
1187	Saladino, sultán de Egipto.
1229	Otra vez en manos cristianas.
1244	Es tomado por los mamelucos de Egipto.
1300	Entran los tártaros.
1468	Sultán mameluco de Egipto.
1516	Soleimán el Magnífico de Egipto.
1917	Los ingleses.
1947	Nuevo estado de Israel.

BIBLIOGRAFIA

E. Schürer, *Historia del pueblo judío en tiempos de Jesús*. Cristiandad, Madrid 1985.

Ch. Saulnier, *Palestina en tiempos de Jesús*. Verbo Divino, Estella 1979.

J. Leipoldt, *El mundo del Nuevo Testamento*. Cristiandad, Madrid 1973, I.

J. Jeremias, *Jerusalén en tiempos de Jesús*. Cristiandad, Madrid 1977.

A. Rouet, *Hombres y cosas del Nuevo Testamento*. Verbo Divino, Estella 1982.

Varios, *Flavio Josefo*. Verbo Divino, Estella 1981.

J. Briend, *El Pentateuco*. Verbo Divino, Estella 1976.

A. Paul, *Intertestamento*. Verbo Divino, Estella 1978.

Lion Publishing, *Enciclopedia de la biblia*. Verbo Divino, Estella 1983.

Lion Publishing, *Atlas bíblico*. Verbo Divino, Estella 1983.

A. G. Lamadrid, *Los descubrimientos de Qumrán*. Marova, Madrid 1956.

Galbiati, *El evangelio de Jesús*. Edizioni Instituto S. Gaetano. Distribuye PPC.

L. Grollenberg, *Panorama del mundo bíblico*. Guadarrama, Madrid 1966.

B. Manzano, *Por los caminos de Jesús*. Verbo Divino, Estella 1984.

Biblia para la iniciación cristiana. Edice, Madrid 1977, III.

M. Jiménez-F. Bonhomme, *Los documentos de Qumrán.* Cristiandad, Madrid 1976.

J. Pouilly, *Los manuscritos del Mar Muerto y la comunidad de Qumrán.* Verbo Divino, Estella 1980.

«Imágenes de la fe», n. 81.

AUDIOVISUALES

El país de Jesús. Claret, 600 diap. (3 vol).
Tierra Santa: el norte. CCS, 80 diap.
Tierra Santa: el sur. CCS, 80 diap.
Cristo en su tierra. CCS.
La Tierra Santa. Hotel Mont Scopus. Jerusalén, 100 diap.
Catálogo de Cinemedia, S. A. (vídeos y 16 mm.), Badal, 32 / 08014 Barcelona.

ACTIVIDADES

A.

¿Serías capaz de hacer de memoria un mapa de la región del Mediterráneo colocando a Palestina en su lugar?

Expón tu idea sobre Herodes el Grande y Pilato.

Recuerda alguna fiesta judía.

¿Qué es una sinagoga?

¿Qué eran los fariseos?

B.

1. ¿Cuáles eran las tres regiones de más importancia en la Palestina del tiempo de Jesús? ¿En qué región se encuentran: Belén, Nazaret, Jerusalén...? ¿Qué territorio gobernaba Herodes I -y cómo se dividió después de él? ¿Por qué estaba en Palestina Poncio Pilato? ¿Qué era el sanedrín? ¿En qué consistían las funciones del sumo sacerdote? ¿Qué significaba el templo de Jerusalén para los judíos? ¿Cuál era la función de los sacerdotes judíos? ¿Qué fiestas importantes tenían? ¿Por qué celebramos la semana santa cada año en distinta fecha? ¿Qué funciones tenían las sinagogas? ¿Qué grupos sociales existían entonces en Palestina y cuáles eran las características de cada uno? ¿Cuáles eran las bases de la economía en aquel tiempo?

C.

1. Dibuja un mapa simplificado (sólo líneas rectas) de Palestina y sus provincias.

2. Dibuja el perfil de Palestina a la altura del Mar Muerto (trata de hacerlo a escala).

3. Representa el organigrama del poder político en Palestina.

4. Diseña un cuadro-esquema de los grupos sociales del tiempo de Jesús, con columnas para: el nombre, situación social, ideas religiosas, ideas políticas.

D.

1. Comparar: El Jordán con tres ríos españoles.

– La extensión de Palestina con tres superficies de España.

– El sanedrín con el parlamento español.

– El culto del templo de Jerusalén y el que se hace en las iglesias católicas actuales.

2. Dibujar el plano del templo y distinguir con colores los espacios que tienen diferente función.

3. Comentar hasta qué punto coinciden las imágenes que tenemos de san José, la Virgen y el niño con lo que realmente sucedía en Palestina (al hijo lo educa el padre, a las mujeres no se les enseña religión, el marido va delante) y ver si deberíamos corregirlas o nos dan otro mensaje.

E. En grupos de once, leer cada integrante del grupo un capítulo del evangelio de san Marcos y tomar nota de todos los nombres geográficos que salgan en el texto (ríos, mares, ciudades). Cada equipo ha de presentar al menos 13 nombres distintos.

F.   Girar una ruta turística por Israel, haciendo de guías del grupo de peregrinos, indicando en cada lugar lo que deben ver como recuerdo de la vida de Jesús.

Puede montarse en forma audiovisual usando algunas diapositivas de *El país de Jesús*.

Introducir el siguiente programa en el ordenador y hacer ejercicios con él. Es apto para APPLE -II E. Para otras máquinas, deberán efectuarse algunos retoques.

```
10   CALL  - 936
14   VTAB 4: PRINT "-Este programa ejecuta preguntas de las ciudades historicas d
e Palestina.Para  cada ciudad tu debes responder con la   region a la que perte
nece.Son tres:"
16   HTAB 7: PRINT "-GALILEA(pulsa G)": HTAB 7: PRINT "-JUDEA(pulsa J)": HTAB 7:
PRINT "-SAMARIA (pulsa S)"
18   PRINT "Se te dira si cada respuesta que tu       propones es correcta o no y,f
inalmente, cuando quieras terminar el programa pulsa Q."
19   INPUT "Si quieres comenzar pulsa 'RETURN'";A$: CALL  - 936
20   DIM A$(20)
22   FOR X = 1 TO 20
24   READ A$(X)
26   NEXT X
28   DATA  NAIM,NAZARET,CANA,SEFORIS
29   DATA  CAFARNAUM,BETSAIDA,COROZAIM,CESAREA DEL MAR,SEBASTE,SIKEN,BETEL,JERUSA
LEM,QUMRAM,ARIMATEA,EFRAIN,JERICO,EMAUS,BETFAGUE,BETANIA,BELEN
30   FOR I = 1 TO 5
40   J =  INT ( RND (1) * 20 + 1)
50   IF J >  = 1 AND J < 8 THEN N$ = "G"
60   IF J > 7 AND J < 12 THEN N$ = "S"
70   IF J > 13 AND J < 21 THEN N$ = "J"
80   PRINT
90   PRINT "-DE QUE REGION ES LA CIUDAD DE ";A$(J);" ?"
100   INPUT "  -";R$
105   IF R$ = "Q" THEN 140
110   IF R$ = N$ THEN  PRINT "CORRECTO": GOTO 120
112   IF N$ = "S" THEN T$ = "SAMARIA": GOTO 115
113   IF N$ = "G" THEN T$ = "GALILEA": GOTO 115
114   IF N$ = "J" THEN T$ = "JUDEA": GOTO 115
115   PRINT " LA RESPUESTA CORRECTA ES ";T$
120   NEXT I
140   END
```

EL COMPROMISO AQUI Y AHORA

Jesús de Nazaret se nos presenta profundamente encarnado en las coordenadas del tiempo y el espacio, sin que su horizonte quede limitado por ello.

Su anuncio del reino, su denuncia de la injusticia, su comunidad de amigos o su oración al Padre se dan en los estrechos límites de Palestina y en el corto espacio de tiempo de 36 años. Sin embargo, su reino tiene un carácter de totalidad y universalidad. Abarca a todo el ser humano de todos los hombres en todos los tiempos. Trasciende las fronteras de cualquier tipo. Igual proyección corresponde a su denuncia, sus relaciones con sus amigos o su disponibilidad ante el Padre.

Colocarse en el aquí y ahora, como lo hizo Jesús, es lo coherente en aquellos que quieren ser sus discípulos.

Jesús amó, con sentimientos y obras, a sus amigos y paisanos, a su país y a la representación de la naturaleza que allí se daba. Lloró, como buen oriental, por sus amigos y su patria, ayudó a sus paisanos, admiró las obras de la técnica humana representadas en la magnificencia del templo y prestó encantado una atención singular a la naturaleza circundante. Ello no le impidió ver y denunciar el mal presente, sin hacer bajar nunca fuego del cielo sobre los malos. Amó a los pecadores y detestó el pecado. En nada fue ajeno a los problemas de su tiempo.

Frecuentemente se acusa a las iglesias de pretender vivir en épocas ya pasadas o en el mundo de las ideas y las palabras sin poner nunca los pies en el suelo. Se les echa en cara el no mancharse las manos en aras de una pretendida neutralidad, de resaltar las tintas negras y ser portadoras de una gris tristeza pesimista, de añorar un pasado de poder. Se les reprocha el no ocupar el mismo lugar social que Jesús manteniendo un auténtico interés preferente por los pobres. Desde más lejos, las voces dicen que se incultura a otros pueblos como si el reino sólo pudiera ser anunciado, comprendido y vivido a través de la cultura occidental.

No es cuestión de defenderse de estas acusaciones, graves para un cristiano, sino de examinarse para ver qué hay de verdad en ellas. Por encima de cualquier prestigio humano o cualquier tentación de amor propio, ha de estar nuestra preocupación por ser fieles a aquel que, a veces con excesiva rutina, llamamos nuestro Señor.

LECTURAS

A. Alaiz, *El test del cristiano*. Paulinas, Madrid 1972.
J. M. González Ruiz, *Creer es comprometerse*. Fontanella, Barcelona 1969.
J. M. González Ruiz, *Pobreza evangélica y promoción humana*. Nova terra, Barcelona 1968.
Revistas:
«Imágenes de la fe», n. 38, 76, 77, 82, 109, 157 167 169, 170, 184.

«Corintios XIII». Caritas Española, Madrid.
«Misión abierta». Claretianos, Madrid.
«Noticias obreras».
«Cáritas».

AUDIOVISUALES

El desafío de los cristianos. CCS, 48 diap., 7' 15''.

PARA LA REFLEXION DE FE

A. Reflexionar primero individualmente y después poner en común en el grupo:

¿Viven los militantes cristianos mezclados como la levadura con la masa?

¿Se prefiere en general actuar a través de obras confesionales? ¿Por qué? Ventajas e inconvenientes.

«Todo es política, pero la política no lo es todo». Observar el comportamiento de los cristianos en este campo.

¿Qué servicios ha prestado y presta la iglesia a los hombres en general? ¿Qué efectos negativos puede producir el no valorar las acciones positivas de la iglesia? ¿Qué efectos puede producir el no darse cuenta de las omisiones o lo negativo?

¿Cuáles son los campos en que, a tu juicio, la iglesia está más desfasada en cuanto a los hombres de nuestro tiempo?

Cuando criticamos a la iglesia, ¿nos sentimos parte de ella?

B. ¿Cómo imaginamos al cristiano ideal? ¿Cómo basamos en Jesús esta figura de cristiano?

C. A la luz de la palabra
Mt 11, 25: Se lo has revelado a los que son poca cosa.
Mt 28, 19: Discípulos de todas las gentes.
Lc 4, 17: La buena noticia.
Lc 9, 51 s.: El los reprendió.
Lc 19, 41: Al ver la ciudad, lloró.
Jn 11, 35: ¡Cómo le quería!
Jn 15, 15 s.: Amigos.

D. ¿Qué problemas requieren en tu ambiente tu compromiso como cristiano (en tu ciudad, en tu país, a nivel mundial)? Leído el «Antigénesis», contestar a «Y nosotros ¿qué?».

Lectura del antigénesis

Al fin el hombre acabó con el cielo y con la tierra.
La tierra era bella y fértil,
la luz brillaba en las montañas y los mares,
y el espíritu de Dios llenaba el universo.

El hombre dijo:
—«Que posea yo todo el poder
en el cielo y en la tierra».
Y vio que el poder era bueno,
Y puso el nombre de Grandes Jefes a los que tenían el poder, y
llamó Desgraciados a los que buscaban la reconciliación.
Así fue el sexto día antes del fin.

El hombre dijo:
—«Que haya gran división entre los pueblos:
que se pongan de un lado las naciones a mi favor
y del otro las que están contra mí».
Y hubo Buenos y Malos.
Así fue el quinto día antes del fin.

El hombre dijo:
—«Reunamos nuestras fortunas todas en un lugar
y creemos instrumentos para defendernos:
la radio para controlar el espíritu de los hombres,
el alistamiento para controlar los pasos de los hombres,
los uniformes para dominar las almas de los hombres».
Y fue así.
El mundo quedó dividido en dos bloques, en guerra.
El hombre vio que tenía que ser así.
Así fue el cuarto día antes del fin.

El hombre dijo:
—«Que haya una censura
para distinguir nuestra verdad de la de los demás».
Y fue así.
El hombre creó dos grandes instituciones de censura:
una, para ocultar la verdad en el extranjero,
y otra, para defenderse de la verdad dentro de casa.
El hombre lo vio y lo encontró normal.
Así fue el tercer día antes del fin.

El hombre dijo:
—«Fabriquemos armas que puedan destruir grandes multitudes,
millones y centenares de millones, a distancia».
El hombre creó los submarinos nucleares que surcan los mares
y los misiles que cruzan el firmamento.
El hombre lo vio y se enorgulleció.
Entonces los bendijo, diciéndoles:
«Sed numerosos y grandes sobre la tierra,
llenad las aguas del mar,
y los espacios celestes;
multiplicaos».
Así fue el segundo día antes del fin.

El hombre dijo:
—«Hagamos a Dios a nuestra imagen y semejanza:
que actúe como actuamos nosotros,
que piense como pensamos nosotros,
que quiera lo que nosotros queremos,
que mate como nosotros matamos».
El hombre creó un Dios a su medida.
Y lo bendijo diciendo:
«Muéstrate a nosotros y pon la tierra a nuestros pies.
No te faltará nada, si haces nuestra propia voluntad».
Y así fue.
El hombre vio todo lo que había hecho
y estaba muy satisfecho de todo ello.
Así fue el día antes del fin.

De pronto, se produjo un gran terremoto en toda la superficie de
la tierra, y el hombre y todo lo que había hecho dejaron de existir.

Así acabó el hombre con el cielo y con la tierra.
La tierra volvió a ser un mundo vacío y sin orden;
toda la superficie del océano se cubrió de oscuridad
y el espíritu de Dios aleteaba sobre las aguas.

C. E. P.

7

La biblia

1. IMPORTANCIA DE LA BIBLIA

Quizá alguien se pregunte por qué estudiar la biblia, cuando son tantos los libros interesantes que hay que leer. La respuesta es bastante sencilla: la biblia es, tal vez, la obra literaria más singular de todas las reseñadas en la historia de la literatura. Pero su importancia no le viene de su calidad estética, aunque muchas veces la tenga e incluso la conserve una vez traducida a otro idioma, sino por dos razones principales: una religiosa y otra cultural.

Más de la tercera parte de la humanidad actual ve en la biblia un conjunto de libros que contienen de alguna manera «la palabra de Dios» y, por ello, la veneran, la leen y la estudian. Cristianos y judíos, en mayor o menor grado, con más o menos fidelidad, tratan de adaptar su actuación a las enseñanzas que se deducen de estos libros.

Pero, si para los creyentes tiene suma importancia por su carácter religioso, también por distintos motivos la tiene para el resto de los hombres: la biblia es un documento fundamental e indispensable para comprender la raíz de la cultura, el desarrollo y la historia de gran número de países y aun de continentes enteros. De hecho, a la civilización occidental se le llama civilización cristiana. Los sistemas de valores, los modos de vida, la moral, el arte, la política, la economía, la investigación, la sociedad familiar, las fiestas y hasta la alimentación se han visto afectados por su influencia. Esto es así no sólo por lo que se refiere al pasado, sino porque, aparte de las consecuencias que el pasado tiene en el presente, el número de personas que de alguna manera orientan hoy su vida según la biblia es bastante como para que influyan en el resto que no la tiene como libro religioso.

Para bien o para mal, los hechos son así. Que en nombre de la biblia se hayan cometido o se cometan aún lo que nosotros podemos considerar «atropellos inadmisibles» es sólo un argumento más para que nosotros conozcamos esos libros y tratemos de comprobar si es la biblia la culpable o lo son aquellos que la han interpretado aferrándose a su letra y desconociendo su espíritu o careciendo de los conocimientos suficientes.

No vamos a discutir si es la primera o la tercera en el «ranking» mundial de libros, pero es evidente que el número de ejemplares, ediciones, traducciones, estudios y comentarios supera todo control. Es probable que alguna vez la hayamos ojeado y... nos haya desilusionado. Leer la biblia no siempre es fácil, pero algo deben tener estos libros para que hayan influido tan decisivamente en la marcha del mundo.

Aparte de otras motivaciones, por todo lo anteriormente dicho, consideramos importante informarnos con la mayor seriedad acerca de la biblia y capacitarnos para poder entenderla mejor.

2. QUE ES LA BIBLIA

A la biblia la podemos describir como un determinado conjunto de escritos, judíos y cristianos, de finalidad religiosa, compuestos por diversos autores en diferentes géneros literarios a lo largo de más de mil años y que han tenido, sobre todo a partir del cristianismo, una decisiva influencia en lo que llamamos civilización occidental.

Los cristianos, y en parte los judíos, consideran que estos escritos contienen «la palabra de Dios» y que son por ello escritos sagrados que revelan el plan divino sobre la humanidad para conducirla a un final feliz o salvación. En definitiva, son una interpretación de la historia pasada, presente y futura, hecha desde la fe en el Dios peculiar de la biblia. No se trata, por tanto, de formulaciones estáticas o intemporales.

Aunque son escritos realizados por hombres de fe para hombres de fe, y aunque su finalidad es religiosa y no tienen pretensiones científicas, tanto por su temática (los problemas radicales del hombre) como por su influencia en la historia de la humanidad merecen ser conocidos aun por los no creyentes.

3. EL NOMBRE

Se dice, aunque el dato no sea muy fiable, que fue en la ciudad fenicia de Biblos donde por primera vez se cosieron cuadernillos de hojas escritas. A esta manera de presentar un texto se le llamó en griego «biblos», es decir, libro. *Biblia significa, por tanto, «los libros» distintos de todos, los libros por excelencia.*

Los judíos palestinos, menos familiarizados con la lengua griega y usando habitualmente rollos de papiro o pergamino (a veces de hasta siete metros de largo), llamaban a estos escritos «Sagrada Escritura» o, simplemente, «La Escritura».

Hoy la biblia normalmente se edita en un solo volumen, pero esto no ha de hacernos pensar que sea un solo libro. Es un conjunto de libros presentados bajo una misma encuadernación. Así suele suceder también con las obras completas de un mismo autor o con las antologías. En nuestro caso, el motivo que

justifica esta unión es esa misma fe que impregna toda la obra.

4. DIVISION

El conjunto se divide en dos partes, llamadas Antiguo Testamento y Nuevo Testamento respectivamente. Los escritos sagrados judíos, anteriores a Cristo, pertenecen al Antiguo Testamento, y lo redactado por los primeros cristianos, después de la muerte de Jesús, forma el Nuevo Testamento.

Es preciso aclarar que la desconcertante palabra «testamento» traduce la griega «diatheke», que puede significar «alianza», «contrato» o «testamento». Además, los judíos de habla griega utilizaban esta palabra para indicar «el plan que Dios tiene para salvar a la humanidad».

5. NUMERO DE LIBROS

La lista o canon de los libros de la biblia consta de 73 obras, de las cuales 27 pertenecen al Nuevo Testamento y 46 al Antiguo.

No hay acuerdo entre católicos y protestantes respecto al número de libros del Antiguo Testamento. Las raíces de la disputa son antiguas, ya que los judíos que vivían en el extranjero admitían, como los católicos y ortodoxos, 46 obras, mientras que los residentes en Palestina, como los protestantes, los limitaban a 39. Los siete libros de diferencia son: Tobías, Judit, Sabiduría, Eclesiástico, Baruc, los dos de los Macabeos y algunos trozos de Ester y Daniel. Los siete coinciden en ser relativamente recientes y conservarse en griego y no en hebreo, como el resto del Antiguo Testamento. Los protestantes los suelen llamar «apócrifos» y los católicos, «deuterocanónicos», es decir, los otros de la lista. A pesar de todo esto, en la mayoría de las biblias para uso de protestantes se añaden al final estos libros, cuya lectura era considerada útil por Lutero.

6. LOS APOCRIFOS

Normalmente, sin embargo, los católicos suelen llamar *apócrifos a una serie de libros que no pertenecen a la biblia, pero que por su contenido y su preten-*

dido autor *(algún famoso personaje bíblico) intentan ser incluidos en ella, sin conseguirlo nunca.* Los protestantes los llaman «pseudoepígrafos», o sea, falsamente atribuidos a un autor.

Su valor religioso es apreciablemente menor que los de la verdadera biblia, e incluso en ocasiones, sobre todo los que pretenden ser del Nuevo Testamento, rayan en lo ridículo. Han tenido, no obstante, importancia en las reproducciones artísticas por los muchos detalles (falsos, naturalmente) que proporcionan. La palabra «apócrifo» significa secreto, y se les aplica a estos libros porque nunca se leyeron públicamente en las iglesias.

7. LOS TITULOS DE LOS LIBROS

El nombre con el que tradicionalmente se designan los libros (Génesis, Exodo, etc.) no es original, sino que ha sido dado con posterioridad, aludiendo a lo que se creía que era su contenido. Los judíos titulaban los libros por las primeras palabras con que éstos comenzaban.

8. LAS CITAS

Una cita es la información precisa para localizar con exactitud una frase en la biblia. Para ello se da en primer lugar el título del libro en abreviatura, seguidamente el número del capítulo y, separado por una coma, el del versículo. Un guión entre los números indica «desde... hasta... inclusive». Un punto y coma separa dos citas distintas. Un punto separa los versículos diferentes del mismo capítulo. La letra «s» añadida a una cifra significa «y siguientes». Cuando el versículo es muy largo, se divide en a y b. Fue Esteban Langton en 1226 quien dividió cada libro en capítulos numerados, y en 1551 Robert Estienne puso número a cada una de las frases de esos capítulos: es la división en versículos. El sistema, aunque no siempre está de acuerdo con el sentido del texto, es muy práctico para el manejo de la biblia.

9. NOTAS Y PARALELOS

Al pie de la página se encuentran de ordinario *«las notas», que son aclaraciones, unas veces de carác-* ter doctrinal y otras de tipo histórico o lingüístico. También a pie de página o en el margen suelen estar *«los lugares paralelos», es decir, las citas de la biblia que hablan del mismo tema.*

10. EL ORDEN DE LOS LIBROS

El orden que los libros tienen en nuestras biblias no guarda total relación con su antigüedad, ya que ni los primeros son precisamente los más antiguos, ni los últimos los más recientes. Fue hacia el siglo XIII cuando los libros del Antiguo Testamento se colocaron en tres bloques, llamados históricos, didácticos y proféticos respectivamente. Los judíos los dividen en tres: la ley *(Torá)*, los profetas *(Nebiim)* y otros escritos *(Ketubim)*. Con el inicio de cada bloque, los judíos han formado la palabra *Tanak*, que para ellos designa la biblia. También hay que tener en cuenta que lo que nosotros dividimos en 39 libros, ellos lo hacen en 22.

11. EL AUTOR

Si el conjunto ha sido escrito a lo largo de más de mil años, no es necesario decir que no puede ser uno solo su autor, y también es preciso tener en cuenta que *en muchas ocasiones un mismo libro es obra de múltiples manos*, e incluso que frecuentemente los originales fueron retocados, ampliados o actualizados por redactores posteriores. Con absoluta seguridad no podemos identificar a ningún autor, máxime sabiendo que en las antiguas literaturas semíticas se ignora el sentimiento de propiedad literaria, y cada cual puede tomar por su cuenta la obra de sus antecesores para retocarla; a nadie le preocupa el verdadero autor.

Es corriente atribuir la obra a un personaje famoso en ese género literario. A pesar de todo, se nota en muchos casos la fuerte personalidad del autor, aunque no sepamos su nombre. Tradicionalmente se dan nombres de autores, pero hemos de recibirlos teniendo en cuenta lo dicho anteriormente.

12. IDIOMAS ORIGINALES DE LA BIBLIA

Tres son los idiomas originales de los escritos bíblicos: *el hebreo, el arameo y el griego común (koiné).*

El Antiguo Testamento fue escrito casi todo en hebreo, con excepción de algunos capítulos que lo fueron en arameo (Esd 4, 7-6. 18; Dn 2, 4-7. 28) y varios libros en griego (Sab y 2 Mac). Los del Nuevo Testamento los conservamos todos únicamente en griego común *(koiné),* aunque en ocasiones parecen traducciones del arameo. El hebreo y el arameo no son idiomas indoeuropeos, como el nuestro, sino semíticos.

13. LA ESCRITURA

Las escrituras (las letras) griega y hebrea son distintas a la nuestra. Solemos conocer algo de la griega, pero ignoramos por completo la hebrea y aramea. Sin embargo, nuestras letras y las hebreas se derivan del «alfabeto» fenicio (2000 a. C.), aunque curiosamente nuestras letras más modernas se parezcan más a las fenicias que las hebreas, que son más antiguas. La biblia hebrea está escrita con escritura cuadrada, de derecha a izquierda, y sólo con consonantes.

Alrededor del siglo VII, unos gramáticos judíos, llamados masoretas, fijaron el sentido de un texto, añadiendo las vocales en forma de unos puntos debajo o encima de las consonantes; pero es poco segura la pronunciación que nos dejaron. Se suelen tener como más probables las consonantes de la biblia hebrea y las vocales de la traducción griega de los «Setenta».

14. COPIAS MANUSCRITAS MAS IMPORTANTES

Ya que los originales (autógrafos) están irremisiblemente perdidos, se reconstruye el primitivo texto a través de las copias que han llegado hasta nosotros. Los manuscritos más antiguos del Antiguo Testamento son los descubiertos en las orillas del Mar Muerto (Qumrán), que se fechan en el siglo II a. C. Los disponibles hasta ese descubrimiento eran del siglo IX.

Los más importantes del Nuevo Testamento son el *Codex Sinaiticus* y el *Codex Vaticanus,* de por el año 360. Disponemos también de papiros que contienen en ocasiones gran parte de los evangelios y de las cartas: el llamado *Chester Beatty* (P 45, 46, 47) se fecha hacia el año 260; los *Bodmer* (P 66, 75) son más o menos del 170 y el *John Rylands* (P 52) puede ser del año 125.

A pesar de lo que pueda parecer, el texto de los evangelios es el que más garantía tiene de autenticidad de entre las obras antiguas que manejamos. Pensemos por ejemplo que las copias más antiguas que conocemos de Homero y Platón pertenecen al siglo X y que para la mayoría de los autores clásicos griegos más famosos existe un vacío de 12 a 16 siglos, mientras que para los evangelios es de un par de siglos y para algunos textos de apenas uno.

El papirólogo español José O'Callaghan defiende que algunos manuscritos de Qumrán son del Nuevo Testamento. El 7Q5, del tamaño de un sello y

Vasija de Qumrán.

con 20 letras, es, según este investigador, un fragmento de san Marcos (Mc 6, 12 y 53). La fecha aproximada de este papiro sería del año 50. Otros trozos estudiados por él son: el 7Q6, de 11 letras, que sería Mc 4, 28; y el 7Q8, de 6 letras, que sería Sant 1, 23-24.

15. TRADUCCIONES

La más notable es la traducción del Nuevo Testamento al griego, llamada de «Los Setenta» (LXX) y realizada alrededor del año 250 a. C., muy usada por los judíos que vivían fuera de Palestina y por los primeros cristianos.

En España debió usarse durante los siglos II-IV una traducción latina propia *(Vetus Latina Hispana);* después, la *Vulgata* de san Jerónimo (alrededor del año 384) llegó muy pronto a España pero parcialmente por medio de unos andaluces.

Alfonso X el Sabio tradujo la *Vulgata* del latín al castellano (Biblia Alfonsina). Y antes del siglo XV hubo varias traducciones del original hebreo hechas por judíos españoles.

La primera versión protestante española es la llamada *Biblia del oso,* de Casiodoro de Reyna (1569), que después fue corregida por Cipriano de Valera en 1602.

Hasta 1976, se ha traducido la biblia, total o parcialmente, a 1.603 lenguas (Europa, 177; Asia-Pacífico, 629; América, 319).

BIBLIOGRAFIA

Lion Publishing, *Enciclopedia de la Biblia.* Verbo Divino, Estella 1983.

Haag-Ausejo, *Diccionario de la Biblia.* Herder, Barcelona 1963.

C. Charlier, *La lectura cristiana de la Biblia.* Litúrgica Española, Barcelona 1961.

A. de Santos, *Los evangelios apócrifos.* BAC, Madrid 1963.

J. O'Callaghan, *Los papiros griegos de la cueva 7 de Qumrán.* Editorial Católica, Madrid 1974.

M. Carrez, *Las lenguas de la biblia.* Verbo Divino, Estella 1984.

«Iglesia viva», n. 113 (1984): Leer la biblia hoy.

«La Biblia y su mensaje». PPC.

«Imágenes de la fe», n. 83.

AUDIOVISUALES

La Biblia. Antiguo y Nuevo Testamento. Paulinas (sin cassette).

ACTIVIDADES

A. Verificar los conocimientos del tema con la siguiente encuesta individual:

Citar tres libros mundialmente famosos.

¿Qué libros has leído en tu vida que no sean textos? Indica número y temas.

¿Tienes una biblia o un Nuevo Testamento en casa?

¿Podrías decir algo de: el relato de los orígenes; Abrahán; salida de Egipto; José, hijo de Jacob; Sansón; David; Salomón?

¿Podrías decir algo de: el nacimiento de Jesús, la parábola del sembrador, la parábola del buen samaritano, la parábola del hijo pródigo, la conversión de san Pablo, la vida de los primeros cristianos?

¿Dónde has adquirido estos conocimientos: familia, colegio, personalmente, parroquia?

B. Contestar a las siguientes preguntas con el texto delante. Posteriormente, las mismas, ya sin la ayuda del texto, pueden servir de evaluación.

¿Cuáles son las razones de la importancia de la biblia? ¿Qué es la biblia? Descríbela. ¿Qué significa la palabra «biblia»? Enumera las partes de la biblia cristiana. ¿Qué significa la palabra «testamento»? Número de libros de la biblia que usan los católicos. ¿Qué diferencias hay con las que tradicionalmente usaban los protestantes? ¿Qué son los libros apócrifos? ¿Cuándo se pusieron los títulos a los libros? ¿Cómo se localiza o cita una frase en la biblia? ¿Qué son notas a «pie de página»? ¿Qué son lugares paralelos? ¿En qué orden están colocados los libros en la biblia? ¿Quién es el autor material de la biblia? ¿Cuáles son los idiomas originales en que se escribió la biblia? Enumera dos copias de textos bíblicos anteriores al año 200 d. C. Recuerda dos traducciones importantes de la biblia.

C.

1. Para fijar la importancia de la biblia, elabora un mapa mundial coloreando de forma destacada las zonas del mundo actualmente influidas directamente por la biblia.

2. Diseña unas columnas o un círculo coloreado en los que representes a escala la proporción estadística de hombres influidos directamente por la biblia. Marca la proporción de católicos, protestantes, ortodoxos y judíos e indica en el lugar más apropiado el tanto por ciento. Usa la estadística incluida en el tema 2, ya estudiado.

3. Escribe cinco palabras derivadas de «biblos».

4. Busca en el diccionario castellano las palabras: papiro y pergamino.

5. Lee, comenta y compara con los evangelios canónicos algunos fragmentos de los evangelios apócrifos, por ejemplo: *Protoevangelio de Santiago*, c. 8 y 9; *Evangelio del pseudo Mateo*, c. 8, 14, 19, 20 y 38; *Libro de la infancia del Salvador*, 68; *Evangelio del pseudo Tomás*, 2 y 3.

6. Efectúa ejercicios de rapidez en la localización de citas, paralelos y notas a pie de página.

7. Comentario de texto.

La palabra de Dios en la palabra de hombre:

«... pero al mismo tiempo todas las palabras de la biblia son expresión de la experiencia de Dios que vivieron: bien como individuos en su andadura personal, o bien como miembros de la comunidad y avista que participaban de la fe de todos. Sus palabras no son palabras de Dios en el sentido de que Dios se las hubiera dicho a ellos como se las podría haber dicho otro hombre; sus palabras son palabras de Dios porque en ellas se refleja la realidad de Dios, su promesa y su exigencia, su bondad y su radicalidad. Este reflejo de la realidad viviente de Dios se sitúa en la totalidad de lo que decían y escribían y no en una frase aislada. Pero el reflejo puede aparecer más intenso en un sitio y más débil en otro... Cada época ha tenido sus textos preferidos, debido a la situación o experiencia históricas de cada una de ellas» (D. Arenhoevel, *Así nació la biblia*. Paulinas, Madrid 1980, 200).

D. Diálogo o debate sobre algunos de los siguientes temas:

Cómo se puede contabilizar el número de creyentes verdaderos en la biblia como libro religioso.

Hasta qué punto están de acuerdo las enseñanzas de la biblia y, más en concreto, las de Jesús con el funcionamiento de la sociedad actual. Resaltar diferencias y coincidencias en la pizarra. Puede hacerse con fotos, diapositivas o recortes de prensa poniendo como fondo hablado una frase del evangelio.

Explicar al final en qué sentido se puede llamar cristiana nuestra civilización.

En qué consiste la civilización occidental o cristiana comparándola con otras. Juzgar la coincidencia con los criterios de Jesús en una y en otras.

E. Organizados en grupos, hacer una lista de las traducciones de la biblia que existen hoy en nuestras librerías. Razonar el por qué son tantas. Elegir un pasaje y comprobar las diferencias de traducción en cuanto a fondo y forma.

F. Realizar un cartel o un póster, un proyecto de mural o un *collage* con el tema de «la biblia», cuidando el significado de los colores que se empleen.

Rollo de Isaías encontrado en Qumrán.

8

La lectura de la biblia

Leer no es repetir mecánicamente sonidos, sino captar la información escrita. Las características de la biblia hacen necesarios para esta captación del sentido del mensaje una serie de pasos que, aunque al lector corriente se le dan ya hechos, conviene que conozca para poder valorarlos o incluso mejorarlos. Estos pasos podemos resumirlos así:

La biblia que nosotros leemos en nuestro idioma es una traducción del texto original, pero, dado que los originales se han perdido y sólo disponemos de copias de ellos, el traductor ha de asegurarse que el texto que traduce es una copia fiel del original. La crítica textual le ayudará a encontrar la copia más coincidente con el escrito primero.

Después deberá aplicar sus conocimientos del idioma, hebreo, en su caso, a través del cual se expresa un modo de ser semítico.

Como para recibir nosotros el mensaje del traductor, éste ha tenido que encontrar antes el sentido del texto, es decir, lo que el autor quería decir cuando lo escribió, tendrá que llevar a cabo también una crítica literaria que le ayude a conocer, en la medida de lo posible, los siguientes puntos:

– el autor (para separar su obra de la de otros autores);

– la historia del texto (por ejemplo: si lo escrito fue antes tradición oral, cuáles son sus fuentes o los retoques que ha sufrido);

– las circunstancias en las que se escribió («Sitz im Leben»), como son: la situación político-religiosa, tiempo, economía, destinatarios, etc.;

– el género literario y las formas estereotipadas que usa para transmitir su mensaje; si lo hace en forma de novela, poesía, historia, etc.;

– el encuadre en el contexto total de la biblia.

Una vez que ha comprendido lo que el autor dice y lo que quería decir, debe ponerlo en nuestro idioma por medio de una buena traducción que tenga también en cuenta a los destinatarios y su peculiar lenguaje.

El último paso corresponde a aquellos a quienes va destinada la traducción y consiste en la lectura de la misma con la consiguiente recepción del mensaje.

Veamos con más detalle cada una de las etapas del proceso que hemos resumido.

1. CRITICA TEXTUAL

Recordemos que la crítica textual se preocupa de sacar de entre todas las copias del texto primero la que considera que coincide más con él, desechando las otras variantes.

Una prueba de fiabilidad de este trabajo nos la da el hecho de que, a pesar de ser los manuscritos descubiertos en Qumrán (1947-1952) unos mil años más antiguos que los entonces disponibles, apenas algún párrafo cambia el sentido. Si en dos mil años (desde el siglo II a. C. hasta hoy) ha sufrido el texto tan pocas alteraciones, se puede esperar que haya ocurrido lo mismo en los siglos anteriores.

2.1. El hebreo

El idioma en el cual está escrito casi todo el Antiguo Testamento, y que hay que traducir (el hebreo), tiene, entre otras, las siguientes características:

— La escritura se hace de derecha a izquierda, de manera que los libros comienzan por donde acaban los nuestros.

— Antiguamente las vocales no se escribían ni existían signos para hacerlo. Fue en el siglo VI cuando los masoretas las inventaron en forma de puntos.

— Tiene dos géneros (masculino y femenino) y tres números (singular, plural y dual).

— La construcción de la frase es sencilla, ya que su sintaxis es pobre por la carencia casi total de subordinaciones y la pobreza de adjetivos.

— Es de cierta imprecisión en los matices temporales, porque el semita no clasifica los hechos en pasados, presentes y futuros, sino en terminados (perfecto) y no terminados (imperfecto que vale para el pasado y para el futuro).

— Posee, no obstante, siete modos de expresar las diversas modalidades de la acción significada por el verbo.

Las consonantes, generalmente tres, permanecen inmutables y contienen el sentido de la palabra facilitando el uso de la etimología popular.

— Las letras tienen también un valor numérico, como ocurre con los «números romanos» entre nosotros.

Como veremos seguidamente, este idioma responde perfectamente a las necesidades de expresión del modo de ser semítico.

2.2. El modo de ser semítico

Un idioma tiene las propiedades que la idiosincrasia o el modo de ser de los que se expresan por medio de él y en él necesitan. Las propiedades de las lenguas semitas, en nuestro caso el hebreo, vienen dadas por el modo de ser de los componentes de las civilizaciones que se sucedieron en el Oriente Medio entre el cuarto milenio antes de Cristo y la era cristiana.

Es esencial que evitemos la equivocación de creer que nuestra propia forma de cultura es el único modo de civilización, pero además hemos de tener presente que las diferencias entre el modo de ser semítico y el occidental son de tanta importancia que ignorarlas nos llevaría a una escasa comprensión de la biblia. Cuando, tras la primera lectura, le pedimos a la biblia más lógica y más claridad, le estamos pidiendo a un andaluz que hable con acento alemán. Cuando tratamos de hacer coincidir exactamente la mentalidad y la expresión bíblicas con las nuestras, estamos pretendiendo medir kilómetros en millas. Por esto vamos a examinar algunas tendencias generales del estilo semítico en contraposición al occidental como ejemplos de su diferencia.

Los occidentales le pedimos al lenguaje que *exprese* las ideas con la mayor precisión posible, con exactitud matemática, como una especie de fotografía de ellas, para que nos *entiendan* bien. Apreciamos, por esto, la *definición* diáfana; y para reforzar la imagen, nos valemos del *símbolo* por su parecido externo y de la *alegoría* que aclara. Nuestro pensar y nuestro hablar es *rectilíneo*, sin repeticiones y uniendo una frase con otra con una abundante *subordinación lógica* («puesto que...»). Podríamos decir, exagerando, que nos caracteriza la *prosa* del lenguaje *técnico-científico*.

El semita que encontramos en la biblia no intenta principalmente expresarse, sino más bien *evocar, sugerir, contagiar* su vivencia. No pretende tanto que lo entiendan como que lo *comprendan* en su sentimiento interior. Huye por ello de la abstracción, que es algo muerto, y prefiere lo *concreto*, que es algo vivo. No da nunca una definición, sino una *descripción* vivaz del proceso de formación del objeto y, si se vale del *símbolo,* no es por su parecido externo, sino por su capacidad de impacto en el interior del oyente.

Su discurso mental o hablado no es rectilíneo, sino que avanza en *espiral* con abundantes repeticiones, paralelismos y coordinaciones («y... y...»), además de espolear al oyente con paradojas, antítesis o parábolas que le hagan huir de la lógica racional. No intenta la exactitud de una fotografía, sino el impacto de una pintura impresionista. Metáforas, metonimias, sinécdoques, descripciones gráficas, énfasis y otros recursos le ayudan a llegar al interior del interlocutor. Las exageraciones e hipérboles no son para el semita «mentiras», sino el modo de conseguir la finalidad que con el lenguaje pretende: llegar, no a la inteligencia del oyente, sino al interior de su persona. Es un lenguaje de *choque* más que de ilustración.

Exagerando también, ya que a los antiguos semitas debemos precisamente el desarrollo de las ciencias astronómicas y matemáticas, diríamos que todo su discurso tiene pretensiones *poéticas,* de contagio o comunicación vital de vivencias e intuiciones. No siente demasiada preocupación por la esencia, es la *existencia* lo que le inquieta. Su espíritu es predominantemente sapiencial.

3.1. Crítica literaria

Determinando los límites de la obra literaria de un autor, se evitan malas interpretaciones y muchas posibles dificultades a la hora de comprender el texto. Entre otros, la crítica literaria pretende este fin. Para encontrar el autor y distinguir su obra de otras, se parte de dos presupuestos que hay que aplicar sin rigidez. En primer término, todo ser humano tiene su propia forma de ser concreta y determinada y por tanto adopta un peculiar modo de expresarse seleccionando palabras, giros y hasta temas. En segundo

lugar, lo que se escribe forma una unidad sin duplicados inútiles ni contradicciones.

Un caso típico es el siguiente: partiendo de estos dos presupuestos, la crítica literaria lee el libro del Génesis, por ejemplo, y encuentra varios vocabularios distintos (Yavé, Elohim), narraciones duplicadas distintas en su forma (dos relatos de la «creación») y unas aparentes contradicciones (el mundo se hace en siete días o en uno, la tierra está inundada o reseca, Noé guarda una pareja de cada especie o siete, llueve 40 o 150 días, etc.). Todo esto hace suponer que hay más de un autor y que varias obras han sido recopiladas y entremezcladas. Un estudio más profundo nos llevará a encontrar en el Pentateuco (cinco primeros libros de la biblia) cuatro tradiciones o documentos distintos, que, a su vez, pueden estar compuestos de pequeños fragmentos que al principio eran independientes. Los documentos, según esta hipótesis, serían los siguientes:

— El documento *yavista* (designado por la letra J) que llama a Dios con el nombre de Yavé. Fue escrito en el 950 a. C., durante el reinado de Salomón. Se basa en tradiciones orales y escritos anteriores. Esta obra, compuesta en el reino del sur (Judá), refleja los ideales de la corte de Jerusalén.

— El documento *elohista* (designado con la letra E) fue redactado en el 750 a. C. Contiene tradiciones paralelas al anterior. Fue compuesto en el reino del norte (Israel) y refleja las preocupaciones de los profetas de este reino. Hacia el año 700 a. C., se juntaron el J y el E, ocupando el primero el lugar más importante.

— El documento *deuteronomista* (letra D) tiene ciertos puntos de parentesco con el E, ya que ambos se escribieron, al menos en parte, en el reino del norte. Alcanzó importancia en el 622 a. C. y su temática es la alianza con Dios.

— El documento *sacerdotal* (designado con la letra P, del alemán *Priester,* sacerdote) se compuso en el destierro de Babilonia, alrededor del 587 a. C., en ambientes sacerdotales que trataban de preparar y animar la vuelta a Palestina. Es de estilo esquemático, ordenado y a veces monótono.

Finalmente, alguien, por el año 400 a. C., quizá Esdras, reunió y entremezcló los cuatro documentos

Figura	Nombre			Valor fonético y numérico		
א	Halef	אָלֶף	(Buey)	h	(muda)	1
ב ב	Bet	בֵּית	(Casa)	v b		2
ג ג	Guimel	גִּמֶל	(Camello)	g gh	(suave)	3
ד ד	Dalet	דָּלֶת	(Puerta)	ʾd dh		4
ה ה	He	הֵא	(Rendija)	h j		5
ו	Wau	וָו	(Clavo)	v		6
ז	Zayin	זַיִן	(Arma)	z		7
ח	Jet	חֵית	(Seto)	j		8
ט	Tet	טֵית	(Recodo?)	t		9
י	Yod	יוֹד	(Mano)	y		10
כ כ ך	Kaf	כַּף	(Palma)	k c	(fuerte)	20
ל	Lamed	לָמֶד	(Aguijón)	l		30
מ ם	Mem	מֵים	(Agua)	m		40
נ ן	Nun	נוּן	(Pez)	n		50
ס	Samek	סָמֶך	(Sostén?)	s		60
ע	Hayin	עַיִן	(Ojo)	h	(aspirada)	70
פ פ ף	Pe	פֵּא	(Boca)	f p		80
צ ץ	Tsade	צָדֵי	(Anzuelo?)	ts		90
ק	Qof	קוֹף	(Cuello?)	q k		100
ר	Resch	רֵיש	(Cabeza)	r		200
שׂ	Sin	שִׂין	(Diente)	s		300 .
שׁ	Schin	שִׁין	»	sch		300
ת ת	Tau	תָּו	(Señal)	t th		400

La lengua hebrea consta de estos signos...

y los dividió en cinco libros que hoy constituyen la Torá (ley) o el Pentateuco.

Estando mezclados documentos de tan diversos tiempos, quien lea la biblia sistemáticamente tendrá que dar grandes saltos cronológicos hacia delante y hacia detrás durante la lectura de una sola página, ya que de una línea a la otra pueden ir con facilidad 500 años de diferencia.

En el ejemplo anterior comprobamos cómo el descubrimiento del autor o la fuente, la historia del texto y las circunstancias en que se escribió van íntimamente unidos. Precisar en cada caso estos extremos es labor de especialistas.

3.2. Las tradiciones orales

Al decir que el más antiguo documento bíblico escrito lo fechamos en tiempo de Salomón (ca. 1000 a. C.), alguien puede pensar que la biblia no contiene nada anterior a esas fechas o que, por haberse escrito siglos después del suceso, lo narrado carece de todo valor. Una opinión así es equivocada.

La escritura ya existía en la época de los patriarcas y, por consiguiente, también durante la estancia en Egipto y la ocupación israelita de Palestina, pero su uso no era frecuente por las dificultades prácticas que ofrecía. En una situación así, la tradición oral (la transmisión de todo tipo de información por medio de la palabra a través de generaciones) desempeñó un papel muchísimo más importante que el que tiene actualmente. Pero ¿cómo se puede conservar, sin cambiarla, una información, si nosotros comprobamos hoy cómo los rumores deforman su contenido en poco tiempo?

Las culturas que se sirvieron de la tradición oral usaron formas que servían para guardarla lo más inmutable posible. Los métodos literarios empleados evitaban las mutaciones en un altísimo grado. Los principales fueron éstos:

— Breves canciones rítmicas en las que si hay cambios se pierde el ritmo.

— Anécdotas de familia que se repiten exactamente de padres a hijos delante de los nietos.

— Versos cortos en los que cualquier mutación les haría perder la rima.

— Etimologías populares (no científicas) en las que una palabra recuerda una breve historia.

— Etiologías o explicaciones de nombres geográficos o lugares cultuales que, apoyándose en la forma o parecido del lugar, mantienen fija la explicación que se da del fenómeno.

Los anteriores métodos sirven para comprobar la inmutabilidad de una tradición, aunque no para demostrar su historicidad o realidad histórica que habría de verificarse por otros métodos. Pero hay que tener en cuenta que la falsedad de una información es posible a través de cualquier medio, ya sea la tradición oral, la escrita o incluso la filmada.

Gracias a la tradición oral, nos han llegado multitud de datos de la época patriarcal (1850 a 1300 a. C.), de la estancia en Egipto (ca. 1250 a. C.) y de la ocupación de Palestina. Normalmente todas estas pequeñas informaciones sueltas han sido posteriormente unidas por algún redactor posterior formando una sola historia.

3.2.1. Los géneros literarios

Géneros literarios son las diferentes formas o modos de expresión de que se sirven las gentes de una época y un lugar determinados para manifestar su pensamiento.

Es una forma colectiva de pensar, sentir y expresarse en una determinada época. No son, como pretendía el clasicismo francés, algo eterno, fijo e inmutable, sino que cambian con el lugar y el tiempo, por eso los géneros literarios de la biblia son distintos a los que modernamente usamos en occidente.

Todo género literario expresa la verdad de una manera distinta y peculiar, de tal suerte que el lector no busca la verdad de la misma manera en una novela que en un tratado científico de historia o en una fábula, aunque los tres contienen «su» verdad. A nadie se le oculta la necesidad de conocerlos y distinguirlos para no interpretar un texto equivocadamente, confundiendo, por ejemplo, una novela con una historia.

Pretender que la única manera de decir la verdad es el género histórico moderno o el lenguaje científico, supondría una notable ignorancia de lo que es la comunicación humana. Leer la biblia como si sólo contuviese un género, el histórico precisamente, sería cometer un evidente anacronismo, dado que el concepto de historia moderna es muy posterior a estos escritos.

Cada género es el más apropiado, según piensa el autor, para el tema que va a tratar y la finalidad que pretende al tratarlo; por ello, no elegirá seguramente la lírica para un tema científico, puesto que lo que necesita es precisión más que belleza de lenguaje. Desde luego que muchos contenidos admiten diversos géneros e incluso éstos muchas veces se interfieren o entremezclan unos con otros haciendo difícil su clasificación.

Al ser algo que evoluciona, no es posible una clasificación clara y, en nuestro caso, tampoco podemos dar una enumeración exhaustiva de los que contiene la biblia; sólo nos ocuparemos de algunos ejemplos de formas literarias. Dado que algunos libros bíblicos son copilaciones, podremos encontrar en un solo libro varios géneros o formas estereotipadas.

Para la crítica literaria, es importante distinguir:
– las grandes unidades (géneros literarios), como pueden ser los narrativos, proféticos, jurídicos, líricos o sapienciales;
– las unidades medias (formas) o esquemas estereotipados de oraciones, apariciones, vocaciones, milagros, saludos, bendiciones, contratos, listas, confesiones, etc..;
– las unidades mínimas (fórmulas).

Al descubrir cuál es la forma literaria estereotipada, nos será más fácil determinar la intención del autor, su contexto histórico-existencial («Sitz im Leben») y, en definitiva, comprender el texto.

3.2.2. *Géneros narrativos*

Llamamos géneros narrativos a aquellos que nos transmiten la información o el mensaje por medio de narraciones. En la biblia, la finalidad principal no es la de comunicarnos lo que real y objetivamente ocurrió después de contrastar pruebas y documentos, como trata de hacer la ciencia histórica moderna, sino la de darnos una lección que hay que sacar de lo narrado. No hay gran preocupación de que los datos sean exactos o documentalmente constatables.

3.3.2.1. *Relatos históricos*

Se trata de historias reales con su trama de personajes concretos, de grupos y de fuerzas sociales, con su «ilógica», con sus contingencias y casualidades. El autor sólo narra los hechos sin indicarnos sus fuentes de información ni darnos su opinión más que indirectamente. Como unidades sueltas, son historia intramundana, es decir, no interviene Dios, pero, al colocar el relato en el contexto histórico y sobre todo en el literario de la biblia, queda abierto a la intervención divina.

Siglos antes de Herodoto, padre de la historiografía occidental, la biblia nos narra la sucesión al trono de David que, aunque ha sido reelaborada después, constituye una obra maestra de la historiografía oriental (2 Sm 9-20; 1 Re 1-2). En el relato parece que se trata de legitimar la subida de Salomón al trono. A este mismo género pertenece el libro primero de los Macabeos.

3.3.2.2. *Narraciones programáticas*

Pertenecen a esta clase las que, apoyándose en el pasado, señalan lo que hay que hacer en el presente, evitando los errores e imitando los aciertos. Hay que notar que los mismos acontecimientos sirven para deducir programas con acentos distintos.

La obra deuteronómica (Jue; 1 y 2 Sm; 1 y 2 Re) concluye que hay que recobrar las antiguas tradiciones de Israel y evitar todo lo pagano en la vida político-social.

La obra cronística (1 y 2 Cr; Esd y Neh), 200 años más tarde, se escribe para demostrar que el principal papel de la comunidad es dar gloria a Dios en el templo de Jerusalén, y esta nueva orientación la expresa copiando los acontecimientos que narraba la obra anterior.

3.3.2.3. Las sagas

Son relatos basados en acontecimientos históricos que impresionaron vivamente y se transmitieron al principio en forma oral y luego escrita, pasando así de generación en generación las vivencias de un pueblo, tribu o clan.

La saga no reproduce tanto el suceso como la impresión que causó (entusiasmo, dolor, etc.). El acontecimiento pudo no ser objetivamente importante, de manera que los anales no lo tengan en cuenta, pero la impresión que causó a los testigos sí que fue considerable. Por medio de estos relatos, se identifican las generaciones posteriores con las anteriores. El género tiene algunos parecidos con la épica y los cantares de gesta medievales. Sagas son muchas de las historias de los patriarcas, del libro de los Jueces y otros. Sansón, Abrahán y David son algunos nombres de protagonistas de ellas (Jue 4 s.; Jue 13-16; Gn 22, 1-19).

3.3.2.4. Relatos didácticos

Con el estilo de narraciones noveladas, se expone una trama que, a primera vista, parece histórica al lector actual, pero su intención es únicamente aleccionadora o didáctica, aunque no se dé explícitamente «moraleja». Al inicio del relato se suelen emplear fórmulas que delaten su no historicidad, a pesar de los nombres que se usan. El libro de Judit, por ejemplo, comienza con una frase que a nosotros nos sonaría aproximadamente así: «En el año 1908, cuando Mitterrand era emperador de los ingleses en Londres...». Al leerla, comprenderíamos enseguida que no se trata de historia y renunciaríamos a buscar «el núcleo histórico». Judit, Jonás, Ester, Tobías, Rut, Daniel, Job y el segundo libro de los Macabeos pertenecen a este género en mayor o menor grado.

3.3.2.5. Relatos etiológicos

La etiología literaria (de *aitía*, causa, y *logos*, explicación) es una narración que confirma una realidad presente (institución, costumbre, rito, monumento o fenómeno natural), dando una explicación a su origen. Viene a decir: «esto es así porque ocurrió aquello». Muchas veces son descripciones en forma de historias que pueden ir resumidas en una etimología popular (no exacta gramaticalmente hablando) del nombre de la realidad de la que se trata. El mismo fenómeno puede tener varias historias, con lo que la veracidad de éstas queda descartada, pero la realidad y su ambiente quedarán mejor descritas. En ocasiones, se ha perdido el comienzo, es decir, el nombre-resumen del lugar y nos ha quedado sólo la historia. Ejemplos: Gn 28, 11 s; Ex 4, 25; Gn 19, 23; Gn 2, 24.

3.3.2.6. Lenguaje mítico

En lenguaje coloquial, la palabra «mito» suele indicar un personaje al que se le coloca muy por encima de los demás en su campo de actividad. En otro nivel, se usa con más precisión para señalar una narración carente de veracidad en contraposición a la historia comprobada. Se aplica más concretamente a las historias de dioses que ocurrieron fuera del tiempo. Pero ¿eran los antiguos tan ingenuos como para creer en la realidad de los detalles del relato mítico? Tal vez como contestación a la pregunta anterior, podemos ver un tercer significado de la palabra «mito» bastante más interesante. Si distinguimos entre lo que el mito dice (una historia inventada que nunca ocurrió) y lo que quiere decir (una realidad que incluso puede estar pasando siempre), podremos encontrar en el mito una verdad profunda. Los mitos han de ser interpretados para encontrar su verdad.

El lenguaje mítico, como el poético, es apto para hablar de lo inefable, de lo indefinible o de todo aquello de lo que sólo se puede hablar en comparaciones.

Lo divino es, por definición, lo indecible, lo infinito, lo inefable y sólo se puede hablar de ello en comparaciones, es decir, hablando de Dios como si se tratase de un hombre (antropomorfismos). De Dios se dice que ama, se enfada, habla, sube, está sentado, redime, salva, juzga, etc...

La biblia usa el lenguaje del mito e incluso emplea como recurso poético o medio de expresión mitos o parte de ellos. Ejemplos de lenguaje mítico o restos subyacentes de mitos podemos encontrar en los primeros capítulos del Génesis, en algunos salmos o en el libro de Job. Los nombres de Leviatán y Rajab o alusiones a Tiamat, Samas y otros dioses vecinos son una muestra. Sin embargo, la biblia niega valor a la existencia de estos dioses.

Por otra parte, los autores bíblicos, como hijos de su tiempo y de su ambiente, suponen el universo tal como lo presentaban los antiguos orientales. Aguas superiores e inferiores, compuertas del cielo, firmamento, columnas del cielo y de la tierra, abismo, etc., son expresiones frecuentes y gráficas de una concepción del mundo.

3.3.3. Géneros proféticos

Las formas propias para expresar los profetas sus mensajes las denominamos géneros proféticos. El juicio que los profetas emiten sobre la historia desde un punto de vista teológico-pragmático puede expresarse en multitud de modos: poesía, prosa, oráculos de amenaza o de esperanza, sermones, himnos, sátiras, elegías, visiones, etc. Fórmulas muy usadas son: «Así dice el Señor», «Oráculo del Señor», «Sugerencia del Señor». Unos 16 libros de la biblia pueden entrar en este género.

Una forma peculiar y distinta es la llamada «acción profética» o parábola en acción. Se trata de una escenificación sorprendente del mensaje, llamando la atención de los espectadores y haciéndoles ver de este modo la realidad presente o futura que el profeta veía en su inspiración. Después de la acción dramatizada, explicaba con palabras su significado. Lo anunciado es tan irrevocable como el gesto realizado. Ejemplos tenemos en Is 20, 3 s.; Jr 19, 10; Jr 28; 1 Re 11, 30 s.

Otra forma de expresión profética es la apocalíptica. El nombre significa «revelación» y consiste en una visión del futuro en función del presente. Viene a decir: «como pasará aquello, hay que hacer esto». Suele ser la revelación, en tiempos de catástrofe, de un final dichoso. Los símbolos, a veces muy recargados, son parte esencial de este género. Encontramos apocalipsis en Isaías, Ezequiel, Joel, Zacarías, Daniel y otros en el Antiguo Testamento.

3.3.4. Género sapiencial

Aunque por su finalidad aleccionadora coincide con los relatos didácticos, el género sapiencial tiene el objetivo concreto de extraer la prudencia y la habilidad para conducirse en la vida a partir de una reflexión natural sobre el mundo y su funcionamiento. Se trata de insertar la religión en cualquier dimensión o circunstancia de la vida del hombre (familia, amistad, negocios, etc.). Los autores de este género añaden a su cultura «muchas horas de vuelo», una gran experiencia. Los refranes, los proverbios (masal), discusiones, monólogos, enigmas, sátiras, etc., son sólo algunas de las muchas formas usadas. Los libros de Proverbios, Eclesiastés, Eclesiástico y Sabiduría son los típicos en este género.

3.3.5. Género lírico

La poesía con su búsqueda de la belleza de expresión, su sugestividad y su capacidad evocativa no está ausente de la biblia. Libros enteros como Salmos, Cantar de los cantares, Lamentaciones o Job están en forma poética; pero en otros muchos podemos encontrar cantos, himnos y otros tipos de poemas. En general, la poesía hebrea tiene mucha relación con la música y la danza.

3.3.6. Género jurídico

El modo concreto de formular leyes que permitan la vida de la comunidad organizada constituye el género jurídico. Aunque leyes podemos encontrar en todo el Pentateuco, los libros del Exodo y Levítico contienen los núcleos más interesantes. El decálogo se incluye en Ex 20, 2-17 y Dt 5, 6-18.

3.3.7. El Midrás o comentario

En ocasiones, la biblia se comenta a sí misma actualizando el comentador el sentido del texto. Si lo glosado es historia, se llama *hagadá*, si son leyes, *halaká* y si son profecías, *peser*.

3.4.1. Vocabulario y simbolismos bíblicos

Para una más correcta comprensión del texto, es necesario además conocer el vocabulario específico de la biblia. Palabras como «desierto» o «adulterar» tienen un sentido claro en la vida normal y otro simbólico en cuestiones religiosas. «Desierto» equivale a fidelidad a Dios y «adulterar» tiene el significado de adorar a otros dioses (idolatría). Como estos dos casos, podríamos poner muchos.

El simbolismo de los números es también importante, ya que no se les suele dar su valor matemático-cuantitativo, sino simplemente cualitativo. También en castellano decimos: «mil gracias», «un millón de besos», «mil maravillas», o frases por el estilo que nadie interpreta en sentido matemático.

En ocasiones, cuando al redactor bíblico le falta un dato numérico, nos da el valor numérico que tienen las letras (recordemos que los números hebreos se escriben con letras como nuestros números romanos). Así se nos da la cantidad de israelitas que salieron de Egipto (Ex 38, 25) y dice que eran 603.550, que es el valor numérico de las siguientes palabras: «todo el número de los hijos de Israel». Ignoramos por qué se le ha concedido ese valor simbólico a cada número. Así, el cuatro es el número del mundo; el diez, el de las épocas de la historia; el siete, el de la perfección absoluta; el doce, el de la gente o el pueblo; el mil, el de lo imposible de contar...

Hemos de hacer notar también que, en ocasiones, múltiples palabras bíblicas son traducidas por una sola castellana, como sucede con «pecado» (unas cinco palabras hebreas y cuatro griegas), «pobre» y otras. Esto ocasiona una notable pérdida de matices.

3.4.2. Antropología hebrea

Unas nociones elementales de antropología hebrea son necesarias para no crearse dificultades artificiales. El hebreo no divide al hombre, como el griego Platón, en cuerpo y alma, sino que lo considera un todo unitario. Las expresiones hebreas acerca del hombre no tienen equivalentes en castellano y las que se usan se prestan a muchas confusiones.

La palabra hebrea «nefes» se traduce en muchos casos por «alma», pero en realidad significa: la persona, el yo, la personalidad como esencia del ser humano. Se dice que la «nefes» es la sangre o el aliento. El hombre es «nefes», o sea, persona viva (si tiene la sangre fuera o no alienta, está muerta, se le ha derramado o salido la vida). No es correcto decir «hombre muerto», porque eso es sólo «un cadáver». La persona muere, de ahí que si se traduce por alma habría que decir que el alma muere (Ez 18, 20; Jue 16, 30). Con la palabra «nefes» no se quiere poner de relieve la índole espiritual privativa del hombre.

Del mismo modo, la palabra «basar» no equivale a nuestro cuerpo de tejido carnoso, sino que indica que una cosa es débil y perecedera ante Dios. Traducirla por «carne» puede resultar confuso (Is 31, 3). Lo que nosotros llamamos cuerpo viene descrito como casa de arcilla, vestido de piel y carne, morada terrena, tienda de campaña, etc. Son, como vemos, todo figuras externas que pueden guardar lo principal en su interior.

Si el hombre es «nefes» y es «basar», sin embargo no es «ruaj» (espíritu), sino que tiene «ruaj». Dios es el propietario del espíritu (vida) que el hombre tiene en su interior y que se trasluce al exterior por el ritmo de la respiración según su estado de angustia o paz. El espíritu no es

algo incomprobable. El espíritu no muere, sino que vuelve a Dios que lo dio. El que muere es el hombre, su persona («nefes») y va al «seol» (no confundir con la idea católica de infierno), donde existe con una especie de vida al «ralentí». Al espíritu se le podría identificar más con la vida que con el alma. Referido a Dios, el Espíritu de Yavé, describe al Dios vivo obrando: es su modo y su medio de actuar.

Esta descripción de términos no es totalmente exacta, dado lo complejo del tema, y sólo pretende llamar la atención sobre las diferencias de esa antropología con la nuestra. Hay que tener en cuenta, además, que los libros más tardíos de la biblia, escritos con una mentalidad más griega, manejan unos conceptos más cercanos a los nuestros.

4.1. La traducción

Lo expuesto hasta aquí es necesario para captar el sentido del texto, aun para aquellos que dominen la lengua hebrea. Ahora se trata, dando un paso más, de transmitir lo que quiere decir ese texto a aquellos que desconocen aquel idioma y por tanto de decirlo en castellano. Es la hora de la traducción.

Traducir es trasponer un texto literario de una estructura lingüística a otra, es decir, actualizar en la propia lengua el acto de comunicación que el autor original tuvo con sus lectores (entre otras circunstancias) en un idioma distinto del nuestro.

El mensaje original llega hasta nosotros a través del traductor, que después de captar su sentido nos lo transmite. Se puede decir que toda traducción es una interpretación.

La traducción reviste gran dificultad, porque las palabras de los distintos idiomas no se superponen más que parcialmente, es decir, no significan lo mismo, sino aproximadamente lo mismo. Tampoco coinciden las estructuras de los diversos idiomas. En lenguas y culturas muy distanciadas, estas dificultades son todavía mayores. No se puede traducir palabra por palabra, sino buscando que la frase o el discurso tenga el mismo sentido.

Idealmente, se trata de transmitir al lector el mismo mensaje y hacerlo de forma que le cause el mismo impacto que el texto original causó en otro tiempo, idioma y circunstancias, conservando en lo posible las cualidades estéticas originales. Lo problemático de este objetivo es lo que ha acuñado la frase «traduttore, tradittore», indicando que todo traductor traiciona al menos un poco, quizá sólo en los matices, el texto original.

Dado que las circunstancias y el idioma del lector evolucionan y que los conocimientos sobre el original aumentan, son necesarias nuevas y «mejores» traducciones.

5.1. La lectura de la biblia

Terminados los pasos del proceso antes descrito, tenemos ya en nuestras manos el texto traducido que nos transmite el sentido original captado por el traductor. En él es posible ya una *lectura normal*. El lector ha de percibir el sentido con la mayor cantidad posible de matices. En la lectura de la biblia hallaremos las dificultades propias de toda lectura, es decir, las ya enumeradas para el traductor y las derivadas de toda comunicación humana.

Suponiendo que la traducción (emisor) es acertada, tendremos que contar con que el idioma no es unívoco, sino que se puede interpretar de varias maneras y sobre todo que el lector (receptor) lo entenderá según sus circunstancias (punto de vista, cultura, preocupaciones, edad, etc.). Ya los latinos decían que cada uno entiende las cosas «a su modo»: «Quidquid recipitur ad modum recipientis recipitur». No nos ha de extrañar por tanto que, en diversas épocas y perspectivas, se «saquen» de la biblia cosas distintas al menos en los acentos, o que la misma persona deduzca, en ocasiones distintas, otras conclusiones de un mismo texto bíblico. Cada época hace su lectura, y esto es inevitable porque todos leemos u oímos desde nuestro punto de vista concreto. Las lecturas no serán contradictorias, pero sí no del todo coincidentes. Lo que ocurre con cualquier libro.

5.2. La lectura de fe

La biblia está escrita por hombres de fe para hombres de fe. Su destinatario es la comunidad de creyentes, y sólo el creyente puede captar todo su sentido. Ocurre algo parecido con una carta entre enamorados: que sólo ellos pueden comprender su sentido total, aunque todos puedan entender lo que literalmente se escribe. Sólo ellos «sintonizan» del todo en lo que quieren decirse.

El creyente actualiza el contenido del mensaje bíblico como dirigido a su comunidad y a él perso-

nalmente. Extrae de la letra o sentido literal el espíritu que hace aplicable un mensaje antiguo a la actualidad. Capta así el sentido espiritual. No lee lo contenido en la biblia como una historia pasada, sino como una palabra viva actual que le interpela y le compromete. No lo lee para saber, sino fundamentalmente para vivir. La comunidad creyente, la iglesia, interpreta el sentido y desde la perspectiva cristiana, desde el espíritu, desde la mentalidad, el modo de ser y los valores encontrados en Jesús de Nazaret, hace una especie de «midrás» cristiano que nunca podrá, desde luego, separarse del sentido literal.

BIBLIOGRAFIA

G. Lohfink, *Ahora entiendo la biblia*. Paulinas, Madrid 1977.

W. y M. Bühler, *Entender la biblia*. Paulinas, Madrid 1980.

Varios, *Exégesis bíblica*. Paulinas, Madrid 1979.

L. A. Schökel, *La palabra inspirada*. Herder, Barcelona 1966.

C. Charlier, *La lectura cristiana de la biblia*. Litúrgica española, Barcelona 1961.

Biblia para la iniciación cristiana. EDICE, Madrid 1977.

P. F. Ellis, *Gráfico en color de las fuentes del Pentateuco* (aparte del libro *Los hombres y el mensaje del Antiguo Testamento*). Sal Terrae, Santander 1968.

L. A. Schökel, *¿Es difícil leer la biblia?*: «Razón y fe» (sept.-oct. 1984).

J. San Clemente, *Iniciación a la biblia*. DDB, Bilbao 1968.

C. Buzzetti, *La biblia y sus transformaciones*. Verbo Divino, Estella 1985.

AUDIOVISUALES

Génesis. Tres Medios, 72 diapositivas.
Creación. Claret, 160 diapositivas, 34' 10".

ACTIVIDADES

A.

1. Recordar y aplicar a la lectura de la biblia la teoría de la comunicación (emisor-mensaje-receptor) con todos los datos que se han estudiado en el texto de lenguaje. Dibujar las casillas del proceso desde que el mensaje fue emitido hasta que lo recibimos por la lectura de la biblia.

2. Comentar dónde se encuentra «la verdad» en el género: historia moderna, novela, poesía, fábula...

B.

Responder primero con la necesaria información delante y, una vez dado el tema, sin ninguna ayuda a las siguientes cuestiones:

¿Qué pasos principales tiene el proceso de la comunicación en el caso de nuestra lectura de la biblia? Da algunos datos de la escritura y del idioma hebreo. ¿Cuáles son las principales características del modo de ser semita, contrapuestas a la mentalidad occidental? ¿Cuál es la finalidad inmediata de la crítica textual y de la crítica literaria? ¿En qué consiste la hipótesis de los cuatro documentos para explicar la composición del actual Pentateuco? ¿Cuáles eran los modos principales de asegurar la mayor fidelidad en la transmisión oral? ¿Qué son los géneros literarios? ¿Qué relación tiene la verdad del mensaje con el género literario? Enumera distintos tipos de narraciones bíblicas. ¿En qué consiste la «acción profética«? ¿Qué es un midrás? ¿Qué lugar ocupa el simbolismo en la biblia? Da algunos datos de la antropología hebrea clásica. ¿Qué cualidades debe tener una buena traducción? ¿En qué se diferencia la lectura de fe de otra cualquiera lectura normal de la biblia?

C.

Pueden usarse los ejercicios contenidos en *Ahora entiendo la biblia*, 227-238, o preparar otros paralelos a los mismos en función de lo explicado.

D.

1. Averiguar y registrar por escrito el esquema que se usa en televisión para: telediarios, inicio de programación, cierre u otros.

2. Registrar por escrito el esquema que sigue: una carta, una instancia y una esquela mortuoria.

3. Haz constar por escrito los diferentes géneros literarios que aparezcan en un mismo ejemplar de un periódico.

4. ¿Cómo distinguir la propaganda de la simple información?

5. Redacta en forma de telegrama el siguiente mensaje: «Estamos tratando el tema de la lectura de la biblia y nos han mandado hacer un telegrama como ejercicio».

E.

Para ejemplificar cómo se deforman los mensajes orales hoy, hacer el siguiente ejercicio: escribir un mensaje de menos de doce palabras y más de siete. Comunicarlo oralmente al primero de clase y éste a su vez en voz baja al segundo y así sucesivamente hasta llegar al último que, provisto de lápiz y papel, deberá escribirlo. Se comparará el escrito inicial con el final y se sacaran las consecuencias. Se repetirá el ejercicio con una poesía que rime de manera notoria y no tenga más de cinco versos. Comprobar y comparar los resultados en un caso y en otro.

F.

Personalizar cinco géneros literarios (Dña. Narración, Sta. Poesía, Don Género Jurídico u otros). Diseñar por grupos cómo irán vestidos. Proyectar también un decorado de fondo adecuado para su puesta en escena. Elegir o describir cómo sería la música. Tomar un texto de la biblia del género correspondiente y representarlo por medio de un mimo.

LA BIBLIA, MANIFESTACION DE DIOS

La lectura de la biblia, hecha en una dimensión de fe, no tiene como objetivo principal el aprender cosas, aunque éstas se refieran a Dios. Su pretensión es más personal: encontrarse con Dios en esa lectura y dialogar con él. La palabra de Dios no son los sonidos o los caracteres tipográficos de una biblia, sino la llamada impactante que resuena y es aceptada dentro de nosotros. La ilustración es útil, pero puede quedarse en la cabeza y la ciencia sólo no salva. El diálogo con Dios, sin embargo, compromete al hombre entero: su cabeza, su corazón y su acción.

La lectura creyente de la biblia no es para tomar contácto con algo, sino para encontrarse con alguien, que es Dios vivo y no un ídolo mudo. Es escuchar y hablar al Dios de la historia, al «Dios de Abrahán, de Isaac y de Jacob», más que al dios de los filósofos o de los sabios. De esta lectura podremos salir más auténticos o más mentirosos, porque la fe se vive o no; más fieles o menos, porque la escucha y el seguimiento han de renovarse todos los días. Este tipo de lectura requiere el *escuchar* de todas las potencias del hombre y no el mero *oír* de los sentidos externos.

Como diálogo, es verdadera oración y no simple reflexión; por ello ha de llevar al testimonio y al compromiso y no sólo a la adquisición de datos nuevos. No basta, sugiere *ben Sirá*, profundizar sin acomodar a ella la conducta. Sería aproximarse al Señor con un sentimiento de doblez.

El papel de la biblia en la vida cristiana es primordial, pero no por ello hemos de limitar la acción de Dios. El habla cuando y como quiere: por la naturaleza, por las palabras o los hechos de otros hombres, por la historia y sus sucesos, por luces u «ocurrencias» interiores..., pero, cualquiera que sea su cauce, la respuesta a la palabra deberá ser el «amén» de una fe dinámica y activa.

LECTURAS

C. Castro Cubels, *Encuentro con la biblia.* Cristiandad, Madrid 1977.
T. Merton, *Preguntas a la biblia.* Narcea, Madrid 1974.
Varios, *Dios marcha contigo* (textos clave de la biblia para el hombre de hoy). Narcea, Madrid 1973.
L. Boros, *Dios cercano.* Sígueme, Salamanca 1974.
A. Paul, *La inspiración y el canon de las escrituras.* Verbo Divino, Estella 1984.
Concilio Vaticano II, Constitución dogmática *Dei Verbum* sobre la divina revelación.
«Concilium», n. 158 (1980).

AUDIOVISUALES

El paso de Jesús por la historia. Tres Medios, 77 diapositivas.
Ignacio Larrañaga, cassette *Vida con Dios-2* (3 cassettes). Paulinas.

PARA LA REFLEXION DE FE

A. ¿Cómo es, en cantidad y calidad, nuestro manejo de la biblia? ¿Para qué la usamos? ¿Para llevar preparadas las reuniones de grupo cristiano? ¿Para enterarnos de lo que dice o aprender a entenderla? ¿Se ha convertido alguna vez nuestra lectura de la biblia en oración? ¿Hemos seguido o vemos la necesidad de seguir algún tipo de cursillo que nos capacite para una lectura creyente de la biblia?

B. Precedida de una oración en común y seguida de otra de acción de gracias, reflexionamos sobre un pasaje de la biblia (puede ser alguno de los incluidos en el apartado C):

«Danos, Señor, constancia en meditar tu palabra, agudeza para entenderla y fortaleza para cumplirla. Concédenos hacer lo que nos sugieres, sea fácil o difícil. Haz que, poco a poco, nuestras ideas sean tus ideas, nuestros deseos, tus deseos y nuestras acciones, prolongación de tu acción. Que con verdad podamos decir que no somos nosotros quienes vivimos, sino que eres tú quien vas viviendo cada vez más en nosotros. Amén».

«Te damos gracias, Señor, por las palabras que nos has dicho, signos de tu amor hacia nosotros. Haz que siempre tengamos verdadera sed de ellas y que, al escucharlas, nuestras vidas se vayan transformando en una continua respuesta al Padre. Amén».

C. A la luz de la palabra
Heb 1, 1-2: Antes por los profetas y ahora por su Hijo.
Mt 13, 1-23: Oye, medita y da fruto.
Mt 7, 24-27: Construir sobre cimientos seguros.
Lc 11, 27-28: Los verdaderamente dichosos.
Mt 12, 46-50: Esos son mi familia.

D. Lugar que debe ocupar la oración y la escucha de la palabra en nuestra vida. Concretar.

Plegaria de la palabra de Dios

Libro VIVO, libro palpitante,
que no eres letra muerta,
sino SANGRE caliente, engendradora de vida.

Libro ENERGICO, portador de energía EFICAZ,
que despiertas a los DORMIDOS
y levantas a los MUERTOS.

Libro TAJANTE cual ESPADA DE DOS FILOS,
que separas de un TAJO la verdad y la mentira
y me fuerzas a tomar partido.

Libro PENETRANTE, que tocas el fondo,
punzón agudo que alcanzas mis propias raíces,
más adentro que la médula del alma.

Libro LUZ, que iluminas los abismos,
escrutas hasta los sentimientos y pensamientos,
me dejas al desnudo ante Dios y ante mí mismo.

Libro RETO, que nos desafías a hacer la prueba
y demuestras tu verdad
cuando te EXPERIMENTAMOS en nuestra vida.

Libro SIN FONDO, que nunca te agotas,
porque eres libro de EXPERIENCIA,
que cuanto más se repite provoca mayor deseo.

Buena noticia de Jesús:
¡Ojalá tu rayo me alcance y me hiera!
¡Ojalá sea yo vulnerable a tu luz, vulnerable a tu fuerza!

¡Que quiero vivir, Jesús!
Vivir, vida llena, SANGRE CALIENTE,
FECUNDADO por tu palabra.

Y ser NUEVA CRIATURA, otro Jesús,
que TOMA PARTIDO por la verdad,
partido por la JUSTICIA.

P. Loidi

9

Los evangelios

Si la biblia es una obra importante por su influencia en la cultura occidental (y a través de ésta en otras muchas culturas) y, además, por el número de creyentes que la aceptan como «palabra de Dios», es evidente que en un 99% esto es debido al movimiento cristiano. Es decir: *la biblia, entendida desde un punto de vista cristiano, es la que da color a una cultura y tiene una importante cantidad de creyentes.*

1.

Al decir que da color a una cultura, intentamos significar que los símbolos, tradiciones, costumbres, etc., tienen unas formas cuya raíz es cristiana, aunque las estructuras básicas de esta sociedad (las económicas, por ejemplo) sean claramente contrarias al pensamiento de Jesús de Nazaret.

Si la mayoría de los lectores, creyentes *en* la biblia, son cristianos, ello querrá decir que su lectura la harán inevitablemente desde un punto de vista cristiano y que, por consiguiente, en la práctica, concederán más importancia a aquellos escritos que coincidan más o expresen con mayor claridad esta perspectiva, o sea, el Nuevo Textamento.

Esto no supone en absoluto negar al Antiguo Testamento su calidad de «palabra de Dios» ni excluirlo de la historia de la salvación. Además, no sería posible entender la teología del Nuevo Testamento en toda su dimensión, si se prescindiera por completo del Antiguo.

Se trata sólo de constatar que el principal punto de interés del lector creyente actual son los llamados «evangelios», desde los cuales se hace una especie de *midrás* o comentario cristiano de toda la biblia, leyéndola, no para saber curiosamente por qué, por quién o en qué época se redactó tal o cual pasaje del Antiguo Testamento, sino para establecer qué es lo que nos quiere decir actualmente según los criterios de Jesús de Nazaret.

Si la clave de la lectura de la biblia está actualmente en los escritos del Nuevo Testamento, será de gran interés un moderno, correcto y profundo conocimiento de estos escritos cristianos.

2. UN SOLO EVANGELIO EN LOS CUATRO EVANGELIOS

La palabra «evangelio», de origen griego, significa etimológicamente «buena noticia», «noticia que causa felicidad».

La historia del contenido de este término puede resumirse así:

– El verbo griego «euangelizein» se usa ya en el Antiguo Testamento con el sentido de «anunciar la salvación que Dios concede» (Is 40, 9; 52, 7; 60, 6; 61, 1).

– Apoyándose en esta significación religiosa judía y en el uso, también religioso, que por entonces tenía la palabra referida a oráculos o al culto imperial, los autores del Nuevo Testamento emplean el sustantivo griego «euangelion» con el significado de «buena noticia». San Pablo, en concreto, lo hace en 60 ocasiones, mientras que san Juan no emplea ni el verbo ni el sustantivo.

– Más tarde, en el siglo II, se emplea la palabra «evangelios» para designar unos escritos, precisamente, según la

Los evangelistas Mateo y Lucas (fresco del siglo XV. Chipre).

expresión literal de san Justino *(Apol.,* 1, 66), «los recuerdos de los apóstoles que se llaman evangelios».

Dicho de otro modo: en el Nuevo Testamento, la palabra «evangelio» significa la predicación de Jesús o de los apóstoles y también el contenido de esa predicación, es decir, «la buena noticia, el anuncio de la llegada del reinado de Dios». Como esta noticia es única, queda claro que sólo hay un evangelio. Posteriormente, a los cuatro escritos que contienen la predicación de los apóstoles se les llama «evangelios». Hay, por tanto, un solo evangelio (una sola noticia) escrito de cuatro formas a las que llamamos los «cuatro evangelios».

3. PROCESO DE FORMACION DE LOS CUATRO EVANGELIOS

Dos etapas principales caracterizan el proceso de formación de los cuatro evangelios: una tradición oral y otra tradición escrita. Dentro de ellas encontramos también diversos pasos.

a) *Tradición oral*

– Por los años 27 al 30, Jesús predica, actúa y habla, sin que sepamos que él escribiese nada ni que nadie confeccionase una crónica de lo sucedido cada día. Jesús, para la predicación en la Palestina de su tiempo, emplea su lengua materna, que naturalmente trasluce un modo de ser semítico. Pero Jesús no escribió, en ningún caso, los cuatro evangelios.

– Un grupo de discípulos, superior a la docena, cada uno con su propio modo de ser, fueron los testigos más asiduos de su actuar y los que más intensamente recibieron su predicación.

– Entre los años 30 y 70, cuando Jesús había dejado de estar materialmente entre ellos, estos discípulos predican su experiencia y el significado de la existencia de Jesús de Nazaret. Lo hacen principalmente en tres circunstancias:

En la *predicación* propiamente dicha, para anunciar a los judíos, y luego a los no judíos, a Jesús resucitado. Se suele llamar a esto «kerigma», que significa «proclamación» o «anuncio».

En las *celebraciones* litúrgicas (eucaristía) y demás reuniones de las comunidades creyentes.

En la *enseñanza* (catequesis) que se impartía a los convertidos a la fe.

b) *Tradición escrita*

En esta época, y para satisfacer las necesidades de los diversos grupos de creyentes que estaban separados a veces por largas distancias, se redactan varios tipos de escritos en arameo o en griego común, que resumen de forma estereotipada los discursos de Jesús, narraciones de hechos sueltos, simples frases, la pasión, cartas a comunidades, etc. Se usaban para la reflexión sobre la propia fe, con el fin de leer todo ello en reuniones litúrgicas, para devoción particular, para catequesis u otras circunstancias. Se pone por escrito lo que más les interesaba entonces y, al igual que en la predicación oral, no se intentaba principalmente narrar unos hechos, sino interpretarlos desde una fe en Jesús.

Tal vez antes, pero con seguridad entre el año 70 y el 100 d. C., los que nosotros llamamos evangelistas, valiéndose de estos escritos anteriores, de la propia experiencia y de otras fuentes de información, redactan para distintos destinatarios lo que actualmente conocemos como «los cuatro evangelios». *Cada autor lo hizo a su manera, teniendo en cuenta, sobre todo, las circunstancias de aquellos a quienes escribía. No obstante, se trata de un mismo mensaje expresado de cuatro formas, de un mismo contenido explicado de cuatro modos diferentes.*

93

Probablemente, la razón más decisiva para realizar estos escritos, ya bastante extensos, fue la progresiva desaparición de los que habían sido testigos presenciales de las obras y palabras de Jesús. En lo escrito se conservaba su testimonio. Sin duda, también ayudaría a ello la extensión de la iglesia, el contacto con diversas ideologías y problemas y, no menos, el hecho de que el mundo no se acabara, como algunos pudieron haber creído.

Las características de estos escritos, de los evangelios, nos las da Papías de Hierápolis (ca. 130) a propósito del evangelio de san Marcos: «Marcos, intérprete de Pedro, escribió con diligencia las cosas que recordaba, pero no por el orden con que fueron dichas y hechas por el Señor. El no había oído al Señor ni le había seguido, sino que más tarde, como dije, estuvo con Pedro, quien predicaba el evangelio según las exigencias de sus oyentes, sin propósito de referir por orden los dichos y hechos del Señor. Marcos no erró al reproducir algunas cosas como las recordaba. Su plan fue no omitir nada de lo que había oído, ni, menos todavía, falsearlo» (citado por Eusebio, *Historia Eclesiástica*, 3, 39).

4. ¿SON LOS EVANGELIOS LOS ESCRITOS MAS ANTIGUOS DEL NUEVO TESTAMENTO?

Los primeros escritos del Nuevo Testamento que conocemos son cartas de san Pablo escritas hacia el año 51 d. C. Pero es altamente probable que «bloques» o «módulos» sueltos, posteriormente integrados en los evangelios, estuviesen ya escritos antes que estas cartas. De cualquier modo, lo más interesante no es cuándo se puso por escrito una tradición, sino su real antigüedad, ya que se trata de acercarnos lo más posible a las fuentes.

En este sentido, hemos de decir que los relatos evangélicos, que conservamos sólo en griego, nos descubren filológicamente un fuerte sustrato semítico, anterior a la difusión del cristianismo por el mundo helénico. Debajo de las palabras griegas, se nota la presencia de palabras y conceptos arameos. La vida, costumbres y modo de pensar que nos presentan son en su mayoría anteriores al desastre del año 70 d. C. (toma de Jerusalén y destrucción del templo). Comparándolos con los escritos atribuidos a san Pablo, se comprueba la mayor antigüedad de las catequesis recogidas en los evangelios, que nos presentan a un Jesús en un ambiente lejano a las instituciones eclesiásticas y a la sistemática preocupación doctrinal.

5. ¿CAMBIAN LOS EVANGELISTAS LA REALIDAD DE JESUS DE NAZARET?

Si Jesús personalmente no escribió nada y sólo disponemos del testimonio de los que, tras su muerte, lo creyeron «Hijo de Dios», podemos preguntarnos si la interpretación que de Jesús nos dan es verdadera. Se trata en definitiva de saber si nos engañan o, al menos, si se equivocan en su testimonio, ya que el cristiano actual no tiene oportunidad de conocer al Jesús de Nazaret en su vida terrestre. El interrogante es por tanto: «¿Es el Cristo de la fe el mismo Jesús histórico?» O, tal vez: «¿Jesús no fue así, pero los apóstoles «inventaron» el Jesús que conocemos?».

En principio no es probable la intención consciente de engañar, si tenemos en cuenta que muchos de los que nos testimonian esta interpretación fueron perseguidos y dieron su vida por mantenerla. Parece que el que muere por sus convicciones da el mayor argumento posible de su sinceridad.

Nos queda sólo el que inconsciente y unánimemente todos estuviesen equivocados y que, a pesar de su sinceridad personal y de su sacrificio, lo que nos transmitan sea un error.

Antes de seguir adelante, hay que tener en cuenta que, cuando nosotros preguntamos todas estas cosas, disponemos de pocos más argumentos que la sospecha o la duda ante lo maravilloso o lo trascendental del caso, lo cual, aunque suficiente, no es mucho.

Jesús de Nazaret y su actividad son un hecho. *Los hechos admiten diversas interpretaciones,* y, en esta ocasión, los mismos creyentes primeros nos dan noticia de que no todo el mundo vio las cosas como ellos ni antes ni después de la muerte de Jesús. Muchos vieron en él a un falso profeta que desestabilizaba la situación política, y lo eliminaron. Sin embargo, la interpretación de sus más asiduos seguidores fue, finalmente, no sólo que era «más que profeta», sino que se trataba de «la palabra de Dios hecha hombre», del «hijo de Dios», que ellos en un principio no habían reconocido. Admiten que ellos también han cambiado de punto de vista sobre Jesús, a partir del suceso que llaman «resurrección», y al que ellos dan el valor de testimonio que Dios mismo ofrece sobre la misión de Jesús.

Esta es su fe. Y la fe no es algo que se pueda afirmar o negar científicamente, algo que se pueda volver evidente. La fe, como el amor, pertenece a otro orden de vivencias humanas.

No obstante, la realidad es que no había necesidad de cambiar los hechos, las palabras y la vida del Jesús histórico, puesto que en los hechos históricos estaban de acuerdo con los no creyentes de su tiempo. La diferencia entre unos y otros está en la diversa valoración que cada parte le concede. Para unos, Jesús fue digno de muerte, y para otros, no, ya que se trataba de Dios mismo encarnado.

En este punto habrá que cuidar de no interpretar lo que los autores del Nuevo Testamento nos dicen fuera de la finalidad y el género literario que usan. A nosotros nos puede parecer una narración histórica prepascual lo que en ocasiones no es más que una forma figurativa o literaria. Los evangelistas, por ejemplo, parece que no se interesan por la vida terrestre de Jesús más que cuando es un presupuesto necesario para la explicación de su fe. Encontramos, por tanto, en los evangelios los hechos y su interpretación (si se puede hablar así) íntimamente mezclados, sin que sea fácil su separación.

6. ¿CAMBIARON LOS APOSTOLES EL MENSAJE DE JESUS?

A primera vista, en el plano de la expresión concreta, puede parecer que sí. Jesús, según lo que los mismos apóstoles nos transmiten, no hizo de su persona el tema principal de su mensaje, sino que predicaba la llegada del reinado de Dios. Los evangelios nos testimonian este extremo. Sin embargo, lo que la primera comunidad cristiana predica es que «Jesús es el Cristo», como nos lo demuestran los demás escritos del Nuevo Testamento. Observamos, pues, que al menos las palabras son distintas.

Pero, ¿es que se trata del mismo mensaje dicho de otra manera? Sí; en sustancia es lo mismo. Los apóstoles vienen a decir que *el reinado de Dios se inaugura en la persona de Cristo*, que cumple la voluntad del Padre hasta la muerte, y que Dios confirma la actuación de Jesús con su resurrección. Jesús es el Cristo, porque en él ha llegado el reino de Dios.

7. ¿ES POSIBLE ESCRIBIR UNA VIDA DE JESUS?

La idea popular es que sí, y de hecho tenemos muchos libros e incluso películas con este título, o al menos con esta pretensión. Pero la realidad es muy otra. No es posible escribir una biografía de Jesús por falta de datos. Las fuentes romanas y judías apenas nos dicen algo más que su muerte en Palestina bajo Poncio Pilato y que de él se originó un grupo al que se denomina «cristianos».

Es evidente que con sólo estos datos no se puede hacer una biografía. Por otra parte, las fuentes cristianas, en concreto los evangelios, aunque más extensos, no nos dicen casi nada de la infancia de Jesús, nada de su juventud; y de su «vida pública» no nos aseguran el orden de su desarrollo, ni su cronología, ni su topografía, ni mucho menos su evolución interna (es decir, su psicología, la génesis de su conciencia mesiánica, su carácter, su personalidad, etc.).

Hemos de tener en cuenta que los evangelios, *más que un relato, son un mensaje*. Cada evangelista es un autor que tiene su plan personal para dar una visión teológica de Jesús, y además lo hace en muchas ocasiones usando escritos estereotipados que se empleaban para fines muy concretos (la liturgia, por ejemplo). Esos materiales los integra el evangelista, no por orden cronológico o geográfico, sino según le conviene a él para la realización de su plan, en el que no se trata de dar un informe histórico de lo que pasó.

Cuando alguien intenta escribir una vida de Jesús o realiza una película sobre él, lo hace normalmente usando los evangelios como una crónica ordenada de los hechos de Jesús, con lo cual no logra en realidad una biografía, sino un comentario o una ilustración visual de los evangelios.

La finalidad y la estructura de los evangelios hacen imposible una verdadera historia de Jesús. Lo más que permiten es conjeturar una evolución externa de los hechos a grandes rasgos.

8. ¿QUE SE PUEDE AVERIGUAR DE LA VIDA REAL DE JESUS?

Procediendo a distinguir los tres estratos contenidos en los evangelios (lo perteneciente a Jesús, lo propio de la primera comunidad cristiana y lo debido al evangelista), podremos encontrar los rasgos principales y los perfiles característicos de la predicación, el comportamiento y el destino de Jesús. Esto se ha hecho hasta ahora a base del «criterio de desemejanza» (criterion of dissimilarity), es decir, lo que no puede derivarse del judaísmo ni de la iglesia primitiva, es propio de Jesús. Esto no presupone que Jesús no coincidiera nunca con el judaísmo, en medio del cual vivió, o con la primitiva iglesia, que se inspiró en él mismo.

Otra pista es la del lenguaje y el estilo: Jesús habló una variedad galilea del arameo occidental, que se diferenciaba del arameo de Judea por la pronunciación, léxico y algunas deficiencias gramaticales. En los evangelios encontramos frases enteras (Mc 5, 41; 15, 34) y palabras arameas sin traducir al griego. Otras veces se advierten las palabras o giros arameos subyacentes. También podemos encontrar modos de hablar preferidos por Jesús, que no eran muy frecuentes en su tiempo: el llamado «pasivo divino» (cuando dice «hay alguien que...», en lugar de decir «Dios»), los paralelismos antitéticos, el ritmo propio, las parábolas, los enigmas, el uso de algunas palabras como «reino de Dios», «amén» o «abba» (papá). Es mucho lo que todavía queda por hacer en este campo.

9. El problema sinóptico

De los cuatro evangelios contenidos en el Nuevo Testamento, sólo el de Juan tiene una orientación, vocabulario y estructura peculiares; los otros tres (los de Mateo, Marcos y Lucas) son tan parecidos y siguen en tanta proporción el mismo plan, la misma materia y aun la misma expresión literaria, que, si se editasen sus textos en tres columnas paralelas, podríamos ver con un vistazo o mirada de conjunto las coincidencias y las diversidades.

La palabra griega «sinopsis» significa precisamente «mirada de conjunto», y por las características que tienen estos tres evangelios es por lo que se les suele llamar «sinópticos».

Aunque la cuestión es muy compleja, la podemos presentar como sigue, valiéndonos de cantidades y porcentajes bastante aproximados:

– Marcos (Mc) tiene 661 versículos, de los cuales sólo unos 50 son exclusivamente suyos; los demás están también en Mateo y Lucas.

– Mateo (Mt), de un total de 1.068 versículos, tiene como propiamente suyos unos 330 (el 30%); coincide con Marcos en 503 (48%) y con Lucas en 235 (en un 22%).

– Lucas (Lc) es el evangelio más largo de los tres. Tiene 1.150 versículos; de ellos, 548 (el 48%) sólo se encuentran en este evangelio; unos 350 (el 31%) los tiene también Marcos y 235 (el 21%) son comunes con Mateo.

Ante esto, nos preguntamos: ¿Qué explicación tienen las coincidencias? ¿Qué explicación tienen las diferencias? ¿Qué relación existe entre ellos?

Junto con otras cuatro o cinco, la «teoría de las dos fuentes» es la hipótesis más comúnmente aceptada para la contestación de estos interrogantes. Esta teoría supone lo siguiente:

– Que el evangelio de Marcos es la base de los otros dos (Mt: 48% y Lc: 31%). Así se explicarían muchas coincidencias.

– Que lo que no está en Marcos, y sí en Mateo o Lucas, consiste casi todo en discursos recogidos prácticamente de la misma forma, lo que hace pensar que los dos lo sacaron de la misma fuente. A esta fuente de información, distinta de Marcos, la llamamos «Q» (del alemán Quelle, que significa «fuente»).

– Que hay que admitir, además, otra fuente desconocida de cada evangelio, especialmente del de Lucas.

Según esto, las cosas podrían haber ocurrido así: la tradición de un maestro famoso se solía poner en dos apartados: uno que narraba los hechos y otro que narraba los dichos o sentencias. Esto se habría hecho con la tradición de Jesús. Marcos recoge los hechos (que son copiados por Mateo y Lucas más tarde). Las palabras, «logia» o discursos, traducidos del arameo al griego, serían el escrito o fuente «Q», de donde los toman Mateo y Lucas. Lucas, pues, habría tenido delante el evangelio de Marcos (hechos), los discursos de la fuente «Q» y, además, otra fuente, «Q2», que contenía lo que sólo está en el evangelio de Lucas.

Esta es una de las teorías explicativas, pero se trata sólo de una hipótesis.

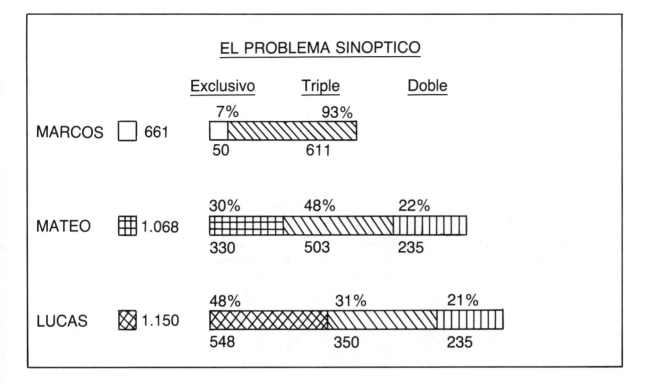

EL PROBLEMA SINOPTICO

		Exclusivo	Triple	Doble
MARCOS	☐ 661	7% / 50	93% / 611	
MATEO	▦ 1.068	30% / 330	48% / 503	22% / 235
LUCAS	▨ 1.150	48% / 548	31% / 350	21% / 235

10. EL NUEVO TESTAMENTO

Los escritos cristianos que componen el Nuevo Testamento no se reducen a los cuatro evangelios, aunque sean éstos los más manejados y conocidos. Existen otras 23 obras, de muy desigual extensión, que nos dan noticias sobre las primitivas comunidades de cristianos y su forma de entender y predicar el mensaje.

«Hechos de los apóstoles», libro debido muy probablemente a la pluma de san Lucas, constituye la continuación de su evangelio, es decir, el segundo volumen de su obra.

De sumo interés son las cartas o epístolas de san Pablo por la trascendencia que este personaje tuvo en la difusión, implantación, organización y posicionamiento de muchas comunidades de cristianos en diversas áreas del imperio. Este intelectual fariseo, viajero incansable, «cura obrero» en su oficio de hacer tiendas, había sido discípulo de Gamaliel, que a su vez lo había sido del gran rabino Hillel (60 a.

C.-20 d. C.). Convertido en seguidor de Jesucristo, se opuso desde su prestigio a los legalismos de los judeocristianos y mantuvo con firmeza fórmulas de apertura para las comunidades, iglesias, de los no judíos. Del acierto de su visión da prueba el hecho sociológico de que todo el occidente, con los distingos que queramos poner, es cristiano, mientras que la postura mantenida por Santiago hizo que en el s. IV ya no quedasen comunidades de judeocristianos y que su lugar geográfico fuera ocupado más tarde por el islam. No menos de 14 cartas se atribuían tradicionalmente a san Pablo y ningún experto duda que al menos 8 fueron escritas por él entre los años 50 y 62.

Conservamos también cartas atribuidas a Santiago, a san Pedro (2), a san Juan (3) y a san Judas.

Cierra el Nuevo Testamento un libro de no fácil lectura, titulado Apocalipsis o Revelación. El autor se llama a sí mismo Juan y dice escribir en la isla de Patmos. En su conjunto, es el canto triunfal de la iglesia perseguida.

BIBLIOGRAFIA

J. R. Scheifler, *Así nacieron los evangelios*. Mensajero, Bilbao 1967, c. II.

«Cuadernos de evangelio». Fe católica ediciones, Madrid 1973, n. 3.

E. Charpentier, *Para leer el Nuevo Testamento*. Verbo Divino, Estella 1981, 9-22.

W. D. Davies, *Aproximación al Nuevo Testamento*. Cristiandad, Madrid 1979, 85-95.

J. Drane, *Jesús*. Verbo Divino, Estella 1984, 146-167; 184-200.

Robert-Feuillet, *Introducción a la biblia*, II. Herder, Barcelona 1965, 304-315.

P. Grelot, *Los evangelios*. Verbo Divino, Estella 1983.

J. Drane, *Pablo*. Verbo Divino, Estella 1984.

E. Cothenet, *San Pablo en su tiempo*. Verbo Divino, Estella 1979.

R. Aguirre, *La iglesia del Nuevo Testamento y pre-constantiniana*. Fundación Santa María, Madrid 1983.

Para ejercicios de dinámica de grupos:

Ejercicios de percepción y observación en Klaus Antons, *Práctica de la dinámica de grupos*. Herder, Barcelona 1981, 51-83, y en Albert-Simon, *Las relaciones interpersonales*. Herder, Barcelona 1979, 33-38 del 3 a.

AUDIOVISUALES

Jesucristo, escándalo y verdad. Tres Medios, 84 diap. 28' 25".

Un hombre llamado Jesús. Tres Medios, 72 diap. 19' 58".

P. P. Pasolini, *El evangelio según san Mateo*. Paulinas S/ 8 mm.

Evangelio: camino, verdad, vida (4 cassettes). Paulinas.

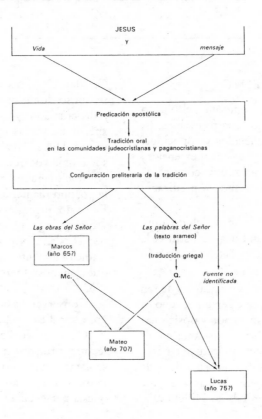

ACTIVIDADES

A.   ¿Son lo mismo los evangelios que la biblia? Ordena de mayor a menor: evangelios, biblia, nuevo testamento.

¿Quiénes han hecho famosa la biblia? Compara el número de cristianos con el de judíos y represéntalo gráficamente a escala en un círculo.

¿Son los evangelios una historia en el sentido moderno de la palabra?

B.   ¿Qué movimiento dio a la biblia la importancia que hoy tiene?

¿Qué significa la palabra «evangelio»? ¿Qué quiere decir la frase «un evangelio en cuatro evangelios»? ¿Qué proceso siguieron los evangelios en su formación? ¿Cambiaron los evangelistas la realidad de Jesús de Nazaret? ¿Es posible escribir una vida de Jesús? ¿Qué son los evangelios sinópticos? Explica qué quiere decir la frase «desde los evangelios se hace una especie de *midrás* o comentario cristiano de toda la biblia»; mira en temas anteriores el significado de *midrás*.

C.   Averiguar el significado y dar una corta explicación de las siguientes palabras: etimología, oráculo, tradición oral, kerigma, liturgia, catequesis, estereotipada, biografía, léxico, sinopsis, hipótesis.

D.   ¿Por qué razones crees que un reportaje corto sobre algo de interés general será más antiguo que otro largo?

Los símbolos religiosos cristianos (cruces, etc.) ¿crees que son algo privativo de la religión o de alguna manera pertenecen al patrimonio histórico-cultural de occidente? ¿Por qué?

Constatar cómo los hechos admiten distintas interpretaciones.

Partiendo de las discusiones sobre si el balón entró o no, y no contando con ayuda de la moviola, valorar hasta qué punto lo que la historia nos presenta como hechos son verdad.

E.   Comprobar en grupo las dificultades de la comunicación humana aun en cosas que parecen muy claras y los factores deformantes que actúan en el transmisor y el receptor. Pueden hacerse los siguientes ejercicios: Dictado de un dibujo. Sobre un dibujo sencillo, realizado previamente, un miembro del equipo va dictando a los demás lo que deben de hacer. Los que copian no pueden preguntar. El que dicta sí puede corregir. Comprobar después el parecido con el dibujo original y el de los distintos dictados entre sí (ver J. A. Vela, *Técnicas y práctica de las relaciones humanas.* Indo-American Press Service, Bogotá).

F.   Preparación de un audiovisual que explique el proceso de formación de los cuatro evangelios. Puede hacerse eligiendo gráficos o fotos en color que puedan servir de fondo y dibujando distintos personajes que, luego de recortados, podrán ir sobre el fondo elegido sin pegar, y sólo sujetos por un cristal. Se saca diapositiva de cada cuatro (doce).

10

Cuatro versiones del evangelio

Si la buena noticia, el evangelio, nos ha llegado en cuatro versiones, será bueno y en cierto modo imprescindible conocer las peculiaridades de cada una de ellas, con el fin de prestar mayor atención, en su lectura, a aquellas particularidades que les son propias y lograr así una mayor comprensión. Vamos a hacerlo brevemente.

1. EVANGELIO SEGUN SAN MATEO

1.1. Autor

Tradicionalmente se señala al apóstol Mateo como autor de este evangelio. El testimonio más antiguo de esta tradición es el de Papías, obispo de Hierápolis, en la actual Turquía, hacia el año 130: «Mateo ordenó (compuso) las palabras *(logia)* del Señor en lengua hebrea (arameo) y cada uno las interpretó luego como pudo» (Eusebio, *H. E.,* III, 39).

Desde luego, el autor *es un cristiano de origen judío,* buen conocedor del ambiente físico y social de Palestina, muy experto en las Sagradas Escrituras y acostumbrado al análisis de textos utilizados por los rabinos judíos.

Indicios internos que podrían apuntar a san Mateo como autor son: el hecho de que sólo en Mt 9, 9 se da al aduanero convertido el nombre de Mateo y el título nada honroso de «publicano» (Mt 10, 3). Además, es el que habla más frecuentemente de dinero, señalando con mayor precisión técnica las clases de monedas o tributos.

1.2. Símbolo

El que le corresponde, sacado de Ez 1, 5 s. y Ap 4, 6 s. y fijado por la aplicación de san Jerónimo, es un *hombre,* por narrar la genealogía humana de Cristo. Transformado luego en *ángel,* referido quizá a la escena de la anunciación del nacimiento de Jesús.

1.3. Fecha

Debió ser compuesto *entre el año 80 y el 90,* siendo desde los comienzos el evangelio más citado.

1.4. Destinatarios

El escrito *se dirige a creyentes venidos del judaísmo* que componen una comunidad bastante organizada en algún lugar de Siria-Palestina, Galilea o quizá Antioquía.

Esta comunidad se reconoce como nuevo pueblo de Dios (nuevo Israel), apoyándose en el cumplimiento de las Sagradas Escrituras a las que se refiere en más de 130 ocasiones, añadiendo muchas veces la coletilla «ocurrió esto para que se cumpliera la Escritura...».

En las alusiones a usos, doctrinas y costumbres judías (lavatorios, ayunos, limosnas, etc.) éstas se dan por conocidas y no son explicadas como ocurre en Marcos. Como los judíos no pronuncian el nombre de «Dios», se habla, evitando la palabra, del «reino de los cielos». Su forma de expresión es judía en repeticiones, inclusiones que consisten en repetir una misma palabra al principio y al final de un relato

Principio del evangelio según Mateo
(Códice Vaticano, s. IV)

(Mt 5, 3-10; 6, 25-34), paralelismos y uso simbólico o mnemotécnico de los números (7 peticiones, 7 parábolas, 7 panes, 7 cestos...; 3 tentaciones, 3 buenas obras, 3 diezmos...). La comunidad a la que se dirige este evangelio está en conflicto con el judaísmo oficial: los cristianos ya han sido expulsados de las sinagogas y los ataques a los fariseos parecen no ser tanto de Jesús como de la comunidad cristiana contra los fariseos de Jamnia, al sur de Tel-Aviv, donde hacia el año 70 se establecieron las normas del judaísmo moderno. Sin embargo es un grupo muy abierto a los paganos. Es el único evangelio que incluye la palabra «iglesia» (Mt 16, 18; 18, 17).

1.5. Argumento

Dentro del clásico esquema sinóptico, que se compone de preparación, Galilea, Jerusalén, prendimiento, muerte y resurrección, Mateo presenta a Jesús *(Emmanuel:* Dios con nosotros) como el *nuevo Moisés o mesías* que organiza a su pueblo (la comunidad de creyentes) y lo instruye en cinco discursos como cinco son los libros de la ley que se atribuían a Moisés:

el sermón de la montaña (Mt 5, 1-7, 28);
el discurso apostólico (Mt 10, 1-11, 1);
el discurso en parábolas (Mt 13, 1-13, 53);
el discurso sobre la iglesia (Mt 18, 1-19, 1);
el discurso sobre el fin de este tiempo (Mt 24, 1-26, 1).

Se inicia con la narración de la infancia para indicar que Jesús es el nuevo Moisés; y, al final, la muerte y resurrección se presentan como el cumplimiento de la Escritura, siendo los discípulos enviados a todo el mundo.

1.6. Geografía

No existe oposición entre Galilea y Jerusalén, entonces ya destruida. Jesús no sale de los límites del territorio judío y predica sólo a los judíos. En Galilea se inicia la expansión al mundo entero.

1.7. Estilo

Su griego es mejor que el de Marcos y, desde luego, más que una traducción del arameo al griego parece una adaptación de la redacción aramea a la que alude Papías, de la que, por cierto, no tenemos ni rastro.

Sus empalmes cronológicos no suelen tener valor temporal, sino sólo de simple conexión literaria (en 98 ocasiones dice «entonces»).

1.8. Manuscritos más antiguos

El *Papyrus Barcinonensis I* (P 67), del siglo II, es propiedad de la fundación «San Lucas evangelista» de Barcelona, y contiene: Mt 3, 9; 3, 15; 5, 20-22 y 5, 25-28. Es el manuscrito más antiguo de san Mateo.

Otro papiro (Magd. Gr. 18), de la *Magdalen College Library* de Oxford, también del siglo II, contiene: Mt 26, 7-8; 10. 14-15 y 22-23; 31. 32-33.

---

2. EVANGELIO SEGUN SAN MARCOS

2.1. Autor

Probablemente es Juan, el llamado «Marcos», que se nos cita en Hch 12, 12-25 como compañero de san Pablo, al que abandona al ir a embarcar para Asia Menor (Hch 13, 5-13) y sin embargo lo acompaña en la prisión de Roma (Col 4, 10). Se le cita también en Hch 15, 37-39; Fil 1, 24; 2 Tim 4, 11; 1 Pe 5, 13.

101

Principio del evangelio según Marcos
(Códice Vaticano, s. IV)

La tradición lo presenta como «secretario» de Pedro, y su evangelio es el evangelio de Pedro, aunque, como es evidente, no es Pedro su única fuente de información, sino que utilizó otros escritos ya existentes.

El primer testigo escrito de esta tradición es también Papías, el obispo de Hierápolis, cuya cita conservamos en la *Historia Ecclesiástica* de Eusebio (III, 39-15). La cita dice así:

«... el presbítero dijo también esto: Marcos, como intérprete de Pedro, escribió con exactitud, aunque sin orden, todo lo que recordaba de los dichos y hechos de Jesús. El personalmente no había oído al Señor ni había sido discípulo suyo, sino que posteriormente había sido compañero de Pedro, como ya dije. El apóstol había adaptado su enseñanza a las necesidades (de sus oyentes), pero sin intención de componer un relato ordenado de las palabras del Señor. Así, pues, Marcos no se equivocó al poner por escrito las cosas tal como las recordaba, porque su única preocupación fue no omitir ni falsear nada de lo que había oído».

Un fragmento de un prólogo antimarcionita (hacia el siglo II) dice: «Marcos, al que apodan 'el de dedos lisiados' *(colobodaktylos)*, porque los tenía pequeños en comparación con su estatura, fue intérprete de Pedro y después de su muerte puso por escrito este mismo evangelio en Italia».

2.2. Símbolo

Según la aplicación de san Jerónimo, es *el león*, por la potente voz del bautista clamando en el desierto.

2.3. Fecha

Puede ser el más antiguo de los cuatro evangelios y se debió escribir *entre el año 64 y el 70*, es decir, después de la muerte de Pedro y antes de la destrucción de Jerusalén.

2.4. Destinatarios

Va dirigido a *los cristianos no judíos de Roma.* Para ellos Marcos explica las costumbres judías (Mc 7, 3-4; 14, 12; 15, 42); traduce las palabras originales arameas (Mc 3, 17-22; 5, 41; 7, 11; 9, 43; 10, 46; 14, 36; 15, 22.34); usa términos romanos (Mc 4, 21; 5, 9; 6, 27.37; 7, 4; 12, 14.42...); pone pocas citas del Antiguo Testamento, desconocido para los no judíos, y no es por casualidad que en él un centurión romano confiese al pie de la cruz que Jesús es el Hijo de Dios.

2.5. Argumento

Es la buena noticia de Jesús, Hijo de Dios. Es *el relato de los hechos,* ya que el Jesús de Marcos más que hacer discursos actúa. Esta buena noticia empieza junto al Jordán (la infancia no interesa todavía) y acaba con la afirmación del centurión pagano y la orden de volver a Galilea.

2.6. Geografía

Es, ante todo, *teológica y llena de simbolismo.* Galilea se opone totalmente a Jerusalén. En Galilea, región influenciada por el paganismo, Jesús anuncia la buena noticia y es escuchado. Es como el centro del que Jesús sale para anunciar el evangelio a los paganos de los cuatro puntos cardinales (Tiro, Cesarea de Filipo, Gerasa, etc.). Recordemos que Marcos es misionero en tierra pagana cuando escribe el evangelio. Jerusalén representa el *bunker* religiososocial-político que rechaza a Jesús y se cierra a su mensaje.

2.7. Estilo

Leyendo el evangelio de Marcos, se tiene la impresión de oír hablar a un judío que se expresa mal en griego con un vocabulario poco variado (haber, hacer, poder, querer...) y poco pulido, con defectos lingüísticos de sintaxis.

Los discursos de Jesús son breves, con pocas parábolas, y los relatos están más desarrollados.

Como detalles, podemos decir que en Mc 10, 33-34, de 43 palabras, 9 son «y». Utiliza bastante los diminutivos: perritos, hijita, miguitas, barquilla, etc.

El llamado final largo, es decir, Mc 16, 9-20, parece que no perteneció al principio a este evangelio. Así nos lo indican vocabulario, estilo y contenido, además de no estar en importantes y numerosos manuscritos, entre otros, el *Sinaítico* y el *Vaticano*.

2.8. Manuscritos más antiguos

El papiro *Chester Beatty* (P 45), del siglo III, contiene fragmentos de los capítulos 4, 5, 6, 7, 8, 9, 11, 12.

Del siglo IV, el códice *Sinaítico* (Londres) contiene el total, al igual que su contemporáneo el códice *Vaticano* (Roma).

Dejamos aparte la hipótesis del español José O'Callaghan, que defiende que unos fragmentos encontrados en Qumrán pertenecen al evangelio de san Marcos (Mc 4, 28; 6, 52-53) y se podrían fechar alrededor del año 50.

---

3. EVANGELIO SEGUN SAN LUCAS

3.1. Autor

Desde san Ireneo (hacia el año 180), el tercer evangelio es atribuido a Lucas, compañero de viaje de Pablo por el año 51 (Hch 16, 10-17; 20, 5-15; 21, 1-18; 27, 1-28; Flm 24; 2 Tm 4, 11).

El autor es desde luego alguien que conoce muy bien la iglesia de Antioquía y tiene muchos y fuertes influjos paulinos (tiene hasta 84 palabras comunes con Pablo, frente a 29 que tiene Mateo o 20 que hay en Marcos). No es judío y es probablemente médico (Col 4, 11-15). Desde luego, su vocabulario en cuestiones médicas es muy técnico. Muy tardíamente, en el siglo VI, aparecen testimonios de Lucas como pintor.

La originalidad de este autor consiste en haber escrito una obra en dos tomos: el evangelio de Lucas y los Hechos de los apóstoles. Las dos partes las dedica, como era costumbre en los clásicos grecolatinos, a un tal Teófilo.

El prólogo antimarcionita (del siglo II) dice: «Hay un cierto Lucas, sirio originario de Antioquía, médico, discípulo de los apóstoles; más tarde, siguió a Pablo hasta su martirio. Sirviendo al Señor sin tacha, no tuvo mujer, no engendró hijos; murió en Beocia, lleno del Espíritu Santo, a la edad de 80 años. Así, pues, como ya se habían escrito evangelios, por Mateo en Judea, por Marcos en Italia, bajo la inspiración del Espíritu Santo escribió este evangelio en Acaya; al principio explicaba que otros (evangelios) habían sido escritos antes que el suyo, pero que le había parecido absolutamente necesario exponer, con miras a los fieles de origen griego, un relato completo y cuidadoso de los acontecimientos...».

Principio del evangelio según Lucas
(Códice Vaticano, s. IV)

3.2. Símbolo

Su símbolo tradicional es *el toro*, referido al sacrificio de Zacarías.

3.3. Fecha

La fecha más aceptada es *hacia los años 80*.

3.4. Destinatarios

A pesar de la dedicatoria a Teófilo, va dirigido *a cristianos no judíos, antiguos paganos de mentalidad helenista*. Usa palabras más cercanas a ellos y evita algunas expresiones judías difíciles de comprender para los griegos. En lugar de mesías, prefiere salvador; resalta que Jesús es el único señor (no el emperador); evita la palabra «transfiguración», que en griego se dice «metamorfosis», para que no se la confunda con las metamorfosis de los dioses griegos.

Los destinatarios son comunidades que viven con naturalidad el universalismo, sin tener que deducirlo (como en Mateo) de las palabras de Jesús. El lugar en que se escribió es muy incierto: Grecia, Alejandría o incluso Roma.

3.5. Argumento

La salvación de Dios se ofrece a todos los hombres, judíos o paganos, y el comunicarlo a los paganos es obra de la iglesia.

3.6. Geografía

Al contrario que los demás sinópticos, *la obra de Jesús empieza y acaba en el templo de Jerusalén*. El plan de la narración es la subida de Galilea a Jerusalén. Su Jesús se comporta con gran delicadeza con los pobres, las mujeres o los pecadores.

3.7. Estilo

El estilo es el de un hombre culto, originario de Antioquía, que maneja con elegancia el griego hablado; es el mejor griego de todos los evangelios.

En cuanto al texto, es de notar que el pasaje Lc 23, 42 s. (agonía de Jesús en el huerto) es omitido por algunos códices.

3.8. Manuscritos más antiguos

Los papiros *Bodmer 14 y 15* (P 75), de alrededor del año 200, contienen el final de Lucas y el comienzo de Juan (omiten la aparición del ángel y el sudor de sangre en el huerto).

---

4. EVANGELIO SEGUN SAN JUAN

4.1. Autor

Es probable que en la fuente de este evangelio se encuentre la personalidad del apóstol Juan, pero *la obra se fue formando en varias etapas* hasta su redacción final por los años 95/100. La iglesia primitiva, siempre atenta a rechazar los escritos pretendidamente apostólicos, admitió gustosa éste, considerándolo al menos como de raíz apostólica.

San Ireneo dice que el cuarto evangelio fue compuesto «por Juan, el discípulo del Señor, el que reposó en su costado, durante su estancia en Efeso» (*Adv. Haer.*, III, 1, 1). Su testimonio es importante porque Ireneo conoció de niño al obispo Policarpo, que a su vez había conocido al apóstol Juan. La estancia y muerte de san Juan en Efeso está atestiguada por otros autores.

El cuarto evangelio se presenta a sí mismo como obra del discípulo «al que amaba Jesús» (Jn 21, 20-24), testigo ocular de los acontecimientos (Jn 19, 35).

Desde luego, el que ha escrito el evangelio es un judío que conoce muy bien el ambiente en el que Jesús vivió y tiene ciertas semejanzas con documentos de Qumrán.

4.2. Símbolo

El águila, por el alto vuelo de su pensamiento, es el símbolo que distingue a Juan evangelista.

4.3. Fecha

En su redacción actual debe ser *cercano al año 100;* sin embargo, la edición primera pudo aparecer en los mismos años que Mateo y Lucas.

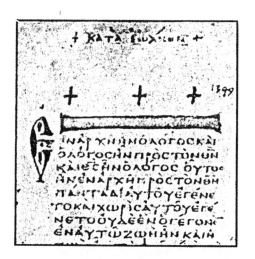

*Principio del evangelio según Juan
(Códice Vaticano, s. IV).*

4.4. Destinatarios

Podrían ser los cristianos de Efeso, ciudad cruce de distintas influencias culturales griegas y judías. La comunidad a la que se escribe está compuesta de *judíos y paganos,* influenciada por la doctrina de Filón sobre la palabra, tentada de gnosticismo, familiarizada con los grandes temas del Antiguo Testamento (éxodo, cordero pascual, maná, agua, viña, etc.) y conocedora también de la espiritualidad de los esenios (oposición luz-tinieblas, verdad-mentira, el Espíritu que conduce a toda la verdad...). El cuarto evangelio es una reflexión que, teniendo en cuenta las grandes ideas de su tiempo, expresa el misterio de Jesús en términos nuevos.

4.5. Argumento

De entre lo que Jesús hizo, escoge lo que puede servir al lector para convencerse de que *Jesús es el*

Hijo de Dios (Jn 20, 30-31). Suele expresar todo el misterio de Cristo a través de un aspecto: el pan, el agua, la vida...

4.6. Geografía

El autor conoce perfectamente la geografía de Palestina, y en su obra Jesús se desplaza de un lugar a otro sin que tengan los lugares ninguna significación teológica. Jesús celebra la pascua en Jerusalén en tres años consecutivos.

4.7. Estilo

Tiene un *vocabulario especial* (amor, verdad, conocer, vida, testimonio, mundo, padre, luz, enviar, judíos...), pero pobre. Sus relatos son animados y profundos. Más que contemplar los acontecimientos desde fuera, sugiere el mundo sobrenatural que contempla el alma del autor.

4.8. Manuscritos más antiguos

El papiro *Rylands* (P52), de comienzos del siglo II, contiene Jn 18, 31-33 y 37-38. Es considerado el manuscrito más antiguo del Nuevo Testamento. El *Bodmer II,* de alrededor del año 200, contiene Jn 1, 1-14, 26 y otros fragmentos.

*Juan y el águila
(capitel del púlpito; catedral de Chartres, siglo XIII).*

BIBLIOGRAFIA

E. Charpentier, *Para leer el Nuevo Testamento*. Verbo Divino, Estella 1981.

W. D. Davies, *Aproximación al Nuevo Testamento*. Cristiandad, Madrid 1979, 181-208; 329-455.

J. Delorme, *El evangelio según san Marcos*. Verbo Divino, Estella 1981.

Poittevin-Charpentier, *El evangelio según san Mateo*. Verbo Divino, Estella 1979.

A. George, *El evangelio según san Lucas*. Verbo Divino, Estella 1976.

A. Jaubert, *El evangelio según san Juan*. Verbo Divino, Estella 1978.

B. Maggioni, *El relato de Marcos*. Paulinas, Madrid 1981.

B. Maggioni, *El relato de Mateo*, Paulinas, Madrid 1981.

S. Benetti, *Nacidos para vivir*. Paulinas, Madrid 1982.

S. Benetti, *Una alegre noticia*. Paulinas, Madrid 1984.

F. de la Calle, *Aproximación a los evangelios*. Marova, Madrid 1978.

J. Drane, *Jesús*. Verbo Divino, Estella 1984, 167-183.

Haag-Ausejo, *Diccionario de la biblia*. Herder, Barcelona 1963.

AUDIOVISUALES

Los evangelios de la liberación. Paulinas, 80 diap. 30'.

El hijo del hombre. Paulinas, S/8 mm. 75'.

P. P. Pasolini, *El evangelio según san Mateo*. Paulinas, 120'.

ACTIVIDADES

A. Explicar el significado del hecho y de la frase «jurar sobre los santos evangelios».

B. Después de leer el texto, hacer una redacción explicando cómo es necesario conocer las peculiaridades de cada evangelista para comprender mejor su mensaje.

D. Informarse de los conjuntos pictóricos o escultóricos más populares o famosos de las figuras-símbolo de los cuatro evangelistas. Encontrar fotos o diapositivas en enciclopedias o libros de arte.

E. Cuatro equipos distintos buscarán en los 10 primeros capítulos del evangelista que se les señale los siguientes datos:

Para san Mateo: número de veces en que escribe la frase «para que se cumpliera la escritura» u otra similar, indicando por qué lo hace.

Para san Marcos: contabilizar el número de veces en las que explica palabras, costumbres u otras realidades judías, indicando igualmente por qué lo hace.

Para san Lucas: anotar los nombres propios de personas y también los comunes que designen con quién hablaba Jesús.

Para san Juan: anotar todo lo relacionado con las ovejas, la luz, la verdad, la palabra, el agua, la vida y el pan.

F. Realizar un *collage* con motivos simbólicos sacados de los cuatro evangelios.

C. Contestar a las preguntas y rellenar el siguiente cuadro:

Control de asimilación de «Los Evangelios»

I. Rellena el siguiente cuadro de la forma más breve

Autor del evang.	Fecha aprox.	Destinatarios	Símbolo

II. Anota a qué evangelista pertenece cada frase indicando por qué

1. «Yo te digo que tú eres Pedro y sobre esta piedra edificaré mi iglesia».
   Pertenece a   por

2. «Se levantó, tomó al niño y a su madre y se retiró a Egipto; allí estuvo hasta la muerte de Herodes, para que se cumpliera el oráculo del Señor por medio del profeta: 'De Egipto llamé a mi hijo'».
   Pertenece a   por

3. «Al ver el centurión que estaba frente a él que había expirado de esa manera dijo: 'Verdaderamente este hombre era Hijo de Dios'».
   Pertenece a   por

4. «Yo soy el pan de vida, el que viene a mí no tendrá hambre».
   Pertenece a   por

5. «He decidido yo también, después de haber investigado diligentemente todo desde los orígenes, escribírtelo por su orden, ilustre Teófilo, para que conozcas la solidez de las enseñanzas que has recibido».
   Pertenece a   por

6. «Y al ver que algunos de sus discípulos comían con manos impuras, es decir, no lavadas (es que los fariseos y todos los judíos no comen sin haberse lavado las manos hasta el codo, aferrados a la tradición de los antiguos y al volver de la plaza si no se lavan no comen)...».

Pertenece a   por

7. «Bienaventurados los pobres de espíritu porque de ellos es el reino de los cielos».

Pertenece a   por

8. ... «a Santiago el de Zebedeo y a Juan, hermano de Santiago, a quienes puso por nombre Boanerges, es decir, los hijos del trueno».

Pertenece a   por

9. «No temáis, pues os anuncio una gran alegría que lo será para todo el pueblo: os ha nacido hoy, en la ciudad de David, un salvador que es el Cristo Señor».

Pertenece a   por

10. «Se fue a vivir a una ciudad llamada Nazaret, para que se cumpliese el oráculo de los profetas: 'Será llamado Nazareno'».

Pertenece a   por

11. «¿Cuántos panes tenéis? Ellos le responden: 'siete y unos pocos peces'».

Pertenece a   por

12. «Ella le respondió: 'Sí, Señor, también los perritos comen bajo la mesa las miguitas de los niños'».

Pertenece a   por

13. «No son del mundo, como yo no soy del mundo. Conságralos en la verdad; tu palabra es verdad».

Pertenece a   por

14. «La vida era la luz de los hombres y la luz brilla en las tinieblas».

Pertenece a   por

CRISTIANOS EN COMUNIDAD

La comunidad es un tipo de agrupación humana que se distingue de la mera sociedad por unas características especiales. En diez puntos contrapuestos podemos encontrar una descripción de ambas formas asociadoras.

– En la comunidad, el vínculo que une es fundamentalmente interior, mientras que en la sociedad es principalmente exterior.

– En la comunidad se vive sin formulismos. La organización y las leyes tienen menos importancia; cosa que no ocurre en la sociedad, en la que las leyes y las normas son muy importantes.

– Los fines de la comunidad son los más íntimos de la persona, en contraposición a la sociedad en que los fines son exteriores.

– A la comunidad se adhiere uno espontánea y voluntariamente, de forma no tan forzada como lo suele ser a la sociedad.

– En la comunidad, la intercomunicación es libre; sin embargo, en la sociedad hay que respetar los cauces reglamentarios y el organigrama.

– Todas las cualidades de la persona se ponen en común en una auténtica comunidad, mientras que sólo algunas se ponen en la sociedad.

– La aportación es gratuita, en un caso, y pagada o derivada de un contrato o cuasi contrato, en el otro.

– En la comunidad tiene lugar la obediencia aceptada e interiormente cariñosa. En la sociedad basta con la disciplina mecánica.

– La unidad pluriforme caracteriza a la comunidad. La sociedad exige uniformidad y no solamente unidad.

– En la comunidad se tiene conciencia de pertenecer a ella y se siente la corresponsabilidad en la marcha general. La sociedad se vive muchas veces sin conciencia de pertenecer a ella y se responde sólo del campo encomendado o contratado.

La comunidad cristiana, como grupo humano, se reúne, dialoga, comparte, crece y se desarrolla. La comunidad cristiana, como grupo de creyentes, vive, comparte y anuncia su fe en Cristo Jesús.

Para no ser un grupo amorfo, sus miembros han de tener sentido de pertenencia, es decir, una vinculación clara a las actividades y compromisos del grupo participando y corresponsabilizándose.

En ella se deben dar unas verdaderas relaciones interpersonales que constituyan una auténtica comunicación. El grupo es importante, pero las personas están por encima de todo. La comunidad es el lugar de crecimiento, de madurez y de realización de las personas.

Pero el punto clave de unión ha de ser la fe en Jesús y el servicio al reino. Se acoge el evangelio y a la vez se evangeliza.

No es un grupo en el que simplemente se habla, sino que también se da, como palabra hecha vida, el compromiso. Sin embargo, la comunidad cristiana no es un grupo de perfectos o realizados; tan sólo es un conjunto de personas que, unidas, tratan de seguir el espíritu con la mayor sinceridad.

} **LECTURAS**

José Manuel de Córdoba, *La comunidad y su construcción*. Centro Nacional del Movimiento FAC, Madrid.

} **AUDIOVISUALES**

La otra carrera. Paulinas, 48 diap. 8' 10".
Cuando pasa la lluvia. Paulinas, 48 diap. 7' 30".
La casa del viejo Dimas. Paulinas, 48 diap. 10'.
Parábola de un vagabundo, Paulinas, 62 diap. 18' 50".
La cordada. Paulinas, 54 diap. 10' 15".
Al borde de la acequia. Paulinas, 42 diap. 8' 50".
Profetas del porvenir. Tres Medios, 126 diap. 27'.
Pedro y Pablo. Paulinas, S/8 mm. 149'.
Encuentros fraternos. Paulinas (3 cassettes).

PARA LA REFLEXION DE FE

A. Qué diferencias encuentras en el funcionamiento de una familia y el de un ejército o una empresa en relación con el tema comunidad-sociedad.

¿Qué comunidades cristianas conoces en los ambientes que frecuentas? ¿Cuáles son los grupos de cristianos que te son más atractivos? ¿Por qué?

B. Cada uno puede manifestar lo que opina del grupo, en qué le ayuda, qué nivel de comunicación se logra y qué es lo que él está dispuesto a aportar.

C. A la luz de la palabra
Hch 2, 42-44: Las primeras comunidades.
1 Cor 1, 10-16: El que nos une es Cristo.

1 Cor 11, 17-34: Esperaos los unos a los otros.
1 Cor 12, 4-27: Como miembros de un mismo cuerpo.
Flp 1, 27-30: Vida coherente con el evangelio.
2 Tes 1, 3-5: Estáis progresando en la fe.
Sant 2, 1-4: Sin distinciones.

D. Pista para examen y compromiso.

Una comunidad que convence y llena

Una comunidad dice mucho
cuando es de Jesús.

Cuando habla de Jesús
y no de sus reuniones.

Cuando anuncia a Jesús
y no se anuncia a sí misma.

Cuando se gloría de Jesús
y no de sus méritos.

Cuando se reúne en torno de Jesús
y no en torno de sus problemas.

Cuando se extiende para Jesús
y no para sí misma.

Cuando se apoya en Jesús
y no en su propia fuerza.
Cuando vive de Jesús
y no vive de sí misma...

Una comunidad dice mucho
cuando es de Jesús.

Una comunidad dice poco
cuando habla de sí misma.

Cuando comunica sus propios méritos.
Cuando anuncia sus reuniones.
Cuando da testimonio de su compromiso.
Cuando se gloría de sus valores.
Cuando se extiende en provecho propio.
Cuando vive para sí misma.
Cuando se apoya en sus fuerzas...

Una comunidad dice poco
cuando habla de sí misma.

Una comunidad no se tambalea por los fallos,
sino por la falta de fe.

No se debilita por los pecados,
sino por la ausencia de Jesús.

No se rompe por las tensiones,
sino por olvido de Jesús.

No se queda pequeña por carencia de valores,
sino porque Jesús dentro de ella es pequeño.

No se ahoga por falta de aire fresco,
sino por asfixia de Jesús.

Una comunidad sólo se pierde
cuando ha perdido a Jesús.

Una comunidad es fuerte
cuando Jesús dentro de ella es fuerte.

Una comunidad pesa
cuando Jesús dentro de ella tiene peso.

Una comunidad marcha unida
cuando Jesús está en medio.

Una comunidad se extiende
cuando extiende a Jesús.

Una comunidad vive
cuando vive Jesús.

Una comunidad convence y llena
cuando es la comunidad de Jesús.

P. Loidi

11

El evangelio de Jesucristo

Han llegado hasta nosotros cuatro versiones del evangelio de Jesús, pero ¿qué se esconde detrás de la palabra «evangelio»? ¿Cuál es su contenido? Se puede contestar que, obviamente, se trata de la predicación de Jesús, pero ¿qué predicó Jesús?, ¿de qué hablaba?, ¿adónde quería llegar realmente?, ¿cuál era su proyecto?, ¿en qué se empeñó?, ¿cuál fue su causa o su ideal? Miles de preguntas similares podrían resumirse en ésta: ¿en qué consistía su «buena noticia»?

Hemos de tener en cuenta que no es posible separar sus palabras de sus actos. Lo que él dice viene interpretado por sus hechos y a su vez sus hechos hacen patente su sentido por sus palabras. Una síntesis de la doctrina y del pensamiento de Jesús no puede limitarse a sus discursos.

Su vida toda, hechos y palabras, habremos de verla en el momento concreto en que ocurrió. El ambiente que se respiraba en los momentos de su predicación y la historia que había precedido a aquel tiempo nos ayudarán a comprender la originalidad de Jesús.

1. TIEMPO DE ESPERA Y DE ESPERANZA

Flavio Josefo nos transmite en sus escritos el clima social que él había vivido intensamente en los años siguientes a la predicación de Jesús de Nazaret. El historiador judío, basado en noticia y en experiencia directa, extiende aquel estado de ansiosa expectación, de atmósfera cargada y luchas por la liberación del yugo romano, desde el año 100 a. C. hasta más allá

del 100 d. C. En sus narraciones se pueden ver presuntos profetas o mesías y fenómenos extraños que se interpretan como predicciones de futuro y que mantienen en continua ebullición al país trayendo como consecuencia numerosas rebeliones armadas y finalmente las guerras judaicas.

Unas cuantas frases nos darán idea de la situación:
— «Este desventurado pueblo se veía engañado por embaucadores que se declaraban falsamente enviados por Dios, mientras que por otra parte no prestaba atención ni fe a los prodigios que anunciaban la desolación que iba a venir...».

— «En la época de Fado (44-46 d. C.), administrador de Judea, un impostor llamado Teudas convenció a gran número de gentes para que tomaran sus bienes y lo siguieran hasta el Jordán. Afirmaba que él era el profeta y decía que a sus órdenes se abrirían las aguas del río y les ofrecerían un paso fácil. Diciendo esto, engañó a muchas personas».

— «En cuanto a los impostores y seductores, convencían a la gente para que los siguiera al desierto. Afirmaban que les mostrarían prodigios y signos muy claros, debidos a la providencia de Dios».

— «Por esta misma época (52-60 d. C.), llegó a Jerusalén un individuo procedente de Egipto, que afirmaba ser el profeta y aconsejaba al populacho que subiera con él al monte llamado de los olivos, que se encuentra a 900 m. de distancia. En efecto, declaraba, quería hacerles ver desde allí arriba cómo iban a derrumbarse las murallas de Jerusalén por orden suya y prometía de este modo abrirles el acceso a la ciudad. Cuando Félix fue informado de todo esto, ordenó a sus soldados que tomasen las armas y, lanzándose fuera de Jerusalén con gran número de jinetes y de infantes, atacó a los compañeros del egipcio, mató a 400 y capturó vivos a 200. Por lo que se refiere al egipcio, huyó del combate y no se le pudo encontrar».

Noticias de Teudas y del egipcio tenemos también en el libro de los Hechos de los apóstoles (Hch 5, 36; 21, 38). Algunos de estos presuntos mesías o profetas se llamaban de nombre Jesús. Así ocurre con el hijo de Ananías (62 d. C.), que anunciaba incesantemente la destrucción de Jerusalén, por lo cual fue azotado y tenido por loco. La interpretación de oráculos, como el que anunciaba que «uno de los vuestros se hará con el dominio del mundo», hizo que a veces se declarase como mesías a determinados jefes guerrilleros. Este fue el caso de Simón bar Kosba, que es saludado por el rabino Aqiba como «el hijo de la estrella» (Nm 24, 17-19).

Los mismos evangelios atestiguan este clima en múltiples ocasiones. Nos dicen, por ejemplo, que «como el pueblo estaba a la espera, andaban todos pensando si Juan no sería el Cristo» (Lc 3, 15). Juan el bautista pregunta: «¿Eres tú el que ha de venir o debemos esperar a otro?» (Mt 11, 4). Y hasta los discípulos de Jesús confiesan que «nosotros teníamos la esperanza de que éste fuera el que iba a libertar a Israel» (Lc 24, 21).

Anécdotas aparte, es evidente que, cuando Jesús predica, la expectación es intensa y generalizada.

2. EL MESIAS ESPERADO

Todos esperaban que esta situación de dominio extranjero, de injusticia social y de formalismo religioso acabaría en la llegada de un personaje al que se le daba el nombre de *mesías*.

Mesías es una palabra hebrea que equivale a la griega *Cristo*. Ambas significan *ungido*, es decir, aquel sobre cuya cabeza se ha derramado aceite con un significado concreto.

No nos debe despistar el uso de algunas palabras que significan lo mismo. Según la biblia, Dios suele *elegir* a una persona para *enviarla* a cumplir una misión especial y la designa, en consecuencia, como *su siervo*. A esta persona, a veces, *se le unge* la cabeza con aceite como signo de esa elección. De ahí podemos deducir que los términos elegido, enviado, siervo de Dios y ungido son generalmente intercambiables. Esto da lugar a que se llame ungido a un hombre elegido por Dios, pero sobre cuya cabeza no se ha vertido materialmente aceite.

En un principio, la palabra mesías equivalía a *rey*, puesto que al elegir a alguien para este cargo se le ungía. El mesías era entonces el rey del momento (Saúl o David). Luego se designará con esta palabra a un *miembro de la dinastía de David*, y finalmente se la reservará para indicar el rey ideal que «ha de venir», a quien se le dará el título de *hijo de David* o de *hijo de Dios*. El origen de la equivalencia entre estos dos calificativos lo podemos encontrar en la promesa que Dios hace a David a través del profeta Natán: «Afirmaré después de ti la descendencia que saldrá de tus entrañas y consolidaré el trono de tu realeza. Yo seré para él un padre y el será para mí un hijo» (2 Sm 7, 12-16).

La esperanza de la salvación se pone en la dinastía de David: un rey, hijo de David, a quien se le puede llamar «hijo de Dios», porque Dios mismo lo dijo así; será el salvador. Cuando deje de haber reyes y el sumo sacerdote haga el oficio de presidente del gobierno, también a él se le ungirá.

En tiempos de Jesús, todos esperaban un mesías-rey, aunque con distintos acentos según los intereses de cada grupo. Las masas populares ansiaban un liberador político-social; los fariseos, a alguien que restaurara el cumplimiento de la ley; los zelotes, a un caudillo revolucionario, y los esenios habían dividido los papeles: esperaban a dos mesías, el de Israel, que se ocuparía de la liberación política y el de Aarón, que llevaría a cabo la purificación religiosa.

Nadie esperaba un mesías humilde, y mucho menos una presencia real de Dios en la historia concreta de los hombres.

3. JESUS, UN MESIAS DISTINTO AL ESPERADO

Frente al triunfante y espectacular mesías, que con la fuerza exterior de su poder libertaría a Israel e incluso extendería su reino sobre los romanos y otros imperios, frente al mesías justiciero, que purificaría el culto y el templo de la corrupción reinante, se presenta Jesús, y lo hace renunciando a todo uso de la fuerza, entendida ésta no sólo como violencia física o militar, sino también como ostentación apabullante de la omnipotencia de Dios que con sus milagros obligue a todos a creer.

Jesús pretende que la fuerza necesaria para la liberación, la purificación o la justicia salga libremente desde el mismo corazón del hombre solidario. Pero no por esto es un mesías decorativo: no negocia acuerdos, ni se sirve de los cauces del poder establecido, ni convierte las piedras en panes, ni se pasa la vida obrando prodigios alucinantes, ni se inclina para adorar a los poderosos. Las tentaciones a su mesianismo son superadas por Jesús en cada momento de su vida. Jesús no alimenta el nacionalismo judío, no promueve una rebelión contra los romanos, ni se propone restaurar la monarquía de David. En estos puntos Cristo decepciona a todos.

Presenta un cambio de situación que se lleva a cabo desde la conversión interior de la persona, y a partir de ahí produce frutos externos y palpables, del mismo modo que los árboles buenos producen frutos buenos. Presenta un reino lento, frágil y débil en principio, pero que, como la mostaza, que de simiente pequeña se convierte en gran arbusto, o como un poco de levadura, que hace fermentar mucha masa, cosechará abundantemente y su éxito será grande e imparable.

¿FUE JESUS UN REBELDE POLITICO?

Ya en 1774, H. S. Reimarus presentó a Jesús como un revolucionario. También K. Kautsky (1908) y R. Eisler (1929) lo entienden como un rebelde antirromano cuyo levantamiento fracasó, siendo posteriormente ejecutado. Más recientemente, en 1963, el escritor norteamericano J. Carmichael, en su obra *Vida y muerte de Jesús de Nazaret,* intenta demostrar que Jesús sólo se consideró heraldo de una inminente transformación material del mundo (reino de Dios), que su mensaje estaba dirigido a los judíos de su tiempo y a nadie más, y que, ante el fracaso de la aparición del reino de Dios, se embarcó en una empresa completamente diferente que lo condujo a su muerte violenta. Poco tiempo después, el inglés S. G. F. Brandon, en *Jesús y los zelotes* (1967), mantiene la tesis de que si bien probablemente Jesús no fue un líder zelote, sí que perteneció al movimiento de resistencia contra Roma. Como la imagen de un Jesús revolucionario socio-político está en contradicción con casi toda la tradición evangélica, el autor se funda en la hipótesis de que los evangelistas han falsificado la imagen de Jesús ocultando su carácter revolucionario y presentándolo como pacifista para lograr su convivencia en el imperio. Hipótesis, imaginación y extrapolaciones son abundantes en todos estos autores. Los puntos principales de apoyo suelen ser los siguientes: la entrada triunfal en Jerusalén, que habría sido una invitación al levantamiento general (la frase «¡Hosanna en las alturas!» [Mc 11, 10] debe traducirse: «¡Sálvanos de los romanos!»); la purificación del templo, que queda convertida en un ataque de Jesús y sus seguidores con probable derramamiento de sangre; la frase «vender el manto para comprar espada» (Lc 22, 36), que indicaría los preparativos para una rebelión; lo sucedido en Getsemaní, que evidenciaría una resistencia armada y, desde luego, su condena como agitador y su muerte en cruz en medio de dos zelotes.

Aunque hay indicios de que en el grupo de Jesús había cuando menos simpatizantes del movimiento zelote, como lo puede ser el que Simón se apode «el zelote» (Lc 6, 15), el que Judas Iscariote tenga este nombre por corrupción de la palabra «sicario», o el que Pedro bar Jona deba ser traducido por el «terrorista», no se manifiesta base suficiente y seria para afirmar que Jesús fue un revolucionario. Desde luego, todo el Nuevo Testamento está en contra de ello.

Por debajo de todos los géneros literarios, asume los anhelos más profundos de la humanidad. El hombre inacabado e insatisfecho de todos los tiempos y culturas podrá llegar a su realización total, saciará su sed.

4. EL MENSAJE DE JESUS

El Jesús histórico no predicó sistemáticamente sobre sí mismo ni se anunció como hijo de Dios, mesías o Dios. Los títulos que los evangelios le atribuyen son, en su gran mayoría, expresiones de la fe de la comunidad primitiva. Tampoco el tema central de su predicación fue la iglesia, ni siquiera Dios, sino que en concreto sus palabras fueron dirigidas a proclamar «el reino de Dios».

Ya sabemos que la expresión «reino de Dios» es equivalente a la de «reino de los cielos». Los judíos, por respeto hacia el nombre divino, usaban rodeos para evitar pronunciarlo.

Pero ¿qué contenido da Jesús a las palabras «reino de Dios»? ¿Qué quería decir cuando hablaba de esto? Contestar a ello es resumir el núcleo del mensaje de Jesús.

De acuerdo con la mentalidad semita, ni él ni siquiera los escritores del Nuevo Testamento nos dan una definición explícita y precisa del «reino de Dios», pero sí nos ofrecen abundantes características de esta nueva realidad. Será necesario, como quien construye un puzzle, colocarlas cada una en su sitio para tener una visión descriptiva de lo que el reino es. Jesús expresa la buena noticia de la llegada del reino de forma poética y a veces con el lenguaje mítico propio de su tiempo, porque la realidad del reino, la felicidad plena, no ha sido experimentada directamente por nadie ni se puede describir con términos precisos o científicos. Será necesario traducir el mensaje de la situación de entonces, de aquella concepción de la realidad, de aquella imagen mítica del mundo, a una concepción moderna de la realidad. No hay que eliminar el mito, sino interpretarlo. No hemos de confundir el modo de hablar con el mensaje que se quiere transmitir.

El reino no es un territorio, ni una institución concreta (ni siquiera la iglesia), ni un partido político, ni liberación alguna intrahistórica concreta; no es una teocracia. Jesús se niega a que lo proclamen rey como los de este mundo. Tendríamos que hablar mejor de reinado, de soberanía, de gobernación de Dios.

El reino de Dios no es un dominio implantado a la fuerza por Dios en base a su omnipotencia, sino que exige la aceptación y la participación de los hombres. El protagonismo de Dios no invalida las luchas históricas que los hombres llevan a cabo por mejorar el mundo. No sólo no las invalida, sino que las potencia. No se trata de resignación y paciencia.

No es, por tanto, un reino como los que acostumbramos a conocer en la tierra, pero tampoco es una realidad del otro mundo situada más allá de la muerte, como el cielo. Comienza ya aquí, aunque su final y plenitud se den más allá de la historia. No es por tanto exclusivamente futuro. El reino ya está iniciado, pero no ha llegado a su plenitud todavía. La salvación termina más allá, pero se inicia de diversas formas en el aquí y ahora. Jesús no quiso impartir enseñanza sobre el fin, sino hacer una llamada para el presente a la vista del fin.

No es sólo espiritual, de tal modo que se ciña en exclusiva al interior de la persona, sino que afecta a toda la realidad; todo tiene que ser cambiado: el interior del hombre, sus acciones, su sociedad, sus relaciones, pero también el cosmos entero. Cuando Dios gobierna el corazón de los hombres, su reinado se manifiesta a través de las obras de éstos. Jesús recalca machaconamente la necesidad de que los frutos externos y comprobables manifiesten la soberanía de Dios en el corazón del hombre.

El reino es un nuevo orden de cosas, un mundo nuevo en contraposición a éste en que vivimos, en el que el hombre acepte libremente que se cumpla la voluntad de Dios. La totalidad de lo real debe ser transformada. La voluntad del Dios de Jesús no se cumple en ritos u obligaciones raras, incomprensibles y aburridas, sino en la superación de todas las alienaciones humanas, de todo mal físico o espiritual, del pecado, del odio, de la desunión, del dolor y de la muerte. Comporta la eliminación del pecado en sus dos vertientes: la limitación del hombre y su comportamiento cerrado e insolidario. En frase tal vez inexacta: Dios se hace hombre para que los hombres encuentren el camino de llegar a ser dioses, es decir, plenamente felices.

Esta utopía comienza a convertirse en realidad *en la persona misma de Jesucristo que acepta hasta la muerte la voluntad del Padre y vive una vida de significativa solidaridad con los hermanos*, finalizando la limitación humana en su resurrección. El es el primer nacido de entre los muertos. El reino está iniciado, pero no terminado. La levadura nueva de Jesús debe hacer fermentar el mundo viejo que necesita cambiar de estructuras, como el vino nuevo es necesario ponerlo en odres nuevos. No comporta sólo la eliminación del pecado, sino de todo lo que el pecado significa y lleva consigo.

La plenitud de este reino no llega por evolución social (espiritual o técnica), ni por revolución social (de derechas o izquierdas). Su cumplimiento final viene por la acción de Dios. El es el sembrador cuya simiente produce el ciento por uno cuando las buenas cosechas rinden el diez y las normales el siete. Pero esto no excluye la acción del hombre en el ámbito individual y social mientras camina en la historia.

La causa de Jesús es la causa de Dios en el mundo. El interés de Jesús se centra en el hombre al centrarse totalmente en Dios. La causa de Dios es la causa del hombre, la voluntad de Dios es el bien del hombre. *No se puede estar a favor del Dios de Jesús y contra el hombre; y de esto hay que sacar consecuencias prácticas aquí y ahora.*

Feuerbach, Marx y Freud afirmarán que esto es sólo una proyección psicológica de los deseos incumplidos de los hombres, pero estas opiniones distan mucho de ser demostrables. Se necesita también fe para creer en ellas.

El reino no es, por tanto, la actuación constante de Dios en la creación, como lo entendían los jerarcas saduceos, ni la teocracia o democracia religiosa de los zelotes, ni la eliminación como castigo-venganza de todos los malos, según pensaban los esenios, ni el simple aceptar que Dios reina cuando se cumple la ley, como defendían los fariseos. El reino cumple las aspiraciones del hombre de todos los tiempos y situaciones en su más honda verdad.

5. EL DIOS DE JESUS

El Dios de Jesús es cercano y solidario con el hombre como un buen padre. Es éste un rasgo esencial que lo diferencia del, un tanto egoísta, dios de las religiones. El da el primer paso poniéndose al servicio del hombre.

La palabra aramea «abba», que en ocasiones cita sin traducir el Nuevo Testamento, la usaba Jesús para referirse a Dios. El término significa «papá». Lo mismo que el Antiguo Testamento, el judaísmo palestinense de los tiempos anteriores a Jesús se resistía mucho a dirigirse a Dios como padre. Las veces que lo hace es para recalcar la obligación de obedecerle. Jesús, sin embargo, se dirigía a Dios como a «mi padre». Ni un solo ejemplo de esto encontramos en el judaísmo. La palabra era usada fundamentalmente por los niños para llamar a su padre. Queda clara la especialísima relación de Dios con Jesús. El nos enseñará a llamarlo también nosotros así, y hacerlo de verdad será estar ya dentro del reino.

BIBLIOGRAFIA

Equipo «Facultad de Lyon», *Flavio Josefo*. Verbo Divino, Estella 1982, 46-49.
Equipo «Eucaristía», *Jesucristo*. Verbo Divino, Estella 1977, 202-205.
J. I. González Faus, *La teología de cada día*. Sígueme, Salamanca 1976, 27-61.

L. Boff, *Jesucristo y la liberación del hombre*. Cristiandad, Madrid 1981, 83-94.
H. Küng, *Ser cristiano*. Cristiandad, Madrid 1977, 268-283.
J. Jeremias, *El mensaje central del Nuevo Testamento*. Sígueme, Salamanca 1966, 1-37.
W. Kasper, *Jesús, el Cristo*. Sígueme, Salamanca 1984, 77-107.

J. A. Pagola, *Jesús de Nazaret*. Idatz, San Sebastián 1981, 213-235.

V. Pulle, *Gonzales, llamado el Jesús*. Herder, Barcelona 1977, c. 16 y 18.

J. I. González Faus, *Acceso a Jesús*. Sígueme, Salamanca 1979.

O. Cullmann, *Jesús y los revolucionarios de su tiempo*. Herder, Barcelona 1973.

AUDIOVISUALES

En busca de Jesucristo. Tres Medios, 81 diap.

ACTIVIDADES

A. Comprobar en un diccionario ideológico de la lengua española las diversas acepciones de las palabras «reino» y «reinado».

En cinco líneas, describe lo que a ti te parece que es el mensaje de Jesucristo o en qué consiste ser cristiano.

Cinco países europeos que sean presididos actualmente por un rey.

B. ¿Por qué no pueden separarse las palabras de Jesús de sus hechos? ¿Qué ambiente político, social y religioso había en Palestina en tiempo de Jesús? Significados y términos equivalentes de la palabra «mesías». ¿Qué tipos de mesías se esperaban en aquel tiempo? ¿En qué se distingue el mesías esperado de la postura que tomó Jesús? ¿Cuál fue el tema y el eslogan concreto de la predicación de Jesús? Dar cinco características del reino formuladas en negativo (no es) y cinco en positivo (el reino es). ¿En qué se distingue el dios que presenta Jesús del dios que presentan las religiones?

C. Escribir un texto paralelo, con las ideas de cada uno, al incluido en el apartado D de la reflexión de fe.

Cuadro a dos columnas sobre las características del reino. Las formuladas en negativo en una columna y las afirmaciones positivas en la otra paralela.

D. Temas para trabajos o diálogos-debate, previa información:

Reino de Dios en la tierra, reino de Dios en el cielo.

La frase de Pascal: «Dios de Abrahán, Dios de Isaac, Dios de Jacob; no el de los filósofos o el de los sabios».

Anotar las semejanzas de una caravana de película del oeste con la vida del hombre.

Diferenciar mientras se comenta: la causa de Dios, la causa de la iglesia, la causa del partido, la causa del hombre. Precisar primero el significado de 'causa' en esta ocasión, consultando un diccionario ideológico.

Buscar información sobre: la piedra filosofal, el vellocino de oro, el dorado, la quimera del oro, el paraíso terrestre.

Escuchar una pequeña exposición sobre: la ciudad de Dios de san Agustín, la teocracia ginebrina de Calvino, los apocalípticos de Thomas Münzer, el mito de Sísifo, el mito de Prometeo.

E. Divididos por equipos, cada grupo elabora independientemente las preguntas de una encuesta para averiguar cuáles son las características del profesor ideal. Lo mismo las del amigo ideal.

F. Aprender a decir, por medio del alfabeto usado por los mudos, la frase «reino de Dios».

Escribirlo en alfabeto braille usado por los ciegos.

Poner la frase en francés, inglés y alemán.

PARA LA REFLEXION DE FE

A. Comentar si lo que en el fondo anhela cada uno para ser completamente feliz lo podría hallar en la tierra. Exponer datos o casos que expresen una religión alienante que trata de huir de este mundo y predica resignación y paciencia. Ver cómo se puede abusar de la religión para fines políticos partidistas y qué repercusiones deberá tener la fe en Jesús en el campo político de «hacer posible lo necesario».

Diálogo sobre las aspiraciones más hondas del hombre: felicidad, alegría, paz interior, bienestar, justicia, etc.

B. Después de leído el tema, especialmente el punto sobre el mensaje de Jesús, examinar si nuestras vidas lo aceptan así o lo distorsionan espiritualizándolo en exceso o materializándolo de forma que se reduzca a una salvación en este mundo.

C. A la luz de la palabra

Mt 5, 20: Mayor justicia que los fariseos.

Mt 13, 31-33: Germen y fermento de todo.

Mt 21, 31-32: Los que parecían cercanos resultaron estar lejos.

Mt 18, 1-4: El mayor en el reino.

Mt 19, 23-26: Dificultades de la riqueza.

Mt 25, 31-46: El servicio como camino a la plenitud humana.

Hch 14, 21-23: Sufrir por el reino.

D. Contrastar nuestro credo personal y de grupo con el siguiente. Resaltar las frases que más impacto nos han causado. Según las conclusiones, qué debemos corregir y a qué compromiso concreto (reforzarlo o iniciarlo) nos llama Dios por medio de lo que vamos entendiendo y captando.

No creo en el Dios de los magistrados,
ni en el Dios de los generales
o de las oraciones patrióticas.

No creo en el Dios de los himnos fúnebres,
ni en el Dios de las salas de audiencia
o de los epílogos de las constituciones
y de los discursos elocuentes.
No creo en el Dios de la suerte de los ricos,
ni en el Dios del medro de los opulentos
o de la alegría de los que roban al pueblo.
No creo en el Dios de la paz mentirosa,
ni en el Dios de la injusticia popular
o de las venerables tradiciones nacionales.
No creo en el Dios de los sermones vacíos,
ni en el Dios de las fórmulas protocolarias
o de los matrimonios sin amor.
No creo en el Dios hecho
a imagen y semejanza de los poderosos,
ni en el Dios inventado como sedante
de las miserias y sufrimientos de los pobres.
No creo en el Dios que duerme en las paredes
o se esconde en el cofre de las iglesias.
No creo en el Dios de los notables comerciantes
ni en el Dios de las propagandas llenas de colorido.

No creo en este Dios hecho de mentiras
tan frágiles como el barro,
ni en el Dios del orden establecido
sobre el desorden consentido.

El Dios de mi fe nació en una gruta;
era judío;

fue perseguido por un rey extranjero
y caminaba errante por Palestina.
Se hacía acompañar por gente del pueblo;
daba pan a los que tenían hambre,
luz a los que vivían en las tinieblas,
libertad a los que suplicaban justicia
y se veían acorralados...
El Dios de mi fe coloca al hombre por encima de la ley
y el amor en lugar de las viejas tradiciones.
No tenía ni una piedra donde recostar su cabeza
y se confundía con los pobres.
Sólo conoció a los doctores
cuando éstos dudaban de su palabra.
Vivía con jueces que trataban de condenarlo.
Fue visto entre la policía, preso.
Pisó el palacio del gobernador
para ser apaleado.
El Dios de mi fe traía una corona de espinas.
Vestía una túnica toda tejida de sangre,
marchaba tras los flageladores
que le iban abriendo el camino del calvario,
donde murió, entre ladrones, en la cruz.

El Dios de mi fe no es otro
sino el hijo de María.
Jesús de Nazaret.

Todos los días muere crucificado
por nuestro egoísmo,
todos los días resucita
por la fuerza de nuestro amor.

12

La conversión y el seguimiento

La cosa empezó en Galilea. Las palabras de Jesús sonaron así: «Se ha cumplido el plazo, ya llega el reinado de Dios, convertíos y creed la buena noticia» (Mc 1, 15). La gente se quedaba asombrada porque enseñaba como quien tiene autoridad propia y no como los expertos en religión de aquel tiempo.

A partir de entonces, fue habiendo personas que no sólo lo vieron y escucharon físicamente, sino que también lo «encontraron» a un nivel más profundo. La verdad es que fue él quien les salió al encuentro. Fue él quien les llamó para que lo siguiesen. Pero sus palabras no se dirigían exclusivamente a sus discípulos, sino a todos, porque no se trataba de seguirle por los caminos polvorientos de Palestina, sino de aceptarlo a él como «camino verdadero y viviente» (Jn 14, 6).

Cuando Jesús pide a sus oyentes que se conviertan y lo sigan, la única reacción lógica por parte de éstos es decidirse por él o, en el peor de los casos, abandonarlo. Desde luego que no basta conocer su doctrina o haber oído su llamada. El pide discípulos, no espectadores u oyentes.

Pero, ¿qué quiere decir la expresión «convertíos»? ¿Qué supone en realidad el seguimiento?

1. LA CONVERSION

Convertirse significa, en el lenguaje bíblico, cambiar de mentalidad (meta-noia). Supone que el hombre adopta en su interior una nueva escala de valores, que piensa y siente de manera distinta a lo que antes ocurría. Esta nueva sensibilidad es tan distinta de la anterior como puede serlo un corazón de piedra de un corazón de carne (Ez 36, 26-27). Por su propia naturaleza, todo lo dicho lleva consigo, no de forma mecánica, pero sí de forma lógica, un cambio exterior. Al pensar y sentir de otra manera, lo normal es que se actúe externamente también de manera distinta. Zaqueo, que ha comprendido que lo importante no es el dinero, decide devolver cuatro veces lo defraudado (Lc 19, 8).

Según esto, *convertirse a Jesús significará aceptar la escala de valores que él muestre y vivir de acuerdo con esta nueva forma de entender la vida.* La conversión afecta por tanto al hombre entero comenzando por su interior. No es una nueva ley que se impone desde fuera, ni se trata en primer lugar de una conversión o cambio ético externo. Lo primero es encontrar el motor de este cambio, el porqué, en el interior del hombre. No es hacer o dejar de hacer determinadas cosas. Convertirse a Jesús implica en primer lugar encontrarse con él, aceptarle convencida y voluntariamente, estar de acuerdo con sus sentimientos y su concepción de la vida, y de estas raíces saldrán en último término los frutos de una actuación externa coherente con lo que en el interior se siente y se vive. Se le llama cambio radical o fundamental porque son las raíces, los cimientos, los «porqué» lo que ha de cambiar esencialmente. Partiendo de ello, se han de producir los frutos o construir el edificio. Convertirse es el primer paso de la vida cristiana. En nada se diferencian en este aspecto fe en Jesús y conversión.

También el bautista predica la conversión, pero el contenido no es exactamente el mismo que el que Jesús le da. Juan no pide a los que lo escuchan que lo

versión continua, este ajustar siempre el rumbo al pensamiento y a la acción del maestro es lo que define al discípulo. Hacer las mismas opciones que él, repetir sus gestos significativos, asumir sus pensamientos, inspirarse en sus criterios y tomas de postura, tener sus preferencias, en suma, poseer su mismo espíritu.

Pero ser discípulo de este maestro está en consonancia con el carácter peculiar que tiene. No tendrá el discípulo mejor suerte que su maestro (Mt 10, 24-25).

La cualidad de discípulo implica una llamada de Jesús, pero también una libre respuesta por parte del llamado. A todos –Jesús no llama a una élite– se les propone la misma meta: seguir sus pasos manteniéndose fieles a la palabra del maestro (Jn 8, 31-32). Se trata de un seguir obediente y un obedecer creyente.

Llamando a la gente, a la vez que a sus discípulos, les dijo: «Si alguno quiere venir en pos de mí, niéguese a sí mismo, tome su cruz y sígame» (Mc 8, 34). *El seguimiento es para el cristiano una cuestión de ser o no ser. Sin resolverla positivamente, no podrá con rigor evangélico llamarse cristiano.*

3. LOS DISCIPULOS

Puesto que el seguimiento es lo que convierte al oyente en discípulo, será de interés que nos detengamos en conocer los perfiles y el papel que definen la figura del discípulo en tiempos de Jesús.

La protesta de Pedro ante el anuncio de su captura y muerte próximas es contestada tajantemente por Jesús con estas palabras: «Vete detrás de mí, Satanás». Este ir detrás de alguien no significa otra cosa en sentido figurado que ser discípulo de alguien. Pedro en este caso le ha querido dar lecciones al maestro, se ha puesto delante de él y por eso tiene que oír que su lugar está detrás, entre los discípulos. De las 76 veces que sale la palabra 'seguir' en el Nuevo Testamento, se refiere en todos los casos, excepto en uno, a seguir a la persona de Cristo.

El discípulo camina físicamente detrás del maestro, lo mismo que lo hacen el criado o la esposa. El cuadro es trasponible al pastor que marcha delante de las ovejas.

sigan a él, sino que interioricen la ley de Moisés según la predicación de los antiguos profetas, para escapar de este modo al castigo próximo.

Jesús reclama para sí el ser la única raíz, porque es claro que no se puede servir a dos señores. Llama a abandonar el pecado, a dejar la vida «no según Dios». Los evangelistas nos traen ejemplos de cómo esta llamada es seguida en unas ocasiones y es desoída en otras. Mientras que el recaudador de impuestos le sigue, el joven rico se echa atrás (Lc 5, 22-28 y Mt 19, 16-30).

La adhesión que Jesús pide es incondicional y total. La entrega ha de ser de todo el hombre y en todos los aspectos de la vida; no basta con un asentimiento intelectual o una parcela de la existencia. Creer en él es instalarse en la desinstalación. «Las raposas tienen madrigueras y las aves del cielo nidos; pero el hijo del hombre no tiene donde reclinar la cabeza» (Lc 9, 57). Pero además esto ha de hacerse sin nostalgias o resignación, porque «quien pone la mano en el arado y vuelve la vista atrás no es apto para el reino de Dios» (Lc 9, 62). El resultado, contra todo lo que se pudiera pensar, es una gran sensación de alegría.

2. EL SEGUIMIENTO

Tras este primer paso de encuentro, conversión y fe en Jesús, la dinámica de la vida y la misma palabra del Señor piden algo más: el seguimiento. Esta con-

La enseñanza que daban los rabinos, nombre con el cual se designaba a los maestros de aquel tiempo, no era metódica o formal, sino de tipo ocasional. Lo que importaba era una comunidad de vida. Acompañar en toda ocasión al maestro, estudiando e imitando su comportamiento y su proceder en las situaciones más variadas, era el modo de adiestrar y transmitir la propia sabiduría a los discípulos. Jesús no fue en esto una excepción: los eligió para tenerlos en su compañía, junto a él (Mc 3, 14). La enseñanza no consistía pues en el aprendizaje de ninguna teoría de tipo intelectual. Enseñanza propiamente dicha se daba tan sólo en determinadas ocasiones, por ejemplo con motivo de un acontecimiento o en contestación a las preguntas de los discípulos. Este método de vida en comunidad creaba una unión entrañable que Jesús resalta: «Ya no os llamaré siervos, sino amigos» (Jn 15, 15). La realidad es que los discípulos eran antes que nada siervos del rabino y su ilusión era llegar a su vez a ser maestros famosos. Era lógico, por tanto, que fuesen ellos quienes eligiesen a aquel rabino que más se adecuase a sus preferencias. En el caso de Jesús, las cosas son exactamente al revés. Es él quien los elige (Jn 15, 16). Es él quien les sirve, incluso en las formas tenidas por más humillantes, como en el caso del lavatorio de los pies, ya que el hijo del hombre no ha venido a ser servido, sino a servir. Por eso, aquel de los suyos que quiera ser el primero tendrá que ser el servidor de todos (Mt 20, 25-28). Pero no acaba aquí lo peculiar de este maestro: sus discípulos no deberán ser nunca maestros, porque únicamente Cristo es maestro, padre y preceptor (Mt 23, 8-12).

Seguir a Jesús significa entonces creer en su palabra y cumplir en entrega confiada sus orientaciones. La causa de Jesús no es separable de Jesús mismo, porque él no liga a sus seguidores a algo externo, una ley o unas ideas, sino a su persona. Su programa es él mismo.

En otro punto concreto se diferencia Jesús de los rabinos de su tiempo: en su actitud hacia la mujer. No sólo la trata con cariño, como al resto de los marginados, sino que admite que vaya en su seguimiento, lo que hará que esté presente ya en los primeros pasos de la comunidad cristiana. El concepto y la situación de la mujer en su tiempo era el siguiente: a ella, al igual que al esclavo, no le queda tiempo para aprender la ley; es por tanto una pecadora. La misma Torá era interpretada en este sentido. «Enseñádsela a vuestros hijos» (Dt 11, 19); por tanto, no a las hijas. La oración del varón judío

contiene la siguiente frase: «Señor, te agradezco que no me hayas creado mujer». Una frase dura de los doctores nos ayudará a comprender la situación de humillación permanente en que se tiene a la mujer: «Aunque ardan incluso las palabras de la ley, no es lícito, en ningún caso, confiarlas a una mujer». Resultaba impensable que un doctor de la ley aceptase a una mujer en el círculo de sus seguidores, al igual que entre nosotros resultaba impensable hace un siglo que una mujer estudiase en la universidad. Hoy apenas podemos imaginar el revuelo que esta conducta debió producir. Aun sus discípulos, que ya debían estar habituados a cualquier heterodoxia por parte de su maestro, no salían de su asombro al verlo hablar con una mujer (Jn 4, 8).

4. EL SEGUIMIENTO HOY

Si no podemos escribir una vida de Jesús por falta de datos, ¿en qué y cómo podemos imitarle o seguirle? Poco sabemos de sus modos terrenos. Es evidente que si Jesús hubiese vivido en nuestro tiempo, hubiese montado su vida de distinta manera y habría tenido al menos formalmente distintos problemas. Es por esto precisamente por lo que la iglesia primitiva consideró poco interesante el conocimiento de estos detalles de la vida de Jesús y puso todo su empeño en el núcleo de su mensaje, que no sólo venía expuesto con sus palabras, sino también con todos sus hechos. Sobre el espíritu, el talante y las metas que movían a Jesús, sí que conocemos lo suficiente para conducir nuestras vidas según él. *Lo decisivo es que nosotros abandonemos nuestra escala de valores y hagamos nuestro su modo de pensar y adaptemos nuestra vida a este patrón valorativo.* Sin esto, toda imitación externa de Jesús se queda en remedo y pose solamente. Y, más aún, de no ser así, estaría en oposición con la libertad cristiana que pide desarrollar la propia personalidad según el nuevo orden de valores de este hombre perfecto que es Cristo. La imitación externa tiene valor únicamente como confesión de fe, como expresión del deseo de estar de acuerdo con él lo más posible. Para la acción del cristiano, la continua referencia a su maestro es imprescindible, a fin de poder recrearlo y transmitirlo en el mundo de hoy y tomar las posturas que él tomaría materialmente ante los problemas del hombre moderno. Este leer entre líneas los evangelios, este encontrar criterios cristianos que no se expresan en ninguna frase concreta del Nuevo Testamento es la tarea del creyente en Jesús de Nazaret.

BIBLIOGRAFIA

G. Bouwman, *El seguimiento en la biblia.* Verbo Divino, Estella 1971.

J. Toro Trallero, *El comportamiento humano.* Salvat, Barcelona 1981.

J. B. Metz, *La fe en la historia y en la sociedad.* Cristiandad, Madrid 1976, 125.

J. Moltmann, *Un nuevo estilo de vida.* Sígueme, Salamanca 1980, 28.

«Cuadernos de oración», n. 5 (1983). Narcea, Madrid.

AUDIOVISUALES

Cambiar de vida. Paulinas, 24 diap. 4' 30''.
Celebraciones penitenciales. CCS, 96 diap. 28'.
Curso de relaciones interpersonales y convivencia. CCS, Madrid 1979 (Valores personales, Creencias personales, Actitudes personales, Estilo de vida).

ACTIVIDADES

A. Opina y distingue entre estos calificativos psicológicos: fans, hinchas, partidarios, extremistas, seguidores.

A qué se le puede llamar «cambio de chaqueta» y a qué «conversión».

Comentar la letra de la canción «La mala reputación», de Paco Ibáñez: «En el mundo pues no hay mayor pecado que el de no seguir al abanderado. No, a la gente no le gusta que uno tenga su propia fe».

B. ¿En qué consiste convertirse a Jesús?

¿En qué consiste el seguimiento de Jesús por parte de los cristianos?

¿Qué era un discípulo?

¿En qué facetas era Jesús un rabino distinto?

¿Cómo se puede seguir a Jesús hoy?

C. Divididos por grupos, cada uno de ellos redacta un cuento en el que el protagonista busca a Jesús. Se ha de destacar en qué sentido y para qué o por qué lo busca. Se pondrá a los personajes, incluso a Jesús, nombres significativos. Es conveniente describir el panorama en medio del cual se busca, a quiénes se pregunta, qué respuestas dan, qué ocurre cuando lo encuentra, etc.

E. Una redacción sobre el christmas de Mingote.

D. Debatir la cuestión: el cristiano auténtico, ¿nace o se hace?

Valorar la influencia de los siguientes factores en nuestro pensamiento religioso: padres, colegio, algún sacerdote, amigos, profesores, otros.

Critica la frase (su verdad y su error) «A mí que me muestren todas las religiones y yo elegiré la que me guste». Comenta cuanto sabemos del cristianismo; si es posible conocer todas las religiones de forma suficiente; hasta qué punto la fe, el amor o la religión se pueden elegir por razones simplemente.

E. En distintos grupos se preparan unas encuestas para averiguar qué tres cualidades son las más importantes para formar parte de cualquier clase de equipo. Después de la puesta en común, llegar a un acuerdo para entre todos hacer una sola encuesta.

F. Elegir por concurso el mejor cuento del apartado C. Grabarlo en magnetofón eligiendo fondo musical.

PARA LA REFLEXION DE FE

A. Comentar el siguiente texto:

«El primer paso de la conversión consistirá, en numerosísimas ocasiones, en pasar de la religiosidad heredada a la fe personal, de unas prácticas de culto o unas directrices de ética meramente sociales y exteriores al encuentro de la persona que da sentido y vida a todos los actos externos. Es como encontrar el «porqué» y superar el culto religioso dándole un significado cristiano de cumplimiento de la voluntad de un Dios que ama a los hombres y manifiesta que la justicia no es separable de nuestras relaciones con él».

¿En qué fase me/nos encontramos nosotros?

Dialogamos sobre los valores positivos que tiene la sociedad actual y cómo contribuimos nosotros, como personas y como grupo, a potenciarlos de forma práctica. En un segundo paso, ponemos en común qué podemos hacer para cambiar los valores que, según Jesús, son negativos.

¿Por qué medios me preocupo de conocer a Jesús para poder seguirle? (Lectura meditada del Nuevo Testamento, lecturas y comentarios de diversos autores, oración, liturgia, sacramentos, celebraciones, grupo cristiano, cursillos y convivencias, etc.).

B. Compara por el siguiente procedimiento tu escala de valores con la de Jesús. Realiza la gráfica valorando de 0 a 10 cada uno de los apartados verticales. Une los puntos de tu valoración mediante una línea continua y recta. Teniendo en cuenta las citas que se te ofrecen y otras que tú conoces, traza la que crees sería valoración de Jesús. Señálala, mediante una línea intermitente. Observa las diferencias de valoración de ambos perfiles. Una vez realizado individualmente, ponerlo en común comentando la experiencia.

A continuación, elaborar la gráfica del grupo basándose en las individuales.

Valores	Gráfica			Cita o situación vital
Riqueza, dinero, tener más, producción, trabajo, status social.	0	5	10	Lc 6, 24 Mt 19, 23 s. Mt 6, 24
Sociedad, comunidad, comunicación, servicio, participación, igualdad, reconocimiento social.				Mc 10, 45 Lc 22, 27 Jn 13, 15 s.
Amor, alegría, ilusión, amistad.				Mt 18, 12 Jn 11, 36
Vida, paz, placer.				Jn 2, 1-12
Verdad, ciencia, cultura, sabiduría.				Mt 15, 3 s. Mt 22, 16
Arte, belleza, armonía.				Mt 6, 29
Autoestima, persona madura, hombre autorrealizado.				Mt 11, 7 s.
Bondad, libertad, justicia, prudencia, dominio de sí, fortaleza.				Mt 10, 16 Mt 12, 8
Dios, ser, sentido de la vida, plenitud de vida, perfección, totalidad, esperanza.				Mt 6, 7-14 Mt 11, 25
Tiempo, presente, innovación, pasado, cambio, futuro.	0	5	10	Mt 9, 17 Lc 9, 62

* Situación vital quiere decir en este caso que no todas las actitudes de Jesús quedan enmarcadas en una frase del N. T., sino que pueden leerse entre líneas.

C.   A la luz de la palabra.

Mt 4, 18-22: Venid conmigo.

Mt 19, 16-26: Luego ven y sígueme.

Lc 15, 11-31: Los dos hermanos.

Lc 16, 19-31: Cambiar aunque no resuciten los muertos.

Lc 19, 1-10: Hoy ha llegado la salvación a esta casa.

Mt 7, 21-23: Hacer la voluntad del Padre.

Mt 16, 24-26: ¿De qué te sirve ganarlo todo, si te pierdes tú?

Mt 28, 16-20: Haced discípulos.

D.   Oración, examen y compromiso en el tema de la llamada que Dios nos hace para seguir a Jesús siendo solidarios con los problemas de los hombres.

La esperanza muerta

El Señor ha llamado a tu puerta:
¡Amigo, amigo, amigo, amigo!
El Señor ha llamado a tu puerta,
pero tú dormías.
No esperes que la noche termine,
no esperes que los sueños acaben.
El Señor ha llamado a tu puerta,
pero tú dormías.
Y su pueblo al pasar te llamaba,
pero tú dormías.
Un enfermo ha gritado hasta la aurora,
pero tú dormías.
Un hombre ha pedido dos céntimos de esperanza,
pero tú dormías.
Mi vecino ha pasado con el odio en el puño,
pero tú dormías.
El Señor ha llamado a tu puerta
y su pueblo al pasar te llamaba,
pero tú dormías.
Pero una mañana, al abrir la puerta,
encontrarás la esperanza muerta.

Aimé Duval

125

13

Los milagros en los evangelios

Uno de los puntos que causan más extrañeza y hasta desdén al lector actual de los evangelios y que incluso ocasiona cierto nerviosismo a muchos creyentes es la narración de milagros obrados por Jesús.

En este tema, es evidente que el primer paso debe ser el concretar lo que con la palabra «milagro» queremos decir nosotros en la actualidad y comprobar si coincide exactamente con lo que querían expresar los autores de los textos bíblicos. Así evitaremos la confusión que puede ocasionar el hablar de distintas cosas con una misma palabra, o al menos podremos constatar las coincidencias y diferencias entre nuestro concepto actual de «milagro» y el que encontramos en la biblia.

1.1. Concepto actual de milagro

El hombre de hoy suele llamar «milagro» (en sentido estricto) a un acontecimiento extraordinario que no se puede explicar desde el punto de vista de las ciencias naturales y que es atribuido, al menos por algunos, a una intervención especial de Dios.

Como podemos observar, lo esencial del concepto, el criterio decisivo para llamar a un suceso «milagro», es que los hechos se salgan de las leyes naturales establecidas por la ciencia, que sea extra-normal, extraordinario. Y queda como absolutamente secundario el «palpar» la presencia actuante de Dios en el suceso.

1.2. Concepto bíblico de milagro

El concepto bíblico de «milagro» es otro. La biblia es una interpretación religiosa de la historia y en sus narraciones no se plantea el problema de si se conculcan o no las leyes de la naturaleza, sino si «se ve» la ayuda salvadora de Dios.

Para la biblia, «milagro» es un acontecimiento sorprendente, aunque no hace falta que sea contrario a las leyes naturales, que el creyente interpreta como señal de la acción salvadora de Dios. A la misma naturaleza, por ejemplo, se le llama «milagro», cuando se experimenta en ella la acción de Dios (Sal 136, 4-7), y es evidente que en este caso no se modifica ninguna ley natural.

Para la biblia, lo esencial para que haya milagro es la experiencia de que Dios favorece al hombre, y considera accidental el que lo sucedido sea extraño al acontecer cotidiano. Lo que la biblia llama señales, signos, maravillas, prodigios, milagros o actos del poder de Dios son fundamentalmente experiencias interiores más intensas que de costumbre, que se podrían definir como la voluntad de que Dios quiere la salvación de los hombres. En el suceso milagroso el creyente experimenta de forma más intensa y clara para él la actuación de Dios en los acontecimientos.

La experiencia interior no admite comprobaciones objetivas y es obvio que en este sentido la ciencia no puede demostrar que «no hubo milagro». Del mismo modo, un suceso externo puede tener interpretaciones diversas, y así nos lo muestran los evangelios (Jn 12, 28: la voz de Dios o un trueno).

La fe bíblica en los milagros no consiste en el convencimiento de que para Dios nada hay imposible, sino, sobre todo, en que Dios quiere y puede dar la salvación a los hombres. Los «milagros» son señales de que esto es así.

La gran diferencia entre lo que el hombre actual llama «milagro» y lo que se entiende por tal en la biblia consiste principalmente en que los dos componentes del «milagro» (la experiencia de lo extraordinario y la experiencia de Dios) son valorados de distinta manera: el hombre actual da todo el valor a lo primero (extraordinario) y el narrador bíblico a lo segundo (lo divino).

2.1. Jesús y los milagros

Los cuatro evangelios coinciden en presentarnos a Jesús como un hombre que hizo milagros y que, al igual que su misma persona, éstos fueron interpretados de distinta manera por los testigos (Mc 3, 22). ¿Cómo hacer nosotros una interpretación correcta de los milagros narrados? El criterio fundamental se nos da en los mismos evangelios: Jesús no es un curandero cuyo fin sea simplemente sanar o hacer cosas sorprendentes, sino que la finalidad última de sus acciones es proclamar que donde Dios ejerce su reinado el hombre se salva.

2.2. Los milagros como pruebas

Los milagros no hacen evidente o incontestable nada, puesto que pueden tener diversas interpretaciones. En este sentido, los milagros no prueban nada. Son sólo indicios o signos que deben ser correctamente entendidos para que cumplan su función. Sólo creyendo en la persona que los hace y explica su sentido se puede entender su auténtico significado.

2.3. Comprobación de los hechos

Puesto que los datos que se nos dan sobre los sucesos son insuficientes, no podemos verificar si hubo o no una auténtica variación de las leyes de la naturaleza o sólo una apariencia de ello o una rarísima casualidad. En la narración no podemos concretar hasta dónde llega la interpretación popular, cuáles son los datos de los testigos presenciales y, sobre todo, qué es lo que pertenece a la forma narrativa o a los posibles simbolismos.

2.4. Narraciones de milagros

En el caso de los milagros de Jesús, nosotros no nos encontramos como testigos ante los hechos, sino como receptores ante las narraciones incluidas en los evangelios.

Una narración es, como sabemos, parte del proceso de comunicación humana (emisor-mensaje-receptor). Unas mismas palabras pueden significar cosas diversas según sea el contexto donde se pronuncien o escriban; por ello, para comprender el mensaje que el emisor nos transmite, es necesario conocer, no sólo el código de la comunicación (escritura, idioma, etc.), sino también y sobre todo la intención o la finalidad del emisor. Sólo así podremos reaccionar adecuadamente aceptando o negando.

Cuando san Mateo (emisor) nos cuenta a nosotros (receptores) una narración milagrosa, necesitamos saber, para entender el mensaje correctamente, cuál era su intención: si espera que lo tomemos como una información objetiva o histórica de algo que ocurrió en un tiempo y lugar, o, por ejemplo, como una imagen plástico-simbólica portadora del mensaje. Si tenemos en cuenta que un mismo hecho es contado por varios evangelistas de forma distinta, hemos de concluir que su principal interés no era histórico. Generalmente, los relatos tienen un fundamento real, pero su género literario no es la historia, es decir, no todo en ellos es histórico.

2.5. Tipos de milagro

Los milagros narrados en los evangelios los podemos clasificar en los siguientes grupos:
- Curaciones.
- Exorcismos.
- Milagros sobre la naturaleza.

– Resurrecciones.

– Milagros concomitantes, es decir, aquellos que acompañan la vida de Jesús, pero que no son realizados por él en otra persona.

2.6. Milagros fuera de la biblia

Aun sin ocuparnos de ello con detalle, es conveniente recordar que no sólo se atribuyen acciones milagrosas a Jesús de Nazaret, sino también a otros personajes bíblicos, como, por ejemplo, a Elías. Del mismo modo hay que señalar que fuera de la biblia las narraciones de milagros son frecuentes.

Los historiadores Tácito y Suetonio narran milagros hechos por el emperador Vespasiano. Cicerón alude a los poderes sobre la naturaleza que tiene Pompeyo. Flavio Josejo y el Talmud hablan de prodigios realizados por algunos judíos. Filóstrato y otros nos cuentan maravillas de Apolonio de Tiana. Tito Livio refiere portentos sucedidos alrededor de Rómulo. Zaratustra, Buda y Mahoma tienen una larga tradición de sucesos sorprendentes, atribuidos a ellos, y numerosas inscripciones, sobre todo en los templos antiguos, dan fe de curaciones milagrosas. Estos son algunos datos para encuadrar con más exactitud estas narraciones que tanto nos extrañan.

3.1. Curaciones

Apenas se puede dudar de que Jesús realizó curaciones sorprendentes, aunque en los relatos que tenemos el núcleo histórico (lo que pasó externamente) lo encontramos metido en el esquema literario usado para narrar milagros de curación y con detalles añadidos posteriormente en función de la finalidad para la que se emplea el relato.

El esquema que se suele seguir dentro y fuera de la biblia para narrar curaciones es el siguiente:

– en primer lugar, se explica el tipo de dolencia, su gravedad y duración;

– en segundo término, se cuenta la intervención curativa (tocar, saliva, palabras, sueño o cumplimiento de las instrucciones divinas);

– por último, se constata la curación acentuando lo instantáneo de la misma y alguna acción que es prueba de que se ha efectuado.

3.2. Exorcismos

Está bien testificado que Jesús curó o liberó a personas que padecían enfermedades designadas por sus contemporáneos como posesión diabólica. Al igual que otros relatos, tampoco éstos se compusieron como acta notarial, sino dentro de un esquema literario y en función del mensaje evangélico.

Los exorcismos son bien conocidos en otras literaturas, y los mismos evangelios nos citan otras personas que hacen exorcismos.

El esquema expositivo en este caso es el siguiente:

– descripción del estado del poseso;

– encuentro con el exorcista;

– intento de evasión del demonio;

– orden del exorcista;

– salida del demonio con demostración;

– reacción de los espectadores.

En el caso de Jesús, esto tiene algunas peculiaridades en la fórmula de denominación de los demonios, la orden de guardar silencio y las preguntas y admiración de la gente.

La cuestión de si eran demonios o si existía el mal personalizado no se nos da resuelta por el Nuevo

Testamento, aunque sí afirma claramente que el mal es superado por Cristo.

3.3. Milagros de la naturaleza

Al igual que sucede en las curaciones y exorcismos, los textos que nos hablan de milagros sobre la naturaleza están en función de la predicación.

En este apartado podemos considerar que se encuentran: la conversión del agua en vino, la multiplicación de panes y peces, la pesca milagrosa, Jesús caminando sobre las aguas, la tempestad calmada, la maldición de la higuera y quizá algún otro episodio.

No podemos afirmar si y hasta qué punto estos milagros se remontan a sucesos reales en la vida del Jesús histórico, no porque creamos que son imposibles, sino por la índole literaria y teológica de los textos, por su fuerte sentido simbólico y por su carácter de reflexión teológica sobre el Antiguo Testamento.

La conversión del agua en vino, ¡setecientos litros!, destaca la idea de abundancia, que se entiende siempre como signo de que ha llegado la era de la salvación.

Estos milagros no gozan de la misma probabilidad histórica que las curaciones o exorcismos. Su carácter simbólico es mucho más acentuado.

3.4. Resurrecciones de muertos

Según los evangelios, Jesús resucitó tres muertos (Mc 5, 35-43; Lc 7, 11-17; Jn 11, 38-46). Algunos de estos relatos son muy parecidos a los que se refieren sobre Elías (1 Re 17, 17) o sobre Apolonio de Tiana, y de todo el material de las fuentes no se puede deducir con seguridad que haya vuelto a la vida un auténtico difunto.

3.5. Milagros concomitantes

Aquellos sucesos inexplicables que tuvieron lugar en Jesús o con ocasión de él en distintas ocasiones de su vida es lo que llamamos milagros concomitantes. Por señalar algunos ejemplos: la concepción virginal, voces divinas en su bautismo, transfiguración, fenómenos en el momento de su muerte, ascensión, etc.

También son fuertes sus relaciones simbólicas con el Antiguo Testamento e incluso con modos clásicos de narrar (muerte de César, ascensión de Rómulo, etc).

4.1. El milagro como signo

El milagro es un signo cuya significación capta el creyente, mientras que el no-creyente se pregunta qué querrá decir. La situación es parecida a la comprensión de los signos de tráfico: el que sabe el código, recibe el mensaje, pero quien lo ignora se pregunta qué querrá decir. El milagro no es una prueba. Uno no se convierte a causa de un milagro, sino por lo que cree que significa ese milagro. Cada época y cultura necesitarán un tipo distinto de signos para que se sientan interpelados los que los perciben. Tal vez en la actualidad los signos de Dios salvador haya que buscarlos en realidades distintas a las del tiempo de Jesús.

4.2. ¿Milagros hoy?

Si el milagro es un signo que quiere decir: «donde Dios reina, el mal es vencido y el hombre se libera y

se salva», ¿qué milagros hay o puede haber hoy? Está claro que de los directamente efectuados por Jesús sólo tenemos las narraciones, pero no los hechos vivos; entonces, ¿qué signos, qué realidades pueden servirnos de signos, para manifestar la presencia salvadora del reino? Para ser adecuados a nuestra época, deberán ser percibidos desde la fe como señales de Dios salvador y desde la no-fe como interrogantes comprometedores.

La pregunta sobre qué ocurrió entonces tiene poca importancia al lado de esta otra: ¿cómo puedo ser yo milagro para las personas con quienes vivo?, ¿cómo se puede ver en mí la presencia de Dios que salva? El discípulo de Jesús ha de contestar a todo ello, pero también ha de dejarse interrogar por todo aquello que en la naturaleza o la historia haga explícito el deseo de Dios de llevar a los hombres hasta la felicidad plena.

BIBLIOGRAFIA

A. Weiser, *¿A qué llama milagro la biblia?* Paulinas, Madrid 1979.

W. Trilling, *Jesús y los problemas de su historicidad.* Herder, Barcelona 1975, 115-125.

H. Küng, *Ser cristiano.* Cristiandad, Madrid 1977, 284-299.

E. Charpentier, *Para leer el Nuevo Testamento.* Verbo Divino, Estella 1981, 65-68.

Varios, *Los milagros del evangelio.* Verbo Divino, Estella 1978.

B. A. Dumas, *Los milagros de Jesús.* DDB, Bilbao 1984.

C. Tresmontant, *La doctrina de Yeshúa de Nazaret.* Herder, Barcelona 1975, 27-45.

J. A. Pagola, *Jesús de Nazaret.* Idatz, San Sebastián 1981, c. IV.

P. Babin, *He aquí al hombre.* Marova, Madrid 1971, cuadernillo n. 9.

W. Kasper, *Jesús, el Cristo.* Sígueme, Salamanca 1976, 108-121.

J. I. González Faus, *Clamor del reino.* Sígueme, Salamanca.

X. Léon-Dufour, *Los milagros de Jesús.* Cristiandad, Madrid 1979.

F. Mussner, *Los milagros de Jesús.* Verbo Divino, Estella 1970.

Vida de Apollonios de Tianes (Clásicos Bergua). Madrid 1965.

López Vigil, *Un tal Jesús.* Loguez, Salamanca 1982, c. 53-88-89.

ACTIVIDADES

A. Infórmate en un diccionario ideológico o filosófico sobre el concepto de signo, señal o símbolo. Relaciónalo primero con las señales de tráfico y luego con los milagros.

Dialogar sobre la actual ola de esoterismo y sus posibles interpretaciones (adivinos, ovnis, horóscopos, nigromancia, cartomancia, quiromancia, amuletos, etc.).

Constatar cómo cada uno vemos e interpretamos la misma realidad de distinta manera. Puede hacerse recalcando lo que sería preferentemente objeto de atención en un mismo bosque para un cazador, un ecologista, un leñador, un fotógrafo, un constructor, un pintor, un agente de viajes, etc.

B. Explicar el concepto bíblico de milagro contrapuesto al concepto moderno. Resaltar las diferencias.

¿Son los milagros prueba de algo? ¿Por qué?

Enumera algunas formas típicas de narrar milagros.

Recuerda algunos milagros que no sean narrados por la biblia.

Clasifica los milagros atribuidos a Jesús.

¿De qué es signo el milagro?

¿Hay milagros hoy? ¿En qué sentido? ¿Cómo suplir el papel que en otro tiempo cumplían los milagros?

C. Comparando los siguientes textos, sacar lo que tienen de común. Pueden realizarse otros ejercicios contenidos en el libro *¿A qué llama milagro la biblia?* Paulinas, Madrid 1979.

Lucas

Jesús se dirigió poco después a un pueblo llamado Naín, acompañado de sus discípulos y de bastante gente. Cuando llegó cerca de la puerta de la ciudad, sacaban a enterrar a un hijo único, cuya madre era viuda. Una buena parte del pueblo seguía el funeral.

Al verla, el Señor se compadeció de ella y le dijo: «No llores».

Después se acercó hasta tocar el ataúd. Los que lo llevaban se detuvieron. Entonces dijo Jesús: «Joven, yo te lo mando: levántate». El muerto se sentó y se puso a hablar. Y Jesús se lo devolvió a su madre. El temor se apoderó de todos y alababan a Dios diciendo: «Un gran profeta ha aparecido entre nosotros. Dios ha visitado a su pueblo». Con este hecho, la fama de Jesús se extendió por toda Judea y por las regiones vecinas (7, 11-17).

Filóstrato

Una joven prometida en matrimonio pareció morir, y el novio iba detrás de quienes la llevaban a enterrar, lamentándose de la temprana muerte de su prometida. Roma lloraba con él, pues la joven pertenecía a una familia de cónsules. Apolonio acudió al duelo y sintió gran compasión.

Entonces dijo: «Detened el féretro. Yo secaré las lágrimas que derramáis por la joven». Y al instante preguntó cómo se llamaba. La multitud pensó que se disponía a pronunciar un discurso fúnebre, como es costumbre con motivo del sepelio, a fin de incitar al duelo por el difunto. Pero en lugar de ello tocó a la joven y le susurró algo al oído. Entonces él la despertó de la muerte aparente. Y la joven habló y se marchó a casa de su padre, lo mismo que Alcestis cuando fue vuelta a la vida por Hércules. Los parientes de la joven querían regalar 150.000 sestercios a Apolonio, pero él dijo que quería añadírselos a la doté.
Ni yo ni quienes presenciaron el suceso podemos despejar la dificilísima incógnita de qué fue lo que hizo Apolonio: si descubrió la única chispa de vida que aún quedaba en la joven y que los médicos no habían advertido, o si bien se había apagado la vida y se rehizo de nuevo al calor del tacto (IV, 45).

Comentar el siguiente texto:

«Debo ahora referirme todavía a una cuestión algo peliaguda, a la que ya hice referencia anteriormente; se trata de los milagros en la religión.

La generación de mi padre discutía esta cuestión todavía con apasionamiento. A partir de entonces se ha producido en occidente una especie de alto el fuego, mientras que en los estados comunistas del este el ateísmo se ha convertido en religión de estado. No es bueno atizar conflictos de tal naturaleza, pero puesto que estoy hablando acerca de los límites científicos del conocimiento del mundo, sólo puedo decir que no creo en una transgresión de las leyes de la naturaleza. Puesto que estas leyes son de tipo estadístico y permiten por tanto desviaciones de la norma, debo precisar cuál es mi opinión. Las propias desviaciones estadísticas satisfacen determinadas reglas. Los maravillosos acontecimientos que nos relata la tradición religiosa son, sin embargo, de otro tipo, se sitúan en otro plano; están para demostrar algo, algo que está más allá de toda consideración científica; se trata de la potencia de la plegaria, la intervención de fuerzas extraterrenas en favor o en contra de determinados hombres o pueblos. Se ha debatido tan a menudo y con tanta energía, que no creo necesario detenerme más sobre el tema. Deseo solamente referirme de nuevo a lo que ya mencioné antes en relación con otra cuestión: la propia naturaleza me parece tan maravillosa, precisamente por sus leyes y su orden, que la creencia en el incumplimiento de tales leyes me parece una profanación del orden divino».

(Max Born, *La responsabilidad del científico.* Labor, Barcelona 1968).

D. Describir con cierta amplitud los conceptos de voto, exvoto y promesa.

Establecer un debate o diálogo sobre el tema: la fe, la ciencia y los milagros.

Hacer una pequeña lista de los santos abogados o protectores de determinadas dolencias o problemas.

Valorar cómo el concepto bíblico de milagro está muy por encima de esoterismos o devociones supersticiosas.

E. Divididos en cuatro equipos, confeccionar una lista de obras de pintura, literatura, cine y teatro en las que se presenten milagros o de alguna manera el milagro intervenga en el tema.

F. Realizar un mapa turístico en color haciendo constar los santuarios o lugares de tu región donde se dice que ocurrieron hechos milagrosos. Asimismo hacer también una información escrita sobre ellos para uso de los visitantes o del supuesto guía de esta ruta del milagro.

En una métrica propia de romance, narrar un suceso milagroso tradicional o inventado. Entre los inventados podría caber el milagro que consideres más necesario para nuestro mundo. Dibujar también el cartón de cuadros explicativos, imitando al que usaban en tiempos pasados los que contaban romances o historias públicamente. Puede servir de modelo *Milagros de Nuestra Señora,* de Gonzalo de Berceo.

PARA LA REFLEXION DE FE

A. ¿Has comprendido la función que cumplían en otros tiempos los milagros? ¿De qué forma se podría cumplir hoy por otros procedimientos? ¿Cómo hacer sentir a otros la presencia o la actuación de Dios? ¿De qué forma podemos ser testigos de ello?

¿Qué personas, cercanas o lejanas, te han servido en la vida para acercarte a Dios? ¿Cómo cumplieron ese papel? ¿A quién conoces actualmente que te parezca persona auténticamente cercana a Dios? ¿Por qué?

B. ¿De qué formas nos parece que la gente descubre más fácilmente al Dios de Jesús? ¿Qué podemos y deberíamos hacer nosotros?

¿Hasta qué punto un auténtico testimonio cristiano es interpretado hoy por la gente de forma correcta? La iglesia como grupo ¿es para los no cristianos signo que les hace interrogarse sobre su mensaje y su Dios?

C. A la luz de la palabra

Mt 5, 16: Al ver vuestras buenas obras...

Mt 9, 8: Gloria a Dios que da tal poder a los hombres.

Mt 12, 28: Es que ha llegado el reino de Dios.

Mt 20, 32-34: Y le siguieron.

Jn 2, 23: Creyeron muchos.

Jn 9, 1-40: Los que no quieren ver.

Hch 9, 32-35: Se convirtieron.

D. Relacionar la necesidad de que seamos presencia significativa como una especie de sustitutivo del milagro. Oración y compromiso en este aspecto.

Tal vez me llame Jonás

Yo no soy nadie:
Un hombre con un grito de estopa en la garganta
y una gota de asfalto en la retina.
Yo no soy nadie. ¡Dejadme dormir!
Pero a veces oigo un viento de tormenta que me grita:
'Levántate, ve a Nínive, ciudad grande, y pregona contra ella'.
No hago caso, huyo por el mar y me tumbo en el rincón
más oscuro de la nave,
hasta que el viento terco que me sigue
vuelve a gritarme otra vez:
'¿Qué haces ahí, dormilón? ¡Levántate!'.

Yo no soy nadie:
un ciego que no sabe cantar. ¡Dejadme dormir!
Y alguien, ese viento que busca un embudo de trasvase,
dice junto a mí, dándome con el pie:
'Aquí está; haré bocina con este hueco y viejo cono de metal;
meteré por él mi palabra y llenaré de vino nuevo la vieja cuba del mundo.
¡Levántate!

León Felipe

14

La causa de los pobres

De entre todos los bloques literarios del Nuevo Testamento es el sermón de la montaña –así se suele llamar al discurso de las bienaventuranzas– el que sigue suscitando hoy las reacciones más encontradas. Unos lo ven como algo tan sublime que resulta irreal, y es imposible contar con él a la hora de tomar decisiones auténticamente realistas. Otros, tratando de reivindicar la tierra y la vida, se enfrentan de manera hostil a estas proclamas como si fuesen la más clara negación de los valores por ellos defendidos. De cualquier modo, el tema es interesante en sí, ya que se habla de la felicidad y todo hombre está interesado en ella.

Lo que las bienaventuranzas piden es, ante todo, una toma de postura, cualquiera que ésta sea. No es aceptable el convertirlas en un bello poema o en un objeto de museo que se admira y no se usa.

Por otra parte, en las bienaventuranzas se nos muestra el Dios de Jesús como especialmente diferente del dios de la filosofía o de las religiones. El Dios de la biblia interviene en la historia y toma partido en favor de los pobres. El dios de la filosofía y de las religiones, por una pretendida neutralidad que supone un efectivo y real apoyo a los poderosos, no manifiesta preferencia alguna. Es este un punto diferenciador y, como tal, de examen para que el discípulo de Jesús distinga con claridad a qué divinidad está adorando.

1. LOS TEXTOS

Respecto al sermón de la montaña, es comúnmente admitido que no se trata de la transcripción de un discurso o conferencia de Jesús, sino que más bien son frases y palabras del Señor separados en el lugar y en el tiempo de su pronunciación y unidos después para enseñanza de los nuevos cristianos que no habían conocido físicamente a Jesús. Queda por ello en símbolo o en mero nexo literario de unión el detalle de que se pronunciasen en un monte, como dice Mateo, o en una llanura, como dice Lucas.

Dos son las versiones que han llegado hasta nosotros: la de Mateo y la de Lucas. Las dos han tenido como fuente la misma tradición, pero contienen diferencias no sólo de forma, sino también de fondo. Las comunidades a las que cada evangelista se dirigía estaban en distinta situación y sus respectivos escritos tratan de explicarlas y aplicarlas de la manera más conveniente en cada caso.

2. LAS BIENAVENTURANZAS SEGUN SAN LUCAS

La versión que nos da Lucas es seguramente la más antigua y parece coincidir más con el estilo verbal del mismo Jesús. La proclamación habría tenido lugar en una llanura y el texto nos da cuatro bienaventuranzas seguidas de cuatro maldiciones (Lc 6, 20-26). En otro lugar de su obra se incluyen seis maldiciones más repartidas por igual entre fariseos y escribas (Lc 11, 42-52).

En cuanto al contenido, se puede decir que la felicidad o bienaventuranza de que Lucas habla es ya presente (¡felices ahora!) y es aplicable a los pobres y perseguidos, entendiendo por tales a los que lo son físicamente: no tienen bienes materiales, tienen hambre de pan y son perseguidos por las autoridades de forma policial. Se habla de los que social y económicamente son pobres o indigentes en sentido material. No aparece desde luego ninguna alabanza a la pobreza, que se ve como un mal que deshumaniza al hombre. Se afirma que son felices ahora, que tienen suerte ahora y no se expresa un deseo de que la tengan o se asegura que la tendrán en el cielo o el día del juicio. No se dice tampoco que los pobres estén más capacitados para ser felices o que sean más agradecidos o éticamente mejores. Los pobres, como todos, tienen valores y contravalores. El motivo que se da es un hecho objetivo: su pobreza. Es verdad que el rico fácilmente se hace materialista, olvida a sus hermanos y queda absorbido por el ídolo del tener, acumulando sin necesidad y poniendo su confianza en el dinero, pero también el pobre tiene que convertirse y seguir el camino de Jesús.

Lucas no dice lo que tiene que hacer el pobre, sino que asegura que Dios desea un mundo con unas relaciones de justicia y, por ello, los que han acogido el reino, lo que creen en él, han de ponerse de parte del pobre y hacer causa común con sus justos deseos de salir de la pobreza. Los pobres están de enhorabuena, no porque la pobreza sea un bien que haya de ser conservado, sino porque los que sigan a Jesús se pondrán de su parte y les ayudarán a vencer y salir de su situación.

Se cuestiona por tanto a la comunidad de discípulos, a la iglesia, para que tenga como principal punto de compromiso la solidaridad con los pobres y perseguidos. La bienaventuranza puede quedar frustrada, no por equivocación de Jesús, sino porque sus seguidores pretendan ser cristianos sin sumarse a la causa de los pobres. Aquí tendrán un test de autenticidad.

---

3. LIBERAR DE LA ESCLAVITUD DE LA POBREZA

En tres pasos fundamentales se puede estructurar una liberación de la pobreza:

En primer lugar, eliminando las servidumbres humanas de injusticia, paro, formas de miseria, opresión social y toda forma de marginación. *Ante el sufrimiento humano hay que tratar de remediarlo sin tardanza y además de eliminar sus causas.*

En segundo término, *humanizarnos cada vez más, de manera que el liberado de la necesidad no caiga en un materialismo que le haga ser pieza de opresión para otros.*

Un tercer aspecto: *dar también un sentido trascendente que permita unas relaciones con el Dios de Jesús.*

Estas podrían ser las etapas de un compromiso cristiano de solidaridad efectiva con la causa de los pobres.

---

4. LAS BIENAVENTURANZAS SEGUN SAN MATEO

San Mateo, que nos coloca el discurso como pronunciado en un monte (¿el nuevo Sinaí?), presenta nueve bienaventuranzas (Mt 5, 3-12). En otro lugar hace constar siete maldiciones contra los escribas y fariseos (Mt 23, 13-21).

Peculiar es en Mateo la coletilla que añade a la primera bienaventuranza: «pobres de espíritu». Quizá ella nos sirva para comprender mejor que Mateo no se refiere a las mismas personas que Lucas. No todos los pobres son «pobres de espíritu». Las bienaventuranzas de Mateo no se refieren a unas simples situaciones objetivas externas, como en el caso de Lucas, sino que requieren una actitud interior. Desde luego que para Mateo no son pobres, y por tanto no lo pueden ser «de espíritu», ni los austeros, ni los desasidos, ni siquiera los que solidaria y fraternalmente luchan por la causa del pobre. Todo esto es positivo, pero no es el objeto de la bienaventuranza. Para ser pobre de espíritu se requiere en primer lugar ser económicamente pobre. Se requiere además una actitud de abandono en manos de Dios. Hay que evitar que a los pobres se les quite lo único que tienen en propiedad exclusiva: el nombre. Pobre es el que padece unas carencias materiales involuntariamente.

El evangelio de Mateo, que es sobre todo un manual de vida cristiana que los catequistas usaban en su función de instruir en la fe a los nuevos convertidos, da a las bienaventuranzas esta orientación catecumenal.

Para Mateo, las bienaventuranzas son señal y signo de la nueva vida de los creyentes; por ello las transforma, les da profundidad y crea otras nuevas. Pide ser pobre incluso de espíritu, no imponerse a los demás (ni económica, ni psicológica ni ideológicamente), no aprovecharse de los otros. No se habla ya aquí de los hambrientos de pan, sino de los que tienen hambre y sed de justicia, es decir, de los que desean desde lo más profundo de su interior que los hombres lleguen a su plenitud, y por tanto que este mundo, sus relaciones y estructuras caminen en esa dirección. Se entiende por justos, en este caso, a los que han amado hasta el fin a sus hermanos pequeños en la tierra. Todos éstos y los perseguidos por causa de Jesús y su justicia tienen ya el talante de la nueva sociedad.

Hay además en Mateo tres bienaventuranzas nuevas que hablan de los misericordiosos, los limpios de corazón y los constructores de la paz. El misericordioso representa al que es solidario «a fondo perdido» y perdona siempre como y porque Dios perdona. El limpio de corazón es aquel que, esforzándose por superar la religiosidad de las formas externas (Mt 23), consigue una nitidez y transparencia que se expresan como aceptación del misterio de Dios y servicio absoluto hacia los otros, mantiene los ojos abiertos al sentido de la vida y puede ser capaz de descubrir a Dios desde la tierra. El que pone los fundamentos de la paz no es el meramente pacífico, sino aquel que se empeña en edificar un mundo nuevo donde los hombres se acepten mutuamente, donde se ayude a los pequeños, donde se ofrezca a todos la posibilidad de realizarse. Esto lleva consigo un cambio de estructuras y de formas de relación y valoración.

Todas las actitudes enumeradas como facetas o ángulos distintos del talante de los que pertenecen al reino no se entienden como meros sentimientos internos, sino que requieren un compromiso práctico y eficaz con el necesitado dándole el propio ser y el propio tener, es decir, volcándose en su ayuda. Así, como el samaritano de la parábola (Lc 10, 25-37), se puede llamar a los demás hombres «hermanos».

5. EL ESPIRITU DEL SERMON DE LA MONTAÑA

En las bienaventuranzas encontramos en primer lugar una llamada a un nuevo tipo de relación interhumana mediante la superación de la agresividad. Hay en ellas también un anuncio revolucionario contra el infortunio vigente, que se juzga injusto, y una proclamación esperanzada de que la dicha vendrá con la justicia del reino. Incluyen, como se puede ver, lo que hoy se llama una «utopía».

Las bienaventuranzas son también la irrupción ya presente del amor de Dios que hace justicia al pobre, no mediante la venganza, sino por medio de la acción bienhechora. Es una actuación en la misma historia que habrán de realizar los hombres y que, más allá de la historia, llevará a la consumación la intervención directa de Dios.

Como exhortaciones a un talante muy determinado de solidaridad y superación de la agresividad, no se pueden entender más que desde el amor y la utopía. No se trata de ascetismo, autodominio, imperturbabilidad o paz, como podría corresponder al budismo. Tampoco tienen su raíz en una mística pesimista del hombre como pecador nato, que ha de sufrir para pagar sus culpas.

Las bienaventuranzas son sobre todo el rostro de la auténtica iglesia que ha de expresar en la historia el espíritu de Jesús.

BIBLIOGRAFIA

J. Gómez Caffarena, *La entraña humanista del cristianismo*. DDB, Bilbao 1984, c. 6 y 15.
H. Küng, *Ser cristiano*. Cristiandad, Madrid 1977, 333-349.
I. Ellacuría, *Conversión de la Iglesia al Reino de Dios*. Sal Terrae, Santander 1984, 129-151.
«Jesus Caritas» (nov.-dic. 1979).
«Misión abierta», n. 1 (enero 1977).
«Biblia y fe», n. 26 (mayo-agosto 1983).
«Communio», n. VI/81.
«Imágenes de la fe», n. 103.

AUDIOVISUALES

La humanidad espera la liberación. Paulinas, 24 diap. 3' 22".
La isla. COE, 56 diap. 17'.
La isla habitada. COE, 60 diap. 15'.
Profetas del porvenir. Tres Medios, 126 diap. 27'.
Tú eres la esperanza de mi pueblo. Paulinas, 42 diap. 7' 45".

ACTIVIDADES

A. ¿Qué entiendes por felicidad? ¿Cómo la definirías?

Enumera tipos de carencias humanas, por ejemplo enfermedad, incultura, hambre, etc.

¿Cuáles son las manifestaciones de pobreza y carencias que tú puedes comprobar directamente?

¿Quiere Dios por igual a los ricos y a los pobres? ¿De qué modo?

B. ¿A qué se llama «sermón del monte» o bienaventuranzas? ¿Cuántas versiones han llegado hasta nosotros? ¿Qué características tiene la versión de san Lucas? ¿Qué características tiene la versión de san Mateo? ¿Qué importancia tienen las bienaventuranzas a la hora de identificar a los seguidores de Jesús?

C. ¿Cómo sacaríamos de forma matemática cuál es la cantidad de dinero a partir de la cual se puede llamar pobre al que esté por debajo de ella?

Con el esquema literario de las bienaventuranzas, redactar otras actualizadas. Pueden servir de ejemplo las siguientes:

Bienaventurados los jóvenes...

* Los que no estáis contentos de cómo se va estructurando este mundo que aún hace más pesados los males que agobian a los hombres.

* Los que tenéis un concepto claro de que los hombres no somos cosas.

* Los que sabéis y podéis escapar del consumismo y del erotismo alienador.

* Los hartos de «diversión», que buscáis el oxígeno de la montaña o del mar, del gozo y de la fiesta.

* Los que habéis tenido la suerte de descubrir el verdadero Jesús de Nazaret entre tantas imágenes falseadas.

* Los que creéis en Jesús, en la originalidad del evangelio, en el amor operativo y a su luz revisáis vuestras actividades.

* Los de corazón generoso, que vivís gratuitamente para los demás con disponibilidad y alegría, al servicio de los más pequeños y de los más pobres.

* Los que sois testimonio de hermandad contagiosa en un mundo dividido y enfrentado.

* Los valientes y humildes, que habéis encontrado en Jesús de Nazaret el amigo que os da la mano y ahora queréis seguirlo sin miedo hasta lo más alto del camino.

* Los llamados por Jesús a que vuestra vida sea una «llamada» para todos los hombres de todas las razas.

* Los que os sabéis enviados por él para proclamar gozosamente la buena noticia, ser ministros de la eucaristía y pastores de una iglesia renovada y viva.

(Mons. Moncada).
Obispo de Solsona

D.   Averiguar en informes económicos (FOESSA o Banco de Bilbao, por ejemplo) la renta per cápita de las distintas provincias españolas y comprobar su desigualdad.

Comentar si puede hoy un país ser justo aisladamente.

Juzgar el comportamiento de los países ricos (norte) en sus relaciones con los países pobres (sur).

¿Qué medidas efectivas crees que deberían tomarse?

¿Qué estás dispuesto a hacer tú?

E.   En grupo de componentes impares, para que no haya empates en las decisiones, discutir y decidir por mayoría cuál debe ser el comportamiento nuestro ante los que piden limosna en la calle. Poner en común lo decidido razonando el porqué.

Divididos en grupos, se reparten los capítulos que cada uno debe de leer a fin de hallar en los evangelios sinópticos la opinión de Jesús sobre la riqueza o los ricos. Posteriormente poner en común lo hallado y comentarlo.

F.   Hacer unos gráficos en color de los datos de renta per cápita siguientes:

Alemania Federal	12.054
Kuwait	11.431
Estados Unidos	10.732
Reino Unido	8.662
España	5.111
Brasil	1.070
Filipinas	655
Pakistán	383
Burundi	210
India	192
Etiopía	89
Chad	70

(Renta 1980, en dólares)

Dibujar el mapa del hambre mundial.

Realizar un mural-collage sobre John Lennon apoyándose en el siguiente tema de «Imagine»:

Imagina que no haya posesiones,
no sé si podrás;
que no haya necesidad, codicia o hambre,
sino una hermandad de hombres;
imagínate a todo el mundo
compartiendo todo el mundo.
Dirás que soy un soñador,
pero no soy el único;
espero que algún día te unirás,
y el mundo será uno.

Montar un mimo sobre este o parecido esquema:

1.º El grupo con las manos cerradas se pega entre sí. La mitad más uno hacen de personas con handicap: cojos, ciegos, mancos.

Se montan unas pruebas (saltar, coger, encontrar) que los dificultados no pueden hacer. Los otros se burlan de ellos y los echan del grupo.

Al final, una voz en off lee: «Las manos cerradas sirven para pegar. No ayudan al débil, ni animan al triste. Las manos cerradas no dan».

2.º Uno se está ahogando, otro intenta ayudarle, pero con las manos cerradas no puede. Las abre y lo logra. Los demás aplauden y le felicitan.

La voz en off lee: «Manos abiertas para ayudar. Manos abiertas para animar. Manos abiertas para acoger».

3.º Un peso imaginario no se puede arrastrar. Lo van intentando, sumándose uno a uno a los esfuerzos del primero. Cuando están todos, el peso se arrastra.

La voz dice: «Manos unidas. Si todos los chicos del mundo se dieran la mano, podrían moverlo. Si todos los chicos del mundo se dieran la mano, no quedarían dedos para apretar el gatillo ni el débil se podría hundir».

PARA LA REFLEXION DE FE

A. ¿Es la solidaridad con los pobres un tema marginal en el evangelio de Jesús?

¿En qué contribuyes de hecho tú a paliar el problema del hambre y la injusticia y en qué contribuyes de hecho a aumentarlo?

¿Qué cauces conoces por los que puedes devolver a países del tercer mundo aquello que, a través de las injustas estructuras actuales, llega a tus manos?

B. Ponemos en común nuestras ideas sobre el tema.

Juzgamos nuestro comportamiento y el de la iglesia poniendo el acento más en el qué vamos a hacer que en la crítica de lo que no se hace.

Aplicamos nuestro concepto de reino de Dios sin reducir la salvación ni a lo material ni a lo espiritual.

Leemos y comentamos las bienaventuranzas.

C. A la luz de la palabra
Mt 5, 1-12: Espíritu de pobres.

Mt 9, 10-13: Antes la solidaridad que el culto.

Mt 18, 1-4: Ese es el mayor.

Mt 19, 23-26: La riqueza.

Mt 25, 31-46: El tema del último examen.

Lc 6, 20-38: Estad del lado de los pobres.

Lc 19, 1-10: Cómo llega la salvación.

Lc 10, 30-37: Solidaridad en el camino de la vida.

D. Meditamos alguna de las siguientes citas:

«No nos corresponde juzgar a los demás, declararlos buenos o malos, fieles o infieles, pues la distinción entre buenos y malos desaparece si tú eres bueno para con los demás. Si es que hay malos, entonces examínate la conciencia: tú has cerrado el corazón y no has ayudado al otro a crecer. La miseria del mundo nunca es una disculpa o un motivo de huida, sino una acusación contra ti. No eres tú quien debe juzgar la miseria, sino que es la miseria quien te juzga a ti y a tu sistema y muestra sus defectos» (Carlos Mesters).

Versión esencializada de las bienaventuranzas:

«Bienaventurado el que ama y ha descubierto la dicha de compartir el mundo.

Bienaventurado quien no se aísla en su pequeñez pensando ilusamente que con eso se va a 'realizar'.

Bienaventurado el que ama la vida tal como ella es y no como él tiende a representársela.

Bienaventurado el humano que es capaz de acoger al otro humano más allá de toda consideración de las ventajas que le pueda traer; por encima de las simples leyes de la atracción biológica, por encima también de sus reacciones agresivas. Que ha entendido el perdón sin memoria y la ternura sin retorno.

Bienaventurado el que ha llegado a concebir el inmenso proyecto de la universalidad reconciliada, porque eso ha sido querer realizar a Dios en su imagen; y vivirá así de una comunicación de la plenitud divina.

Bienaventurado el que es consciente de que en su pequeñez es puro don y gracia; y sabe sin embargo sentirse desde ella como responsable del entero reino de la justicia, partícipe de una mirada divinamente maternal hacia los más débiles y dolientes, las víctimas de la opresión.

Bienaventurado quien no se escandaliza de la pequeñez humana, ni la propia ni la ajena; y cree que es posible que esa pequeñez florezca en la grandeza de una fraternidad sin fronteras.

Bienaventurado quien no se escandaliza de las caricaturas en que el hombre se ha desfigurado en su desconcierto por esa pequeñez y en su deseo desorientado de grandeza individual. Bienaventurado quien acepta el dolor de la lucha sin odio por la superación de esa desviación, por el alumbramiento de la verdad.

Bienaventurado quien es capaz de ver la posibilidad de la paz anticipada, quien comprende que la violencia es promesa engañosa, quien encuentra fecundo creer en la bondad nativa del corazón humano; quien se decide a desarmar con la mansedumbre los baluartes de la fuerza.

Bienaventurado quien no se escandaliza de que el dolor y la muerte tengan su tiempo que nunca cabe definitivamente eliminar; quien no se escandaliza de que al reino no se pueda llegar sin el fracaso. Bienaventurado quien cree que una muerte prematura de profeta es también eternamente fecunda».

J. Gómez Caffarena

Tratamos el tema: «Nosotros y el dinero».

De las conclusiones sacamos compromisos factibles y comprobables.

15

El conflicto

La postura adoptada por Jesús respecto a la ley, el templo, los poderosos de todo tipo y, en general, todo lo que esclavizaba al hombre oscureciendo el rostro de Dios, le condujeron a una confrontación con los poderes de Israel. Los responsables de las instituciones religiosas y políticas vieron en él una amenaza que sólo se podía solventar con su eliminación. «¿No caéis en la cuenta de que es mejor que muera uno solo por el pueblo y no que perezca toda la nación?» (Jn 11, 50).

1. LA LEY DE MOISES

Para un judío, la ley era algo de suma importancia. Se la designaba en hebreo con la palabra Torá que significa «enseñanza» y que se refería, en concreto, a la enseñanza recogida durante mucho tiempo y atribuida a Moisés. Esta enseñanza se contenía en los cinco primeros libros de la biblia, el Pentateuco. En la traducción al griego que hicieron los Setenta, el término fue traducido por «nomos», es decir, ley. Por tanto, cuando hablamos de la ley, nos referimos al Pentateuco y, más exactamente, al conjunto de normas jurídicas, morales y rituales que se contienen en estos libros.

Conocemos por la historia de Israel que, a partir del destierro en Babilonia, las costumbres tradicionales y sobre todo las llamadas enseñanzas de Moisés se convirtieron en una especie de «patria portátil». Este conjunto de directrices, que llamaban la Torá, era cumplido por cada judío dondequiera que estuviese y constituía la expresión más patente de este pueblo. Sin estos comportamientos pecu-liares, en nada se distinguirían los judíos de otras gentes y viviendo, como lo hacía la mayor parte, en países extraños, hubiesen sido absorbidos rápidamente por otras culturas y hubieran desaparecido como pueblo. Por conservar y cumplir la ley, murieron muchos a manos, por ejemplo, de aquellos gobernantes griegos que quisieron hacerlos cambiar de creencias, cultura y costumbres. Atentar contra la ley era atentar contra la existencia misma del pueblo judío como tal pueblo. La Torá se halla para los diversos grupos más allá de toda discusión y cumple el papel que hoy tienen las constituciones modernas. Todo el legado cultural de Israel está resumido en la ley. Lo que ha sido, lo que es y lo que será está contenido en ella. Por ella se regulan, en nombre de Dios, no sólo la vida religiosa o moral, sino todo el orden político y social del pueblo.

Este gran aprecio por la ley hizo que se la rodease de una barrera protectora de interpretaciones y clasificaciones minuciosas cuyo número era incalculable. Baste como dato recordar que los mandamientos habían llegado a ser 613, divididos en 365 prohibiciones y 278 preceptos positivos. La casuística era abundantísima, rebuscada y hasta ridícula a veces, en un intento de conocer en toda circunstancia lo que había que hacer.

La veneración a la ley se manifestaba también en signos externos. Para simbolizar que ella debía guiar los pensamientos y el sentir de todo fiel judío, muchos llevaban cintas y cajitas con fragmentos escritos de ciertos pasajes de la ley colocadas en la frente o sobre el corazón, que se llamaban filacterias. Por supuesto que la enseñanza a los niños judíos, Jesús incluido, se hacía con textos de la Torá. Saberla de memoria y practicarla literalmente era la meta del judío piadoso.

2. LOS FARISEOS Y LA LEY

En tiempos de Jesús, los fariseos eran el grupo que más se distinguía por tratar de cumplir la ley de forma escrupulosa y detallista. Ellos se consideraban el verdadero Israel y tenían a la ley como el gran don de Dios. Pero no se limitaban al cumplimiento de lo escrito en el Pentateuco, sino que aceptaban con la misma fuerza obligatoria la interpretación o tradición de los antiguos. Con ello construían una cerca protectora alrededor de la ley para evitar cualquier

infracción inadvertida. Así, en toda circunstancia creían conocer con precisión cuál era la voluntad de Dios. En la práctica, esto desembocó en un formalismo exterior y en una visión legalista de toda la moral. Lo importante era cumplir exteriormente lo que mandaba la ley, sin intentar descubrir la voluntad de Dios que en ella se encierra. Valorar los actos externos prescindiendo de la intención interior y cuantifi-

car la moral eran consecuencias de esta visión mecánica de la ley. Un hombre era justo, es decir, como hay que ser, cuando tenía más méritos que pecados o transgresiones de la ley. Por eso, para compensar estas últimas, se hacían cosas suplementarias que ni siquiera estaba mandado hacerlas. Había que tener méritos ahorrados para pagar la cuenta de las deudas a Dios.

Así, el pecado no era tanto una ofensa a Dios como una transgresión de la ley. Con ello, las relaciones con Dios quedaban reducidas a mero contrato jurídico. El fariseo piadoso, cuyos méritos pesan más que sus pecados, puede presentarse ante Dios recordándole sus derechos. Dios sólo es amigo de los justos; por tanto, el fariseo no debe juntarse con los pecadores o los ignorantes de la ley, que mal la van a poder cumplir cuando ni siquiera la conocen.

3. JESUS ANTE LA LEY

La libertad con que Jesús se comporta frente a la ley será lo que más sorprenda, lo que más se discuta y lo que provoque reacciones más violentas. Desde luego que no fue alguien que hiciese una campaña contra la ley, pero siempre manifestó que ella no constituía la norma absoluta y exclusiva del comportamiento de los hombres. Para él, la ley tiene sentido en la medida en que está al servicio de los hombres: «El sábado ha sido instituido para el hombre y no el hombre para el sábado» (Mc 2, 27). Cuando claramente se ve que esto no es así, Jesús la modifica y adopta frente a las leyes rituales judías de la impureza una actitud que no sólo es de crítica, sino de anulación: «Nada de lo que entra de fuera vuelve impuro al hombre; lo que sale del hombre es lo que lo vuelve impuro» (Mc 7, 15). Es otro principio bien distinto para establecer quién está limpio. Esto significa poner en cuestión los presupuestos de toda la concepción clásica del culto con su sistema sacrificial y expiatorio.

Jesús no ajusta su conducta a unas normas escritas, ni se pierde en una casuística minuciosa y sin corazón. Por encima y más allá de las exigencias de la ley, Jesús piensa en las exigencias de un Dios que busca y quiere al hombre entero y no sólo sus acciones mecánicas exteriores.

En rigor, no es fácil precisar cuál fue la actitud de Jesús frente a la ley, porque los evangelios nos ofrecen datos no sólo diferentes, sino aparentemente contradictorios. En Mt 5, 18-19, por ejemplo, se pone en boca de Jesús una obediencia estricta y minuciosa a la ley, mientras que en Mt 5, 31-32, hablando sobre el repudio, se corrige la ley de Moisés.

Los autores mantienen diversas posturas:

– Según unos, Jesús actuando como escriba o como profeta le habría dado profundidad a la ley, y habría dejado intacto su valor y su vigor (Mt 23, 23).

– Otros piensan que Jesús representa una ruptura total con la ley judía (E. Stauffer). La comunidad cristiana habría rejudaizado en parte el mensaje de Jesús atenuando su oposición radical a la ley.

– Un tercer grupo mantiene una posición intermedia: Jesús ha buscado renovar y perfeccionar la ley (Mt 7, 17). Sin embargo, hay que tener en cuenta, al interpretar la frase, que el esquema de promesa y cumplimiento era patrón mental de la iglesia primitiva.

Jesús distingue claramente la ley escrita de las tradiciones de los antiguos y critica éstas últimas porque pueden anular la finalidad que Dios dio a la letra de esa ley, impedir el cumplimiento del amor y esclavizar a los hombres. Así en Mc 7, 8-13 y Mc 2, 27.

Del estudio de los sinópticos deducimos además que Jesús criticó la ley misma, que para él no era todo y sólo lo que el hombre tenía que hacer; por eso, manifestando él una autoridad única, la anula y renueva en algunos puntos concretos.

El que Jesús hubiese adoptado una postura de total abolición de las leyes de impureza de alimentos haría imposible de entender «la cláusula de Santiago» (Hch 15, 20), pero hay que decir que ya Pablo en la carta a los romanos entiende como anulación de las leyes de la impureza lo dicho por Jesús (Rom 14, 14).

Jesús, en suma, altera la ley, cosa que no le es permitida a nadie, sea profeta o rabino. Diferencia los preceptos de ésta como más o menos importantes –mosquitos y camellos–, mientras que para el judaísmo todos tenían el mismo valor; afirma que no son los méritos los que salvan al hombre, sino la misericordia de Dios; señala que la raíz del mal está en el corazón del hombre y radicaliza así la obediencia a Dios; anuncia el amor como exigencia suprema de Dios frente a la obediencia predicada por los fariseos; habla de la ley con un tono de absoluta autoridad (pero yo os digo) y se permite perdonar los pecados, cosa que sólo Dios puede hacer. Con todo lo anterior, ya se ve que su actitud frente a los pecadores e ignorantes será totalmente distinta a la farisea y queda claro también que coloca al hombre ante Dios y no ante una ley impersonal. El amor a Dios y al prójimo ya eran conocidos y relacionados antes de que él lo hiciera, pero él convierte el amor al prójimo en verdadera prueba del amor a Dios, y lo proclama además ilimitado en cuanto a destinatarios e intensidad. Ya no hay que preguntar ¿a quién debo amar?, sino ¿quién me necesita? Hemos de amar al otro como deseamos que el otro nos ame. No se limita, según los enunciados de la época, a ordenar no hacer daño al otro, sino que se pide un amor concreto manifestado en obras. Amar al prójimo es hacer todo lo que podamos a su favor en su situación concreta. El amor a los enemigos es doctrina exclusiva de Jesús.

4. JESUS Y LA RELIGION OFICIAL

El Dios al que se refiere Jesús no se corresponde exactamente con las representaciones, los esquemas y deseos de la religión judía oficial. Jesús no obedece al Dios de la ley que sostiene y justifica toda la institución judía, sino al Dios que se preocupa de todos los hombres. Con su libertad, pone en cuestión el fundamento de todo el sistema. El Dios de Jesús no podía ser encerrado en unas leyes, unos ritos, una religión o una ideología. No es el dios tradicional de la religión. El templo de Jerusalén como único y judío carece de sentido. Ahora habrá que adorar al Padre, Dios cercano a todo hombre, en espíritu y en verdad.

5. JESUS ANTE EL PODER POLITICO

Ni lo aduló, ni se esforzó por aclarar equívocos, ni suavizó sus palabras, ni le tuvo miedo, ni se plegó ante él. Se mantuvo libre frente al poder político y se estrelló contra él, pero no pretendió ser nunca un mesías político; no era una esperanza nacional la que animaba a Jesús, y no fue el mesías de una nación.

Jesús adopta una postura ante el poder público que lo asemeja grandemente al movimiento zelote. No acepta ninguna autoridad superior a la de Dios. En el difícil episodio del pago del tributo al César, Jesús se sitúa más allá del problema concreto que se le ha planteado. La fuerza de su contestación está en la frase: «Dad a Dios lo que es de Dios». Jesús no reconoce ningún derecho divino a ningún César. No prohibe explícitamente que se le pague tributo, lo cual decepcionaría a los zelotes, pero critica de raíz el poder absolutista del César, poniendo en peligro su autoridad sobre Palestina. Con la ocupación de Palestina, el César exigía lo que correspondía a Dios.

Jesús no se detiene ante las amenazas de Herodes Antipas, su autoridad civil, a quien califica de zorro (Lc 13, 32); advierte a Pilato que la autoridad viene de lo alto (Jn 19, 11) y no teme criticar a toda autoridad totalitaria: «Los jefes de las naciones las gobiernan como señores absolutos y los grandes las oprimen con su poder. Pero no ha de ser así entre vosotros» (Mt 20, 25-26).

Su postura resultaba peligrosa para las autoridades y sin embargo decepcionaba al movimiento zelote.

6.   LA CRITICA SOCIAL DE JESUS

Su predicación tiene un fuerte acento crítico contra la injusticia social reinante. Jesús amenaza a los ricos y poderosos que comen y ríen mientras a su lado hay hombres que lloran y pasan hambre (Lc 6, 24-25).

Advierte que nadie puede servir a dos señores... «No podéis servir a Dios y al dinero»(Lc 16, 13). *No expone ningún programa social, sino que trata de que se transforme el corazón de las personas, y de que éstas se conviertan.* La opresión y la injusticia no podrán ser eliminadas si no se ataca la raíz: la quiebra de la fraternidad y de la comunión entre los hombres. Jesús coincide con los zelotes en que no hay que temer a la muerte por ser fieles a Dios, pero a los zelotes sólo les interesa que se cumpla la Torá, y él se coloca al servicio del amor que lo impulsa a faltar a la ley por ayudar al necesitado, renuncia a la violencia y acepta pacíficamente la muerte. En las instrucciones de Jesús a sus discípulos no encontramos ningún rastro de guerrilla armada. El personalmente no manifiesta aspiraciones políticas, sino una ausencia total de nacionalismo al predicar el reino.

Así las cosas, a nadie podía extrañar que el desenlace fuera fatal. Los poderes acordaron acabar físicamente con él. Con un plan bien preparado, prácticamente nadie se iba a poner a su favor. Sería uno más de los muertos en nombre de Dios y del pueblo.

BIBLIOGRAFIA

J. A. Pagola, *Jesús de Nazaret.* Idatz, San Sebastián 1981, 115-128; 159-190.
W. Trilling, *Jesús y los problemas de su historicidad.* Herder, Barcelona 1975, 98-114.

AUDIOVISUALES

Las viviendas del Padre y Cia. Edebé, 36 diap. 7' 38''.

ACTIVIDADES

A. Reflexionar y comentar esta opinión: «Si Jesús sólo hubiera hablado de un Dios lejano o del más allá, hubiera muerto de viejo en la cama».
¿Cuál pudo ser la causa, en tu opinión, de que Jesús muriese violentamente?

B. ¿A qué llamaban ley o Torá los judíos?
¿Por qué motivo le concedían a la ley tanta importancia?
¿Qué concepto de la ley tenían los fariseos?
¿Qué comportamiento adopta Jesús respecto a la ley?
¿Qué postura toma frente a la religión oficial y frente al poder político?
¿Cuál es su actitud ante la injusticia social?

C. Establecer las diferencias entre delito, inmoralidad y pecado.
– Explicar el principio: «La ignorancia de la ley no excusa de su cumplimiento».
– Buscar en un libro de moral o derecho una definición exacta del concepto de ley.
– Expresar lo que significa el espíritu de la ley como contrapuesto a la letra de la ley.

D. Temas de diálogo o debate:
– ¿Cómo puede una ley ser justa cuando es igual para todos y sin embargo no todos somos iguales en información, dinero, cultura, etc.?

– ¿Puede una ley prever todas las circunstancias de la vida?
– ¿Cómo puede apreciar la ley la intencionalidad de las personas? ¿Es delito tener intención de violar una ley sin haber realizado ningún acto externo todavía?
– ¿Cómo conciliar la pregunta cristiana 'quién me necesita' con la capitalista 'cómo puedo ganar más'?
– ¿Quién hace las leyes, quién denuncia la infracción, quién juzga si hubo infracción, quién decide la sanción, quién la hace cumplir?.

E. Divididos en dos grupos, informarse sobre los siguientes temas:
– ¿Por qué ley se rigen las relaciones en una comunidad de vecinos o condueños? Aportar datos y características.
– ¿Qué regiones españolas tienen, además del derecho común, un derecho peculiar o foral? Datos y características.

F. Mapas coloreados de la distribución de la renta en tu provincia, en tu país y en el mundo. Citar los datos del pueblo y país más rico y los de los más pobres. Puede hacerse gráficamente a escala.
Entre otros de más actualidad, puede consultarse también la revista «Misión abierta», n. 4-5 (noviembre 1982) sobre el 2.º Congreso de teología y pobreza.

PARA LA REFLEXION DE FE

A. ¿En qué sentido se puede llamar cristianismo el de mero cumplimiento? ¿En qué medida nos ayudan o nos coartan los que nos dicen «lo que hay que creer»? Tus pautas de acción ¿las deduces de un contacto personal con Cristo o de normas y leyes eclesiásticas? ¿Qué importancia le das al cumplimiento exterior de tus deberes como cristiano? ¿Cuáles crees que son esos deberes?

B. ¿Qué aprecio tenemos a las orientaciones de la jerarquía de la iglesia? ¿Cuál es nuestra actitud en caso de discordancia?

– Comentar la frase «Es preferible morir excomulgados que obrar contra conciencia».

– ¿Cómo entendemos la libertad de los hijos de Dios de la que nos habla el Nuevo Testamento?

C. A la luz de la palabra
Mt 5, 17-48: Una mayor interiorización.
Mt 9, 1-8: Tus pecados te son perdonados.
Mt 10, 26-33: Con claridad y sin miedo.
Mt 12, 1-14: Las normas son para el hombre.
Mt 15, 1-20: Tradiciones sobre lo malo.
Mt 23, 1-39: ¡Ay de vosotros!
Mc 2, 15-28: Comer con pecadores.
Mc 7, 1-23: Me honran sólo con los labios.
Mc 10, 41-44: Los grandes oprimen con su poder.
Lc 6, 20-38: ¡Ay de vosotros los ricos!
Lc 13, 31-33: Decidle a ese zorro...
Lc 18, 9-14: Fariseos y pecadores.

D. Comprobamos las dificultades prácticas de tomar una actitud libre como lo hizo Jesús, revisamos nuestras posturas, oramos para reforzar nuestro compromiso.

Creo en otra humanidad

«Creo en otra humanidad, más fraterna –en mecánica política, la llamé socializada–. El mundo necesita el respirar armoniosamente humano. Los hombres todos hemos de llegar a reconocernos unos a otros como hombres, como hermanos –dije, en la utopía de la fe.

¡Creo en el imposible y necesario Hombre Nuevo!

No creo en la segregación racial o clasista (porque una es la imagen de Dios en el Hombre).

No creo en ninguna esclavitud (porque todos tenemos el derecho y el deber de vivir en la Libertad de Hijos con que Cristo nos ha liberado).

No creo en ningún capitalismo (porque el verdadero capital humano es el hombre).

No creo en el desarrollo de las minorías ni en el desarrollo «desarrollista» de la mayoría (porque ese desarrollo ya no es el nombre nuevo de la Paz).

No creo en el progreso a cualquier precio (porque el Hombre ha sido comprado al precio de la Sangre de Cristo).

No creo en la técnica mecanizadora de los que dicen al computador: «Nuestro padre eres tú» (porque solamente el Dios vivo es nuestro Padre).

No creo en la consumidora sociedad de consumo (porque sólo son bienaventurados los que tienen hambre y sed de Justicia).

No creo en el llamado orden del «statu quo» (porque el Reino de Dios y de los Hombres es un nuevo Cielo y una Tierra nueva).

No creo en la ciudad celeste a costa de la Ciudad Terrena (porque «la Tierra es el único camino que nos puede llevar al Cielo»).

No creo en la ciudad terrena a costa de la Ciudad Celeste (porque «no tenemos aquí ciudad permanente y vamos hacia la que ha de venir»).

No creo en el hombre viejo (porque creo en el Hombre Nuevo).

¡Creo en el Hombre Nuevo que es Jesucristo Resucitado, Primogénito de todo Hombre Nuevo!»

Casaldáliga

16

Proceso y muerte de Jesús

Exitos y fracasos, simpatías y hostilidad constituyeron desde el principio la trama de la vida de Jesús. Su muerte violenta fue una consecuencia de su obrar, de la pretensión que había caracterizado su vivir y había provocado la oposición cada vez más cerrada de las autoridades judías. Teniendo en cuenta sus tomas de posición, el final, en cierto modo, fue lógico. No buscó la muerte, pero ésta le vino impuesta desde fuera y él la aceptó, no resignadamente, sino como expresión de la libertad y la fidelidad a la causa de Dios y de los hombres. Abandonado, rechazado y amenazado, no se doblegó para sobrevivir, sino que siguió fiel a su misión. Jesús preveía su muerte, pero no tenía certeza absoluta de ella. No fue ingenuamente a su final, sino que lo asumió. Humanamente hablando, el camino recorrido terminaba así. La muerte violenta no fue algo impuesto por un decreto divino, sino obra de unos hombres concretos. Las exigencias de conversión, la nueva imagen de Dios, su libertad frente a las sagradas tradiciones y la crítica de corte profético contra los dueños del poder económico, político y religioso provocaron el conflicto. A la vista de esto, el pretexto formal carece de verdadera importancia.

1. ANTE LOS TRIBUNALES

Comúnmente se suele hablar de un proceso religioso y otro político en la condena de Jesús; sin embargo, en un mundo teocrático, como lo era el judío, esta distinción, tan clara en nuestros días, no era posible. Hemos de recordar que las leyes eran sobre todo preceptos divinos y que, a pesar de lo que el nombre nos pueda sugerir, «sumo sacerdote» era el título del presidente del gobierno. Inútil, por tanto, todo intento de deslindar los campos.

Parece seguro que hubo una intervención del sanedrín y, más cierto todavía, una condena del prefecto romano Poncio Pilato. En cada caso, la acusación formal sería distinta correspondiendo a la diversidad de cultura y de intereses. Poco le podía impor-

tar, por ejemplo, al romano una blasfemia contra el dios de los judíos, máxime teniendo en cuenta el poco afecto que Pilato sentía por ellos.

Es difícil saber si el proceso judío-romano que precedió a la crucifixión fue un verdadero proceso en sentido jurídico y también cómo se desarrolló en concreto. Los evangelios son, ante todo, confesiones de fe y aunque, visto en general, el relato de la pasión es merecedor de especial credibilidad por su gran antigüedad y su coherencia en muchos pormenores, sin embargo lo que sabemos de los dos procesos no nos permite decidir si lo fueron en rigor. La comparecencia ante las autoridades judías es segura, pero no nos es posible conocer con certeza la causa formal de su condena por parte de ellas. ¿Fue condenado Jesús por pretender ser el mesías? ¿Se consideró esto una blasfemia contra Dios o es una confesión de fe formulada por la comunidad que redactó el escrito?

No conocemos con seguridad las normas jurídicas que debían regir entonces. La Misná, que en su forma actual data del año 200 d. C., nos da a conocer ciertas normas, pero es imposible saber hasta qué punto estaban en vigor en tiempo de Jesús. Parece que no se saltaron estas normas, pues no tenemos noticia de que los cristianos acusasen a los judíos de transgredir las leyes para condenar a Jesús.

Con seguridad podemos afirmar que, según los datos disponibles, a Jesús se le condenó por parte del sanedrín a la pena máxima por un delito de blasfemia, sin que nos sea dado precisar en qué consistió ésta. Por su parte, Poncio Pilato, representante del poder romano, lo entregó a la muerte por crucifixión como rebelde político.

Desde nuestra óptica, los motivos del asesinato legal de Jesús sí que son de dos tipos y ambos tienen que ver con las estructuras. Es condenado primeramente como blasfemo por presentar un Dios distinto del predicado por el statu quo religioso. Jesús desenmascaró la hipocresía religiosa consistente en usar el misterio de Dios para desoír la exigencia de justicia. En este sentido, los poderes religiosos captaron correctamente que Jesús predicaba un Dios opuesto al suyo. Por otro lado, las autoridades políticas romanas lo condenan como rebelde. Es verdad que su predicación y sus actitudes se aproximan al proyecto liberador de los zelotes, sin embargo Jesús se distancia de ellos renunciando al mesianismo político-religioso basado en el poder, por considerarlo un medio no apto para el establecimiento del reino.

2. DETENIDO, TORTURADO Y EJECUTADO

En un jueves, muy probablemente el 6 de abril del año 30 d. C., hacia las 22/23 horas, fue detenido por los enviados del sumo sacerdote y del sanedrín. Había sido delatado por Judas Iscariote, el único judío del grupo de los doce, por motivos que desconocemos. Un apunte simbólico nos dice que a Judas le pagaron 30 monedas que, según el Exodo, era el precio de un esclavo.

Jesús debió ser interrogado por las autoridades judías durante la madrugada del viernes. Al amanecer (seis de la mañana), el sanedrín, con al menos 23 miembros presentes, reunido en casa de José Caifás o en el salón de piedra situado al oeste del recinto del templo, le condenó y le entregó a Pilato. Serían las 8 de la mañana.

Pilato estaría en la Torre Antonia, palacio-fortaleza que dominaba el templo. Quizá Jesús fue enviado a Herodes Antipas por ser éste tetrarca de Galilea, su lugar de procedencia. Después, en la misma fortaleza, fue torturado y condenado a morir en cruz. Esta modalidad de muerte era seguramente de origen persa y se aplicaba en el imperio sobre todo a esclavos y rebeldes políticos.

Cargado con el travesaño de la cruz (patibulum), cuyo peso sería de al menos 50 kgs., recorrió algo más de 600 metros que lo separaban del lugar que en hebreo llamaban «gólgota» que significa «sitio de la calavera» o simplemente «calvario». Para ir allí, salió por la puerta de Efraín, puesto que el paraje estaba fuera de las murallas de la ciudad. Le precedía o llevaba colgado el «titulus» o tablilla donde se indicaba la causa de la condena: «El rey de los judíos».

En el lugar de la ejecución se encontraba ya clavado en el suelo el madero vertical o «stipes». Jesús sería, como de costumbre, clavado al travesaño por las muñecas y no por el centro de la mano. Hacia las tres de la tarde, murió. Como fondo sonoro se podían escuchar los balidos de miles de corderos que esperaban ser sacrificados para la pascua. Tal vez no se le aplicó el «crurifragium» o rotura de piernas para comprobar su muerte.

Se le enterró en uno de los sepulcros próximos al lugar, cuya entrada se cerraba, al igual que en otros muchos, con el rodamiento de una piedra redonda. Todo ello después de haber cumplido los acostum-

148

brados ritos de embalsamamiento, sujeción del mentón mediante un paño y cierre de los ojos por la colocación de monedas sobre los párpados.

En síntesis, así debieron ser las cosas en su aspecto externo, según los datos de los evangelistas y lo acostumbrado en la época. Pero ¿qué significado oculto tenía todo esto? ¿Por qué lo recordamos hoy?

3. EL SENTIDO ULTIMO DE SU MUERTE

Es obvio que, para aquellos que veían en Jesús un embaucador o un revoltoso político, su muerte sólo significaba que un tipo más de éstos había sido eliminado. Para el grupo que se reunía a su alrededor, en un primer momento, la cuestión estaba clara: la muerte en la cruz quería decir que Dios no estaba con él. Su vida y sus palabras quedaban desautorizadas. Fue más tarde cuando la experiencia de la resurrección le descubrió el sentido de la vida e incluso de la muerte de Jesús. *Con la resurrección quedaba patente que Dios daba la razón a Jesús y aprobaba su camino de servicio a los hombres.*

Las comunidades cristianas primitivas fueron encontrando trabajosamente las imágenes con las que expresar en qué había consistido la obra de Jesús y qué es lo que suponía para los hombres. A través de conceptos bien conocidos y comprendidos en su ambiente, trataron de explicar el sentido desconocido y profundo de la muerte de Jesús de Nazaret. Algunas de las más antiguas interpretaciones eran de este tenor: Jesús, enviado de Dios, ha sido rechazado y eliminado, como lo fueron los antiguos profetas; él era el auténtico mesías bajo la forma de siervo doliente del que habla Isaías (Is 53); él pagó las consecuencias del mal cometido por nosotros haciendo el papel de sacrificio expiatorio (Rom 3, 25-26). El tema inquietó y de él se ocuparon entre otros san Pablo, en una segunda fase de su teología, y el autor de la carta a los hebreos.

4. DISTINTAS FORMAS DE INTERPRETACION DE UNA MISMA REALIDAD

La necesidad de cada época y de cada ambiente de hacer comprensible el sentido positivo y salvador de la muerte de Jesús produjo diversas interpretaciones. Sin embargo, imágenes que en unas determinadas circunstancias eran explicaciones muy claras pueden, con el paso del tiempo, convertirse en auténticas dificultades para nuestra comprensión. Si el término de la igualdad o de la comparación que se supone conocido deja de serlo, mal vamos a poder entender el segundo término o parte oscura que se trataba de aclarar. Por ello nos preguntamos si las imágenes y representaciones que la piedad, la liturgia y la teología emplean para expresar la liberación de Jesucristo revelan o, por el contrario, ocultan hoy para nosotros el aspecto verdaderamente liberador de la vida, muerte y resurrección de Jesucristo.

«Decimos que Cristo nos redimió con su sangre, expió satisfactoriamente con su muerte nuestros pecados y ofreció su propia vida como sacrificio para la redención de todos. Pero ¿qué significa realmente todo eso? ¿Comprendemos lo que decimos? ¿Podemos de verdad pensar que Dios estaba airado y que se apaciguó con la muerte de su Hijo? ¿Puede alguien sustituir a otro, morir en su lugar y continuar el hombre con su pecado? ¿Quién tiene que cambiar: Dios o el hombre? ¿Debe Dios cambiar su ira en bondad, o es el hombre el que ha de convertirse de pecador en justo?

Confesamos que Cristo nos liberó del pecado, y nosotros continuamos pecando. Decimos que nos libró de la muerte, y seguimos muriendo. ¿Cuál es el sentido concreto y verdadero de la liberación de la muerte, del pecado y de la enemistad? El vocabulario empleado para expresar la liberación de Jesucristo refleja situaciones sociales muy concretas, lleva consigo intereses ideológicos y articula las tendencias de una época. Así, una mentalidad marcadamente jurídica hablará en términos jurídicos y comerciales de rescate, de redención de los derechos de dominio que Satán tenía sobre el pecador, de satisfacción, de mérito, de sustitución penal, etc. Una mentalidad cultual se expresará en términos de sacrificio, mientras otra preocupada con la dimensión social y cultural de la alienación humana predicará la liberación de Jesucristo.

¿En qué sentido entendemos que la muerte de Cristo formaba parte del plan salvífico del Padre? ¿Formaban parte de ese plan el rechazo de los judíos, la traición de Judas y la condena por parte de los romanos? En realidad, ellos no eran marionetas al servicio de un plan trazado a priori o de un drama suprahistórico. Fueron agentes concretos y responsables de sus decisiones. La muerte de Cristo, como hemos visto detalladamente, fue humana, es decir, consecuencia de una vida y de una condenación provocada por las actitudes históricas tomadas por Jesús de Nazaret.

No basta repetir servilmente las fórmulas antiguas y sagradas. Tenemos que intentar comprenderlas para captar la realidad que quieren traducir. Esa realidad salvífica puede y debe expresarse de muchas maneras; siempre fue así en el pasado y lo es también en el presente. Cuando hoy hablamos de liberación, significamos con esa expresión toda una tendencia y una encarnación concreta de nuestra fe, de la misma manera que cuando san Anselmo se expresaba en términos de satisfacción vicaria reflejaba, tal vez sin tener conciencia de ello, una sensibilidad propia de su mundo feudal: la ofensa hecha al soberano supremo no puede ser reparada por un vasallo inferior. Nosotros tenemos una aguda sensibilidad para la dimensión social y estructural de la esclavitud y de la alienación humana. ¿Cómo y en qué sentido es Cristo liberador «también» de esta antirrealidad?».

Esta larga cita del teólogo L. Boff nos ha introducido en el problema.

5. ¿QUE MOMENTO DE LA VIDA DE CRISTO NOS REDIME?

La teología influida por la mentalidad griega suele ver en la encarnación de Dios el punto decisivo de la redención, y, por el contrario, la que se ve afectada por la mentalidad ético-jurídica de los romanos coloca el acento en la pasión y muerte de Cristo. En ambas posturas hay un pasar por alto, siquiera relativo, el resto de la vida de Jesús, lo que supone un empobrecimiento y una consideración en exceso abstracta de la redención humana llevada a cabo por él.

6. IMAGENES MAS FRECUENTES PARA EXPLICAR LA SALVACION CRISTIANA

Tres son las formas más frecuentes de explicar la salvación aportada por Jesús: el sacrificio expiatorio, la redención-rescate y la satisfacción sustitutiva. Las tres giran alrededor del pecado contemplado desde tres ángulos diferentes. En lo que respecta a Dios, el pecado es una ofensa que exige reparación y satisfacción condigna; en lo que respecta al hombre, reclama un castigo por transgresión y exige un sacrificio expiatorio; y en lo que afecta a las relaciones entre Dios y el hombre, significa su ruptura y la colocación del hombre bajo el dominio de Satán, lo cual exige una redención y el precio de un rescate. En todos los casos, el hombre aparece como incapaz de reparar el pecado; por eso Cristo sustituye al hombre. Predomina en todo ello una concepción jurídica de las relaciones entre Dios y el hombre. El Padre habría querido esta forma de expiación del pecado, pero ¿puede Dios encontrar satisfacción en la muerte violenta y sanguinaria de la cruz? Por otra parte, para nada entra en juego la resurrección. Es sólo la encarnación y muerte las que interesan, y en conjunto, miradas de forma superficial, dan cierto aire de historia mitológica. El mito como forma simbólica de hablar de aquellas realidades, que no es posible expresar de otra manera, debe ser tenido en cuenta. Todo ello sigue generando preguntas en nosotros: ¿puede alguien sustituir a un ser libre sin recibir de él una delegación? ¿Cómo hay que concebir la mediación de Jesucristo con respecto a los hombres que vivieron antes o después que él y con los que nunca oyeron hablar del evangelio ni de la redención? El sufrimiento, la pena y la muerte de un inocente ¿eximen de culpa y de castigo al criminal que causó ese sufrimiento, esa pena y esa muerte? ¿Qué experiencia nos permite comprender y aceptar, mediante la fe, la mediación salvadora y liberadora de Cristo para todos los hombres?

Veamos en concreto cada una de las tres imágenes más frecuentemente usadas.

7. MUERTO POR NUESTROS PECADOS

Por medio de los sacrificios, los hombres manifestaban su dependencia total de Dios y, al hacerlo, suponían que una relación positiva entre la divinidad y el hombre quedaba establecida de este modo. La ira divina, causada por la maldad humana, era así apaciguada.

Entender la muerte de Cristo como un sacrificio por nuestros pecados era fácilmente comprensible cuando las ofrendas cruentas estaban en uso entre los romanos y judíos, pero en una sociedad como la nuestra, en que tal circunstancia no se da, resulta poco aclaratorio. Para una correcta comprensión por parte del hombre moderno (que nunca desde luego será tan viva como en las épocas de culto sacrificial), es necesario dar un rodeo, algo así como introducir un tercer término en la ecuación. Primero deberá entender este hombre de hoy lo que significaba el sacrificio en la antigua sociedad y después deberá aplicarlo el caso de la muerte de Jesús.

Entendido el sacrificio como entrega total a Dios, vemos que así puede entenderse toda la vida de Jesús sin que su expresión cruenta añada algo esencial. En la medida en que seguimos el camino de obediencia incondicional al Padre, somos salvados.

8. NOS REDIMIO O POR EL FUIMOS RESCATADOS

Esta forma de concebir la redención está relacionada con la antigua esclavitud. Para lograr la libertad de un esclavo había que pagar un rescate. Así se pasaba de la servidumbre a la libertad. La limitación de esta forma expresiva supone que el drama queda entre Dios y el demonio, mientras que el hombre no participa más que pasivamente. El dueño del esclavo recibe del pagador el precio del rescate, sin que el esclavo mismo ejerza ningún papel. Una redención así no deja huella o experiencia en nuestra vida. El hecho de no sentirnos manipulados ni por Dios ni por el diablo nos impide reconocernos esclavos de nadie.

No obstante, la libertad de Jesús frente a toda manipulación, e incluso frente a la muerte superada por él en la resurrección, nos permite ser libres y comportarnos de hecho con una libertad que nos humaniza.

9. PAGO EN LUGAR NUESTRO

En una visión jurídica, se emplearon también para explicar la salvación categorías tomadas del derecho romano. Se trata de la satisfacción sustitutiva. Por el pecado, el hombre rompe el orden establecido por Dios, a la vez que le ofende. La ofensa resulta ser infinita porque la dignidad de la persona ofendida es infinita. El pago deberá ser también infinito y por ello nada puede hacer el hombre. Sin embargo, Dios se hace hombre y así repara a Dios infinitamente. Nuevamente la imagen no retrata en absoluto al Dios de Jesús que perdona a quienes le ofenden y busca por encima de todo el bien del hombre. Más que a Dios se retrata la figura de un señor feudal que tiene poder sobre la vida y la muerte de sus vasallos, juez severo de todos ellos.

Es cierto que el hombre se encuentra no satisfecho, no plenamente hecho. Siguiendo el camino de Jesús, el hombre se humaniza. La búsqueda incansable de nuestra definitiva identidad (que implica a Dios) no es un sinsentido, porque el hombre tiene posibilidad de llegar a ser lo que debe ser.

10. EL HOMBRE PUEDE LLEGAR A SU PLENITUD

Todas estas imágenes, metáforas o analogías no deben, como hemos visto, ser interpretadas demasiado literalmente para no caer en conclusiones absurdas y hasta anticristianas, como las que nos pueden hacer ver un Dios vengativo y reacio al perdón. En cada una de ellas será el punto de semejanza lo que habrá que resaltar para que nos ayude a comprender que Dios se nos muestra en Jesús y manifiesta su voluntad de hacernos llegar a nuestra plenitud. Jesús es el primero de todos los que, caminando en una vida de servicio a los demás, superan, por la acción de Dios, la limitación humana. Es a la luz de la resurrección como toda la obra de Jesús debe ser comprendida, deduciendo de ahí su significado para el resto de los hombres.

BIBLIOGRAFIA

L. Boff, *Jesucristo y la liberación del hombre.* Cristiandad, Madrid 1981, 367-404.

H. Küng, *Ser cristiano.* Cristiandad, Madrid 1977, 532-554.

J. Drane, *Jesús.* Verbo Divino, Estella 1984, 61-83.

W. Kasper, *Jesús, el Cristo.* Sígueme, Salamanca 1984, c. 8.

W. Trilling, *Jesús y los problemas de su historicidad.* Herder, Barcelona 1970, 156-168.

Ch. Duquoc, *Jesús, hombre libre.* Sígueme, Salamanca 1977, c. 7.

J. Gómez Caffarena, *La entraña humanista del cristianismo.* DDB, Bilbao 1984, c. 4.

H. Cousin, *Los textos evangélicos de la pasión.* Verbo Divino, Estella 1981.

AUDIOVISUALES

Pasión. Claret, 56 diap. 23' y 22' 15''.
Cristo sigue muriendo. Paulinas, 77 diap. 25'
La pasión según san Juan. CCS, 48 diap.
D. Fabri, *Proceso a Jesús.* Paulinas. Vídeo, 105'.
Rafael de Andrés, *Señor de la cruz y la luz.* Paulinas, cassette.

ACTIVIDADES

A.   Averiguamos qué es un «proceso judicial» preguntando o consultando enciclopedias. Asimismo nos enteramos de qué importancia tienen para la validez de un juicio las formas establecidas (defectos de forma y procedimiento).

Comentamos en qué consiste la separación de poderes (ejecutivo, legislativo y judicial) y qué razones vemos para ello.

Presentamos una lista de celebraciones que se hacen en nuestro entorno con motivo de la semana santa expresando qué significado tienen, en qué consisten, quiénes participan y por qué lo hacen.

B.   ¿En qué sentido se puede decir que era lógica la muerte de Jesús? ¿Quiénes lo juzgan y lo condenan? ¿Qué representan? ¿Qué causa formal o acusación concreta usan los judíos y cuál los romanos? Enumera los distintos pasos desde la detención de Jesús hasta su muerte. Cita las principales interpretaciones de la muerte de Jesús resaltando sus claridades y oscuridades. Enunciar si hay algún momento de la vida de Jesús que sea más positivo para los hombres que el resto de su existencia.

C.   En diferentes novelas y obras creativas se ha tratado el tema de la nueva muerte violenta que sufriría Jesús si viviese hoy. Realizar por parejas un esquema de guión sobre estas pautas: cómo se le eliminaría, por qué motivos, quiénes serían sus enemigos, etc.

D.   Comprobar la incidencia del tema de la pasión de Cristo en el campo de la música y en el de la poesía. Se puede hacer elaborando una lista de obras que hayan compuesto los siguientes músicos u otros sobre la pasión: Beethoven, Bach, Dvorak, Haydn, Penderecki, Pergolesi, Tomás Luis de Victoria. El mismo trabajo sobre poesía en los siguientes poetas: Francisco de Quevedo, Lope de Vega, Miguel de Unamuno, Lucas Fernández, Gerardo Diego, Jorge Guillén. Otro tanto puede hacerse con pintura y escultura.

E.   Divididos en dos equipos, recogemos en nuestro entorno inmediato información y material sobre: a) costumbres populares e instituciones que se relacionen con la celebración de la pasión documentando su antigüedad; b) obras artísticas, es decir, edificios, pinturas, imágenes, canciones, etc., que se relacionen con este tema.

F.   Pedimos propaganda y catálogos a los lugares de España donde se representa tradicionalmente el drama de la pasión.

Valoramos, a nivel nacional, las principales procesiones de semana santa destacando sus peculiaridades.

Escribimos la fórmula para hallar la fecha de jueves santo.

Dibujamos sobre un plano de la Jerusalén antigua el recorrido de la pasión.

PARA LA REFLEXION DE FE

A.   Llamar a Jesús salvador ¿tiene contenido para ti o es repetir una fórmula que no comprendes? ¿En qué sentido crees que tiene que ver Jesús con tu salvación? ¿A qué le llamas salvación?

B.   Poner en común nuestra experiencia de Cristo como salvador describiendo cómo han evolucionado nuestras ideas en este tema.

Concretamos cuál es nuestro concepto de pecado.

Exponemos cuál es nuestro comportamiento y sentimientos ante el dolor y la muerte.

C.   A la luz de la palabra.

Jn 18, 1-11: Judas facilita el avance del mal.

Jn 18, 12-28: Negamos en la práctica al hombre.

Jn 18 y 19: Quien no defiende al hombre lo manda a la muerte.

Mc 15, 33-39: Cuando hasta Dios parece abandonarnos.

D.   Oración, examen, compromiso.

Ante el misterio

¡Han desfigurado a Jesús!
Han explicado todos los detalles de su vida
y no han dejado ni uno sólo sin explicar.

Ya no interesas, Jesús.
Ya no divides.
Ya no escandalizas.
Se ha desvelado el misterio
y lo hemos entendido todo.

Murió en una cruz,
pero es que iba a resucitar.

Se opuso a la ley,
pero fue porque era Dios.

Sufrió mucho,
pero fue porque luego iba a gozar.

Produjo escándalo,
pero es que entonces no le entendían.

Lo condenaron a muerte,
pero fue por equivocación.

Denunció a los fariseos,
pero es que eran unos hipócritas.

Quebrantó el sábado,
pero es que los judíos lo habían convertido
en cueva de ladrones...

Ya no interrogas, Jesús.
Ya no divides.
Ya no escandalizas.
Se ha destapado la caja
y ha aparecido el misterio sin misterios.

Pero no, y mil veces no.
Te han secuestrado,
pero yo te recuperaré como eres,
sin explicaciones,
intacto,
desnudo de vestidos teológicos y coronas litúrgicas.

Te quiero desnudo, Cristo,
como fuiste,
como eres hoy,
como serás mañana,
desafiante,
interpelante,
y amigo.
¡Inexplicable!
Estoy harto de explicaciones.

No me expliquéis el misterio,
que me lo matáis.
¡Y además es mentira!
¡Las explicaciones son mentira todas!

Yo quiero ante el misterio solo estar,
quiero estar y adorarlo.

Mirar sin ver.
Estudiar sin entender.
Comer sin digerir.
¡No quiero digerir a Jesucristo!
¡Marchaos todos los teólogos y todas las iglesias!

Yo quiero ante el misterio solo estar,
quiero estar y adorarlo.

Murió en una cruz porque se ganó la muerte,
y no porque luego iba a resucitar.

Se opuso a la ley porque vivió sin ley,
y no porque fuera Dios.

Sufrió mucho porque amó mucho,
y no porque luego iba a gozar.

Produjo escándalo porque era escandaloso,
y no porque no le entendieran.
(¡Vaya si te entendían, Jesús!).

Le condenaron a muerte porque era reo de muerte,
y no por equivocación.

Denunció a los fariseos porque se apoyaban
en sus obras y
en la ley,
y no porque fueran unos hipócritas.

Quebrantó el sábado
porque el sábado está al servicio del hombre,
y no porque los judíos fueran unos exagerados.

Se cargó el templo porque el único templo es la fe,
y no porque lo hubieran convertido en cueva de ladrones...

Marchaos,
marchaos todos y dejadme solo con él.

Dejadme solo,
a la intemperie,
con él.

No me expliquéis nada.

Marchaos
y dejadme solo.

Que quiero ante el misterio solo estar,
solo estar y adorarlo.

Y seguirlo, seguirte, siempre, siempre,
a tu calor, caliente, caminando...

P. Loidi

17

Dios lo resucitó: nosotros somos testigos

1. EL FRACASO DE JESUS

Juzgado y condenado legalmente, excomulgado por los religiosos de su pueblo, expulsado y rechazado por sus compatriotas, Jesús queda absolutamente solo en su estrepitoso fracaso. Pero hay más: Dios tampoco parece defender su causa. Hasta él lo ha abandonado.

San Marcos pone en boca del crucificado agonizante las palabras del Salmo 22: «Dios mío, Dios mío, ¿por qué me has abandonado?». ¿Será verdad que Jesús no es el rostro humano de Dios? ¿Será verdad que Dios no está de parte de la causa del hombre? Exteriormente, en aquellos momentos, todo parece indicar que es así.

Lo que había comenzado en Galilea, en frase del historiador Tácito, «era una detestable superstición que quedaba de momento eliminada». Todo prometía seguir igual. La rebeldía de Jesús no había servido para nada. Jesús, como mucho, sería uno más de los hombres honrados que murieron después de haber presentado, con el texto de los salmos, su queja y su protesta a Dios:

«Nos haces el escarnio de nuestros vecinos,
irrisión y burla de los que nos rodean.
Nos has hecho el refrán de los gentiles,
nos hacen muecas las naciones...
Por tu causa nos degüellan cada día,
nos tratan como a ovejas de matanza.
Despierta, Señor, ¿por qué duermes?»

(Sal 44)

«Se me rompen los huesos
por las burlas del adversario;

todo el día me preguntan:
¿Dónde está tu Dios?».

(Sal 42)

Es el grito de los explotados, de los pobres, de los oprimidos, para los que no existe ningún futuro. Jesús hace suyo este grito de rebeldía. Pero Dios calla. Este silencio de Dios refuerza la incredulidad de los discípulos: no es con Jesús con el que habrá de romperse el círculo de hierro de tantas opresiones.

2. LO INESPERADO

Sin embargo, inesperadamente las cosas cambiaron. Nuevamente con palabras de Tácito: «Aquella detestable superstición creció de nuevo, no sólo en Judea, donde había nacido, sino incluso en Roma». Y los discípulos de Jesús siguen afirmando, aún hoy, que el crucificado vive y que cuenta con el respaldo de Dios. El crucifijo, símbolo de un hecho inicialmente desastroso para el cristianismo, ha llegado a ser signo de triunfo.

¿Qué tuvo que suceder para que se pueda hacer semejante afirmación? Los discípulos dispersos se congregaron y una especie de «explosión inicial» puso en marcha la iglesia. Se pueden citar razones religiosas, psicológicas y sociales para explicarlo, pero por sólo estas circunstancias históricas la causa de Jesús tenía muy pocas probabilidades de seguir en pie. La rotundidad del fracaso había sido evidente: Jesús probaba su mensaje en su persona y también en su persona había sido negada su validez. Su medicina

155

salvadora no era tal. Con él muerto, sus ideas o ideales no podían transmitirse separadamente de su persona, como puede hacerse, por ejemplo, con las ideas de Sócrates.

La incredulidad inicial, la obstinación, las dudas, las burlas, la resignación y el miedo no pudieron impedir esta confesión: «Dios ha resucitado a este Jesús, de lo que somos testigos todos nosotros» (Hch 2, 32). La actitud reservada y crítica que se mantiene al principio y, sobre todo, la disposición a morir si fuese preciso por mantener la verdad de esta experiencia, hablan en favor de la credibilidad de los discípulos.

Pero, ¿qué se quiere decir al afirmar que Jesús ha resucitado? ¿Qué sucedió realmente? ¿Qué sucedió históricamente? ¿Resucitó Jesús de manera efectiva y corporal? ¿Es un dato fidedigno que en la mañana del primer día de la semana se encontró vacío el sepulcro?; ¿fue un suceso histórico o sólo una experiencia visionaria, casi epidémica, de los discípulos? ¿Se trata, tal vez, de un acontecimiento absolutamente mítico? La importancia de la resurrección de Jesús suscita todos estos interrogantes y otros derivados de éstos.

3. EL CONCEPTO DE RESURRECCION

Es preciso eliminar primero las representaciones falsas de lo que se intenta expresar con la palabra «resurrección» referida a Jesús de Nazaret. No estará de más recordar que no se trata de una reviviscencia o retorno a la vida anterior para disfrutarla con la misma calidad que antes tuvo, y al cabo de cierto tiempo morir definitivamente, como podría ser el caso del resucitado Lázaro. Jesús no solamente vive, sino que ha sido exaltado, ya no muere más y la calidad de su vida es, valga la frase, infinita y plena.

Tampoco nos referimos a la inmortalidad del alma o a cualquier otro tipo de inmortalidad espiritual y simbólica, algo así como que Jesús vive en los que siguen su estilo de vida o en la fuerza transformadora de su palabra. Mucho menos lo concretamos a un ser inmortal por la fama o el recuerdo de los hombres. Todo lo anterior es verdad, pero lo que la fe cristiana afirma va más allá.

Lo que se atestigua es que *Jesús ha superado la muerte y la limitación de la necesidad, para vivir en la libertad con una forma de vida plena en calidad y cantidad.* Ha sido exaltado, ha ascendido a la derecha de Dios, ha sido glorificado: son otras tantas maneras de decir que ha resucitado. En distintas formas se quiere expresar el «paso» de la situación anterior, comparable a la esclavitud de Egipto, a una nueva situación de libertad en la que se realiza la plenitud humana. La nueva y definitiva «pascua» se ha dado ya en la persona de Jesús, primogénito y primicia, parte y símbolo de todos los humanos. El es por tanto el primer nacido de entre los muertos (Col 1, 18; 1 Cor 15, 20) y el comienzo de una nueva creación o mundo nuevo. Por lo sucedido en él, saben los hombres que sus esperanzas más profundas pueden tener y tendrán cumplimiento.

4. COMO SUCEDIO

La resurrección de Jesús no es un hecho histórico en el sentido en el que lo son otros datos de su vida terrena en Palestina. Quienes saben lo que es la investigación histórica comprenden que la resurrección, siendo lo que es, no se puede comprobar con argumentos históricos. El acontecimiento de la resurrección, como tal, no se nos describe en ninguna parte y nadie asegura haber contemplado el hecho. De lo que sí se habla es de sus consecuencias y de su proclamación.

Histórica es, sin embargo, la fe pascual de los primeros discípulos, es decir, su convicción subjetiva refrendada por su disposición a dar la vida si fuera preciso para mantener que Jesús vive. Recordemos que mártir significa «el que atestigua» y que fueron muchos los que lo hicieron a costa de su eliminación física.

Sin embargo, los apóstoles no proclamaban la resurrección del Señor como una mera convicción personal suya o como una conclusión que todos ellos habían sacado de los acontecimientos vividos, sino que la anunciaban como un acontecimiento real que le había sucedido a Jesús, y que probaba claramente que él era el Cristo. Su credo más corto queda encerrado en esta palabra: Jesucristo. Su interpretación de los hechos ha llegado hasta nosotros, pero la verdad del contenido de sus afirmaciones no podemos conocerla por métodos históricos. ¿Cómo llegaron los discípulos a esta convicción? ¿Eran unos crédulos aficionados a milagrerías?

5. LOS TESTIMONIOS ESCRITOS

Dos son los modelos para hablar de Jesús después de su muerte empleados por la iglesia primitiva: uno, el de la exaltación o glorificación y otro, el de la resurrección. Los dos tienen el mismo contenido, pero resaltan diferentes aspectos.

En el esquema de glorificación, se usa el simbolismo de lugar: Jesús pasa de una existencia abajo en la tierra a otra arriba en el cielo. Así se subraya la distinción entre la vida terrena de Jesús y su vida gloriosa. Las cartas a los filipenses y las primeras a los corintios y tesalonicenses usan este esquema. San Lucas habla en dos lugares distintos de la ascensión de Jesús a los cielos (Lc 24, 50-53 y Hch 1, 9-11) y sorprende en sus divergencias entre los dos textos. Es evidente que Lucas no ve ninguna contradicción entre sus dos versiones, porque su interés se centra en el tránsito de Jesús desde este mundo al mundo de Dios, que es un proceso invisible relatado en forma de arrebato visible. Su interés es fundamentalmente teológico y de contenido más que de narración.

En el esquema de resurrección, el simbolismo usado es el del tiempo: Jesús pasa de una existencia anterior a su muerte a otra distinta después de ella. Se pone el acento en que el crucificado es la misma persona que ha resucitado.

Dos son también los puntos de apoyo en los que los discípulos basan su cambio de actitud: el sepulcro vacío y las apariciones. Nadie vio la resurrección. Sólo el evangelio apócrifo de Pedro (150 d. C.) narra cómo Cristo resucitó ante los guardianes y los ancianos judíos, pero la iglesia nunca lo reconoció como canónico, porque era consciente de que no se podía hablar así de la resurrección de su Señor.

A lo largo de los discursos de los apóstoles contenidos en el libro de los Hechos y entre las reflexiones de algunas cartas de san Pablo se hallan unas fórmulas, generalmente muy cortas, que llamamos confesiones de fe. Son textos presumiblemente anteriores a la composición de los evangelios. La más destacada de estas confesiones de fe la encontramos en la primera carta a los corintios. Dice así: «Os transmití ante todo lo que yo había recibido: que Cristo murió por nuestros pecados, según las Escrituras, y que fue sepultado y que ha sido resucitado al tercer día, según las Escrituras, y que se apareció...» (1 Cor 15, 3-5).

6. EL SEPULCRO VACIO

La tradición del sepulcro vacío se debió formar en Jerusalén. La predicación allí no hubiera sido posible si el cuerpo de Jesús se hubiese podido encontrar todavía en el sepulcro. Ningún adversario en polémica con los cristianos negó nunca este punto. Unos afirmarían que lo habían robado los apóstoles y otros mantendrían la teoría (D. Whitaker) de que lo habrían hecho los violadores de tumbas. Además, para la antropología bíblica, cualquier forma de vida, incluso la de Jesús resucitado, implicaba la presencia del cuerpo. Sin embargo, ningún evangelista utiliza el sepulcro vacío como prueba de la resurrección de

Jesús. El dato es ambiguo. Unicamente a partir de las apariciones concedidas a testigos escogidos, el sepulcro es un signo o indicio que habla a todos y los invita a la fe, pero no conduce todavía a ella. La fe en la resurrección no tuvo su origen en el descubrimiento del sepulcro vacío ni en el testimonio de las mujeres, sino en las apariciones a los apóstoles.

7. LAS APARICIONES

Cualquiera que los lea con detenimiento, observará que es imposible armonizar los distintos relatos de apariciones; quizá por ser tradiciones que circulaban de forma autónoma no pueden ser unidas sin una cierta violencia literaria. Los relatos no pretenden ser una crónica periodística, sino afirmar que Jesús se ha dejado ver por sus discípulos. La palabra aparición sugiere con facilidad algo fantasmal, cuando en realidad queremos decir que los apóstoles experimentaron un encuentro con Jesús vivo después de su muerte. Ellos han tenido esta experiencia personal. ¿En qué consistió exactamente? La redacción de los evangelios nos la presenta como una presencia real y carnal de un Jesús que come, camina, dialoga e incluso es tocado por ellos. Un Jesús que lleva siempre la iniciativa. El se deja ver y a los discípulos sólo les queda el reconocerle. Aunque no podamos precisar el carácter concreto de esta experiencia, el hecho de distinguir entre los que han visto y por eso creen y aquellos que creen sin haber visto confiere a las apariciones una realidad distinta de la mera visión imaginativa o la simple experiencia interior. No es la fe de la primera comunidad la que crea o inventa la resurrección, sino la resurrección la que se encuentra en la base de esa misma fe.

8. QUE SIGNIFICA PARA NOSOTROS HOY

Jesús posee un significado determinante para nosotros porque resucitó. La hierba no creció sobre su tumba. Si no hubiera resucitado, nuestra fe no tendría ningún contenido y seríamos los más alienados de todos los hombres. Así razona Pablo en el capítulo 15 de su primera carta a los corintios. Pero sólo por la fe podemos conocer nosotros el hecho de la resurrección.

La resurrección nos dice que el rostro de Dios que presentó Jesús es el auténtico y que efectivamente su causa es la causa del hombre y, más en concreto, la de los pobres. Así no es un sinsentido vivir y morir para los otros y para Dios, como lo hizo Jesús de Nazaret. El verdugo no triunfa sobre la víctima, ni el mal sobre el bien, ni la muerte sobre la vida.

La piedra que desecharon los constructores resultó ser la imprescindible piedra angular. El reino que no pudo concretarse por el rechazo ambiental ha tenido ya una completa realización al menos en la persona de Cristo llegado a plenitud y portador de una liberación completa y, como tal, gracia de Dios.

Es la realización de la utopía humana ahora en Jesús como primicia y luego en todos como total cumplimiento (2 Cor 4, 14). Las más hondas aspiraciones del hombre se pueden cumplir y se cumplirán. Hay alguien que ha vencido ya la limitación humana. Un cielo nuevo y una tierra nueva en que habite la justicia son posibles (2 Pe 3, 13). El hombre conoce cuál es su meta. No la posee en la realidad todavía, pero ya la tiene en esperanza.

Por su resurrección, Jesús continúa animando entre los hombres su lucha liberadora. Todo crecimiento verdaderamente humano, todo lo que signifique auténtica justicia en las relaciones sociales, todo lo que implique aumento de vida constituye una forma de actualizar y anticipar la resurrección y de preparar su plenitud futura.

Jesús es el Cristo, el que el hombre necesita.
Jesús es la palabra que da sentido a la existencia.
Jesús es el único camino.

BIBLIOGRAFIA

W. Trilling, *Jesús y los problemas de su historicidad.* Herder, Barcelona 1970, 169-191.

G. Bornkamm, *Jesús de Nazaret.* Sígueme, Salamanca 1975, 192-198.

W. Kasper, *Jesús, el Cristo.* Sígueme, Salamanca 1984, 151-174.

J. Drane, *Jesús.* Verbo Divino, Estella 1984, 84-96.

Ch. Duquoc, *Jesús, hombre libre.* Sígueme, Salamanca 1978, c. 6.

Varios, *Exégesis bíblica.* Paulinas, Madrid 1979, 151-177.

L. Boff, *Jesucristo y la liberación del hombre.* Cristiandad, Madrid 1981, 34; 144-159; 487-535.

E. Charpentier, *¡Cristo ha resucitado!* Verbo Divino, Estella 1976.

J. Guillet, *Las primeras palabras de la fe.* Verbo Divino, Estella 1982.

U. Wilckens, *La resurrección de Jesús.* Sígueme, Salamanca 1981.

Consiliarios C. V. X. Berchmans, *Jesucristo.* Sal Terrae, Santander 1981, 109-126.

«Concilium», n. 60 (1970).

«Communio», n. I/80; III/80; I/82.

«Cuadernos de oración», n. 6. Narcea, Madrid 1983.

«Imágenes de la fe», n. 72.

AUDIOVISUALES

Resucitó. Tres Medios, 60 diap. 13' 43''.
La gran noticia. Claret, 80 diap. 30'.
Esto hay que celebrarlo. COE, 60 diap. 16'.
Ocho personajes ante la resurrección. CCS 2 cassettes.
Rafael de Andrés, *Jesús, hombre nuevo.* Paulinas.

ACTIVIDADES

A. Sin creencia en una vida que trascienda la presente, un más allá, ¿opinas que debería cambiar el comportamiento de las personas en cuanto al amor, la solidaridad, la justicia, etc.? Por qué sí o por qué no.

¿Qué entiendes por resurrección de Jesús? ¿Una especie de milagro que sólo le afecta a él, en el mejor de los casos?

Si de verdad existiesen los reyes magos, ¿qué deseos tuyos querrías que se cumpliesen? (se entiende deseos profundos) ¿Qué cosas opinas que desean todos los hombres de todos los tiempos?

¿En qué cosas notas que el hombre es un ser inacabado, no pleno, que aspira a la plenitud? Muerte, deseos, limitaciones, etc.

¿Qué queremos decir al hablar de realización plena del hombre?

B. ¿Qué se pretende decir con la palabra «resurrección» referida a Jesús de Nazaret? ¿Por qué la resurrección de Jesús no es un hecho histórico que se pueda demostrar experimentalmente?

¿Cuáles son los principales esquemas que usa el Nuevo Testamento para formular la resurrección de Jesús? ¿Cómo interpretar el dato del sepulcro vacío y las apariciones? ¿Qué consecuencias tiene la resurrección de Jesús para el cristiano de hoy?

C. Componer un artículo en estilo periodístico dando la noticia de la resurrección de Jesús y sus consecuencias.

D. Realizar un comentario de texto incluyendo impresiones y opiniones personales sobre el siguiente fragmento de J. Domínguez:

«Jesús había reunido a su alrededor un grupo de proletarios, casi todos del campo y de la pesca, galileos. De este grupo, los más adictos eran alrededor de un centenar. Y de entre éstos hubo doce a los que él escogió y fueron llamados «Los doce».

La muerte de Jesús sumió a estos hombres y mujeres en la desesperanza, en el desencanto y en el miedo. Era fácil que no se contentasen con cortar la vida a Jesús, el líder del grupo, sino que persiguiesen y represaliasen también a sus seguidores, al menos a los más destacados.

Todo empezó a cambiar cuando un grupo de mujeres vino diciendo que Jesús había resucitado. Poco a poco le fueron viendo todos y creyeron.

El hecho histórico de la vida y muerte de Jesús de Nazaret ha adquirido resonancia mundial porque hubo unos hombres que corporativamente creyeron que había resucitado.

Tuvieron una profunda experiencia religiosa individual y comunitaria: vieron vivo a Jesús.

Es indudable históricamente que el grupo tuvo la evidencia individual y colectiva de que Cristo vivía. Sólo así se explica el salto de la incredulidad a la fe, de la desesperación a la esperanza, del miedo a la audacia y al desprecio de la vida.

Estos hombres y mujeres forman una corporación de testigos del resucitado y presentan la resurrección de Cristo con las siguientes características:

a) Es el acontecimiento clave. Representa para el mundo entero un momento histórico crucial. Es la irrupción de algo totalmente nuevo y definitivo. Se abre de par en par una dimensión nueva y permanente. Quedan francas todas las posibilidades del ser humano. Se ha abierto a todos los hombres por igual una nueva vida, como realidad y como posibilidad.

b) Es el acontecimiento que da su sentido último al hombre y al mundo, abriéndole definitivamente al misterio de Dios.

c) Es el acontecimiento salvador. La redención total, que únicamente llega con la victoria sobre la muerte.

d) Es un acontecimiento revolucionario. Algo que rompe con el pasado y abre las perspectivas del futuro del hombre.

e) Este acontecimiento es el comienzo de un proceso que se pone en marcha. Pero este proceso no se mantiene en marcha por sí mismo. Lo comenzado tiene que proseguirlo el hombre, convertido en colaborador de Dios.

f) Este proceso ya había sido abierto desde que Moisés salvó al pueblo esclavo de Egipto. Toda la experiencia liberadora de un pueblo, contenida en la biblia hebrea, es asumida e interpretada desde Cristo resucitado».

E. Divididos en cuatro equipos que se ocuparán respectivamente de Mc 16, 1-8; Mt 28, 1-8; Lc 24,

1-12 y Jn 20, 1-10, contestar cada uno de ellos a estas cuestiones sobre las diversas redacciones del «sepulcro vacío»: 1) día y hora; 2) ¿quién fue allí; 3) finalidad; 4) ¿qué vieron?; 5) diálogo; 6) reacción; 7) testigos del sepulcro vacío; 8) testigos de la resurrección.

Posteriormente, escribir los resultados en un cuadro sinóptico cuya columna vertical primera sean las 8 preguntas y las siguientes las que correspondan a cada evangelista.

Comparar las distintas respuestas y comentar el resultado.

F. Usando las formas del dibujo técnico, representar los planos del tipo de sepulcro que se empleaba entonces en Palestina con su entrada y diversas cámaras. Puede encontrarse un modelo en L. Grollenberg, *Panorama del mundo bíblico.* Guadarrama, Madrid 1966, 168; *Jesucristo.* Verbo Divino, Estella 1981; y otros.

PARA LA REFLEXION DE FE

A. ¿He superado una imagen infantil de la resurrección?

¿Qué concepto de resurrección observo que se tiene a mi alrededor?

¿Qué conclusiones deduzco con sinceridad y voluntad de efectividad para mi propia vida?

B. ¿A qué nos compromete la resurrección de Jesús en cuanto a los problemas de la justicia en las relaciones humanas, la promoción de la vida, la ecología, la salud, la alegría, el arte y la estética, la creatividad, el futuro, etc.?

Comentamos este fragmento de L. M. Xirinacs.

«Para descender al abismo del testimonio supremo, Jesús inventó un camino que la religión latina ha cambiado con un hábil juego de manos.

El primer paso no consiste en aprender el catecismo, sino más bien en ayudar al caído, dar pan a quien tiene hambre y casa a quien no tiene, curar al herido, acompañar al abandonado...

El segundo paso no es aprender la organización de las ideas religiosas de la dogmática medieval, ni la organización del comportamiento práctico de la moral del sistema vigente, ni la organización de la pirámide social eclesiástica del derecho canónico. El segundo paso es luchar para cambiar la propia vida y la de los demás para que haya una sociedad justa y armónica. Quien tenga dos panes, que dé uno a quien no tenga ninguno. Quien tenga dos carreras, que enseñe gratis una a quien no tiene ninguna...

El tercer paso es la libertad total. No es bautizarse con agua, comulgar con pan, decir los pecados en un confesionario, recibir del obispo un golpecito en la cara. Es lavarse del orgullo de casta, de grupo, de clase, liberarse de las estructuras; éste es el *bautizo.* Sólo apto para adultos. Es estar dispuesto a perderlo todo, a recibir todos los golpes y bofetadas del mundo, el hambre y la sed, la muerte, con serenidad. Esta es la *unión del espíritu.* Sólo apta para mayores. Es someterse a la más dura autocrítica. Esta es la *confesión.* Sólo para mayores. Es comulgar con los hermanos de todo el mundo, integrando la propia vida con la de los otros para formar un solo corazón y una sola alma, una sola bolsa y un solo destino. Esta es la *eucaristía.* Sólo para adultos. En este tercer paso, los signos sacramentales ceden paso a las realidades...

Esta forma de hablar parecerá impía. Y es la más piadosa de la tierra. Todo puede llegar a ser consagrado. Ya sé que ésta es *una libertad para pocos,* de momento. Pero esto no justifica mantener engañados a muchos. Antes que esta libertad, la lucha social. Y antes que la lucha social, la bondad espontánea. Y no otros sucedáneos. Este es el camino. Esta es la fe en el «descenso a los infiernos». Sólo desde este infierno, la resurrección. Lo otro no es fe».

L. M. Xirinacs

C. A la luz de la palabra

1 Cor 15: Cristo, primicias de los que durmieron.

Lc 24, 13-35: Encuentro con Jesús en la Escritura y sacramentos.

Jn 20, 24-29: Felices los que creen sin haber visto.

D. Oración, ayudados por el pensamiento de M. L. King:

«Me gustaría que alguien contase, en el día de mi muerte, que Martín Luther King trató de vivir en el servicio al prójimo.

Me gustaría que alguien dijera aquel

día que Martín Luther King trató de amar a alguien.

Ese día quiero que podáis decir que traté de ser justo y que quise caminar junto a los que actuaban en justicia, que puse mi empeño en dar de comer al hambriento, que siempre traté de vestir al desnudo. Quiero que digáis ese día que dediqué mi vida a visitar a los que sufrían en las cárceles. Y quiero que digáis que intenté amar y servir a los hombres.

Sí, y, si queréis, decid también que fui un heraldo. Decid que fui un heraldo de la justicia. Decid que fui un heraldo de la paz. Que fui un heraldo de la equidad.

Y todas las otras cosas superficiales (Premio Nobel de la Paz del 64) no tendrán importancia.

No tendré dinero para dejar cuando me vaya. No dejaré tampoco las comodidades y los lujos de la vida. Porque todo lo que quiero dejar a mi partida es una vida de entrega.

Y eso es lo que os tengo que decir. Si a alguien pude ayudar al encontrarnos a lo largo del sendero, si a alguien pude hacerle ver que había escogido el mal camino, entonces mi vida no habrá sido en vano.

Si consigo cumplir mis deberes tal como debe cumplirlos un cristiano, si consigo llevar la salvación al mundo, si consigo difundir el mensaje que enseñó el maestro, entonces mi vida no habrá sido en vano».

18

Jesucristo hoy

La resurrección de Jesús desencadenó un proceso de reflexión en todos aquellos que habían «encontrado» al maestro después de su muerte en la cruz. Los numerosos interrogantes comenzaron a ser contestados con imágenes, conceptos y símbolos propios de la cultura en la que la comunidad que se interrogaba vivía inmersa. Así, los judeocristianos de Palestina, los de la diáspora y las comunidades helenocristianas dan a Jesús distintos títulos tratando de expresar lo que Jesús es en un lenguaje comprensible a los de su misma cultura. La fe descubre de este modo a «Cristo todo y en todos» (Col 3, 11).

1. LOS CRISTIANOS PALESTINENSES

Tras los primeros títulos de santo, justo y siervo de Dios, las comunidades palestinenses designan a Jesús como hijo del hombre, es decir, como juez del último juicio. Pero la denominación que más claridad aportó en aquella circunstancia fue la de mesías o Cristo. El era el anunciado por los profetas y el esperado durante generaciones, aunque contradijese frontalmente las expectativas populares de un libertador político glorioso. Se le puede llamar por tanto hijo de David e hijo de Dios en consonancia con la conocida profecía de Natán: «Yo seré para él un padre y él será para mí un hijo... heredará el trono de David, su padre» (2 Sm 7, 14). Además, como quien se dirige al señor de todas las cosas, la comunidad oraba en arameo: «Marana tha. Ven, Señor» (Hch 22, 20).

Dentro de esta cultura judaica, fuertemente influenciada por las interpretaciones y lecturas del An-tiguo Testamento, se le dan a Jesús todos los calificativos y epítetos de honra y gloria existentes.

2. JUDEOCRISTIANOS DE LA DIASPORA

Influenciados por la cultura griega y buenos conocedores de la tradición judía, los judeocristianos de la diáspora designan a Jesús principalmente con el título de señor. Cristianos son los que invocan el nombre del Señor (1 Cor 1, 2). Los cristianos, a diferencia de los judíos, no se reúnen solamente en nombre de Dios-Yavé, sino en nombre del Señor Jesús. Como en el mundo helénico señor era el rey, había una cierta equivalencia con la designación de mesías, ungido o Cristo del mundo palestino. Jesús es el rey, pero no según el modelo político, sino como rector de todo el cosmos y de todos los hombres. Por otra parte, adonai o señor era la palabra que sustituía en la conversación o en la lectura al impronunciable nombre de Yavé.

Otras designaciones como «nuevo Adán» o «nueva humanidad» venían a resaltar el cumplimiento, en el caso de Jesús, de todas las aspiraciones humanas, y su sentido de modelo y primero de entre los hombres. En un clima cúltico-sacrificial, se usó también el calificativo de «sumo sacerdote mediador ante Dios».

3. LAS COMUNIDADES HELENISTAS

Apenas nada significaban para los cristianos helenistas los títulos de mesías, hijo del hombre, etc., debido a su lejanía de los conocimientos y concepciones bíblicas. Fue la palabra «salvador» la que obtuvo entre ellos mayor popularidad. Su equivalencia y conexión con las designaciones usadas por el resto de las comunidades venía sobre todo del hecho de considerar en su ambiente a la persona del emperador como «señor y salvador», y también por ser en los cultos esotéricos la divinidad la salvadora de la muerte y de la materia. Jesús se manifiesta en su epifanía (vocablo que se usaba para referirse a la primera aparición en público del nuevo emperador) como salvador. Más aún: sólo él es el salvador, en contraposición a las pretensiones del emperador.

En el ambiente helenista, se conocían hijos de dioses nacidos de una virgen: Alejandro Magno, Apolonio de Tiana, etc. El hijo de un dios pertenece al mundo divino. Desde esta perspectiva, los helenistas entendieron el título judío de «hijo de Dios», no como descendiente de David, sino en sentido físico. Jesús es el hijo unigénito de Dios enviado al mundo (Rom 8, 3). Desde aquí se pasa a reflexionar sobre la preexistencia de Jesús como Dios antes de tomar la condición de siervo para acabar siendo exaltado como señor absoluto y cósmico. El es la imagen de Dios invisible. Es Juan quien da un paso más cuando llama a Cristo el logos o la palabra, intentando expresar que es revelador del Padre y uno con él. Cristo es Dios y con este título aparece en el Nuevo Testamento al menos tres veces con toda claridad (Heb 1, 8; Jn 1, 1b; 20, 28), además de otras ocasiones en que resulta muy probable esta interpretación.

Todo esto ocurría ya en el siglo I. A partir de entonces, el mantener que Jesús es simultánea y auténticamente Dios y hombre será la tarea de toda cristología.

4. TITULOS DE CRISTO HOY

En la cuestión de descubrir y describir la realidad de Jesús no nos basta con conocer lo que otros conocieron ni con repetir las fórmulas que otros, desde una cultura que les era propia, aplicaron en su tiempo. Es necesario hallar las formas adecuadas de llamar a Cristo hoy, porque nuestra fe no radica en el arcaísmo de unas fórmulas que pueden incluso en ocasiones escondernos a Jesús relegándolo a la historia.

¿Cómo expresar hoy el encuentro de nuestros anhelos humanos con la realidad de Jesús? Dada la diversidad de circunstancias en las que el hombre actual se desenvuelve, son muchos los calificativos que desde éstas se pueden aplicar a Cristo. Al mismo tiempo, por ser cada vez más uniforme y universal la cultura de occidente, las áreas de validez y comprensión de estos títulos son cada vez más amplias.

Para la visión evolucionista actual, Cristo puede ser llamado el «punto omega» o final al que se dirige esa evolución. Cristo es lo que el hombre será. Teilhard de Chardin expone con detalle esta visión de Cristo.

En un mundo con una intensa y extensa problemática social, Cristo se entiende como crítico, reformador, descubridor de lo nuevo (y en este sentido revolucionario) y, sobre todo, liberador de la condición humana.

De honda raíz bíblica y de fácil comprensión actual es ver en Jesús al «Dios con nosotros». Podríamos decir que, *si la religión descubre a Dios en la naturaleza y el Antiguo Testamento lo encuentra en la historia, el cristianismo lo halla en el hombre.* La voluntad del hombre es la divinización, la plenitud. En Jesús vemos al hombre y en el hombre vemos a Jesús.

Ni los títulos antiguos ni los actuales podrán definir nunca lo que Jesús es, pero sí ayudarnos a expresar lo que significa para nuestras vidas. Desde la acción del Espíritu, el cristiano, al preguntarse quién es él para nosotros hoy, ir dando respuestas válidas que manifiesten, al menos descriptivamente, el contenido de su fe.

5. LO CRISTIANO

Iglesias y cementerios, comunidades de fe y partidos políticos, civilizaciones y costumbres, personas de muy distintos talantes y actitudes bien diversas han gozado tradicionalmente, al menos en el lenguaje corriente, de la calificación de cristianas. No cabe duda de que una aplicación tan generalizada consigue no clarificar apenas nada.

El libro de los Hechos de los apóstoles nos proporciona el dato de que fue en Antioquía donde por primera vez se llamó cristianos a los discípulos de Jesús (Hch 11, 26). Por mucho tiempo fue ésta una denominación injuriosa. Hoy, sin embargo, son numerosos los ambientes donde el epíteto carece de «garra».

Lingüísticamente, «cristiano» es todo aquello que tiene que ver con Cristo directa o indirectamente, de forma explícita o incluso anónima. En muchas ocasiones es una clasificación cultural y en otras designa aquello que está en la línea de pensamiento y acción de Jesús de Nazaret. Pero, si el adjetivo «cristiano» ha de servirnos para diferenciar aquello que tiene esta cualidad del resto de las realidades que no la tienen, la pregunta será: ¿qué es ser cristiano? o, de otra manera, ¿a qué se puede llamar con propiedad cristiano? Sabemos que lo peculiar del cristianismo no es otra cosa que Cristo en persona y que, por tanto, dejando aparte la designación cultural, *será cristiano aquel que considere a Jesús de Nazaret como determinante decisivo y normativo de sus relaciones con Dios, con los demás hombres, con la sociedad humana, con la naturaleza e incluso, si se puede hablar así, consigo mismo.* Esta consideración deberá ser además explícita y no simplemente anónima o inconsciente. En este sentido se expresa el teólogo Hans Küng en su obra *Ser cristiano.* No es cristiano el hombre que procura vivir de forma profundamente humana, o se compromete en la lucha por la justicia social o es consecuente con un espíritu religioso hondo y sincero. Cristiano es ante todo y solamente *el que procura vivir su humanidad, socialidad y religiosidad a partir de Cristo.* Entendiendo las cosas así, se logra huir de la tentación de capitalizar en favor del cristianismo o de la iglesia los valores de otros grupos bajo la afirmación de que ya son cristianos aunque sea de forma anónima, es decir, sin saberlo ellos. A la vez los valores y peculiaridades de otras religiones o grupos son auténticamente respetados como no propios, lo cual empuja a anunciar a Cristo a todos los hombres. Ser cristiano significa vivir, obrar, sufrir y morir como verdadero hombre siguiendo a Cristo en este mundo de hoy: sostenido por Dios y presto a ayudar a los hombres en la dicha como en la desgracia, en la vida como en la muerte.

6. PRESENCIA DE CRISTO EN LOS «CRISTIANOS ANONIMOS»

Otro teólogo, L. Boff, presenta así este aspecto de la cuestión: «Jesús resucitado está presente y actúa de modo especial en aquellos que, en el vasto ámbito de la historia y de la vida, llevan su causa adelante. Independientemente de la coloración ideológica y de la adhesión a alguna religión o credo cristiano, siempre que el hombre busca el bien, la justicia, el amor humanitario, la solidaridad, la comunión y el entendimiento entre los hombres; siempre que se empeña en superar su propio egoísmo, en hacer este mundo más humano y fraterno y se abre a una trascendencia que da sentido a su vida, ahí podemos decir, con toda certeza, que el resucitado está presente, porque sigue adelante la causa por la que él vivió, sufrió, fue procesado y también ejecutado. «El que no está contra nosotros, está con nosotros» (Mc 9, 40; Lc 9, 50), dijo también el Jesús histórico, derribando así las barreras sectarias que dividen a los hombres y que impiden considerar *hermanos* a quienes no se adhieren al propio credo. Todos los que se asocian a la causa de Jesús están hermanados con él, y él actúa en ellos para que haya en este mundo mayor apertura al otro y mayor lugar humano para Dios. Cristo no vino a fundar una religión nueva: vino a traer un hombre nuevo (Ef 2, 15), que no se define por los criterios establecidos en la sociedad (Gál 3, 28), sino por su entrega a la causa del amor, que es la

causa de Cristo. Como Espíritu, Jesús resucitado actúa donde quiere. En la plenitud de su realidad humana y divina, trasciende todas las posibles barreras opuestas a su acción, de lo sacro y de lo profano, del mundo y de la iglesia, del espacio y del tiempo. Alcanza a todos, especialmente a los que luchan en sus vidas por aquello por lo que el propio Jesús luchó y murió, aun cuando no hagan una referencia explícita a él y a su significado salvífico universal. De ahí que puedan ser llamados cristianos anónimos o implícitos.

En la base del cristianismo está Jesucristo. Y en la base de Jesucristo hay una vivencia, un comportamiento, un modo de ser hombre, una estructura que, vivida radicalmente por Jesús de Nazaret, hizo que él fuese designado como Cristo. Existe una estructura 'crística' dentro de la realidad humana que se manifestó de forma absoluta y exhaustiva en la vida, muerte y resurrección de Jesús de Nazaret. La estructura 'crística' es anterior al Jesús histórico. Preexistía en la historia de la humanidad. Siempre que el hombre se abre a Dios y al otro, siempre que se da un verdadero amor y superación del egoísmo, cuando el hombre busca la justicia, la solidaridad, la reconciliación y el perdón, se da el verdadero cristianismo y emerge, dentro de la historia humana, la estructura crística. Así, pues, el cristianismo puede existir antes del cristianismo; pero también puede haber cristianismo fuera de los límites cristianos... Antes de Cristo, el cristianismo era anónimo e implícito. No poseía todavía un nombre, aunque existiese y fuese vivido por los hombres. Pero con Cristo recibió un nombre. Jesús lo vivió con tal profundidad y absolutez que, por antonomasia, pasó a llamarse Cristo. El hecho de que al principio el cristianismo no se llamara así no significa que no existiera. Existía, pero escondido, anónimo y latente. Con Jesús llegó a su máxima evidencia, explicitación y revelación. La tierra siempre fue redonda, aun antes de que Magallanes lo demostrara. América del Sur no comenzó a existir con su descubrimiento por Cristóbal Colón. Ya existía antes, aunque no fuese explícitamente conocida. Así sucede con el cristianismo y con Cristo».

Como podemos comprobar, mientras unos teólogos insisten en un cristianismo explícito y declarado como única forma de poderse llamar con propiedad cristiano, otros tratan de encontrar en aquello que no lleva este calificativo, o que incluso pertenece a épocas anteriores a Jesús, un fondo que permita de alguna manera relacionarlo con Cristo lo suficiente para poder llamarlo cristiano.

7. EL ESPIRITU DE JESUS

En Jesús de Nazaret se hace visible el actuar de Dios. La fuerza interior que constituye la fuente y el motor de sus acciones coincide con lo que bíblicamente se denomina Espíritu de Dios o Espíritu Santo. Sin embargo, nadie poseyó el Espíritu como él «por encima de toda medida» (Jn 3, 34). En él no se trata de una fuerza que lo invada desde fuera, es su propio Espíritu (Jn 16, 14 s.).

Refiriéndose a Jesús, Juan el bautista decía: «El os bautizará en Espíritu Santo» (Mt 3, 11); y así será: en ausencia corporal de Jesús, el Espíritu ocupará su lugar. Seguir las huellas del maestro será señal inequívoca de poseer el Espíritu de Jesús. El cambio de valores objetivos y métodos que se opera en el cristiano, la aceptación misma de Jesús como único señor de su vida hasta el punto de poder decir con Pablo: «no soy yo quien vive, es Cristo quien vive en mí», el formar parte de manera adulta y responsable de la comunidad de la iglesia son otros tantos efectos palpables de la presencia del Espíritu.

La vida cristiana en su totalidad podrá ser llamada vida en el Espíritu. No será ninguna ley nueva ni vieja la que gobierne la vida del discípulo, sino el Espíritu del maestro que lo hace libre frente a cualquier pretendida imposición humana. Así pasa de la servidumbre al servicio, de las relaciones jurídico-religiosas a la relación filial con el Padre.

El Espíritu será la fuerza que dinamizará a la iglesia y la mantendrá unida y pluriforme, pudiéndose llamar a sí misma unidad del Espíritu Santo. Cristo se hace así presente y actuante en toda circunstancia, tiempo y ambiente a través del cristiano que vive guiado desde lo más profundo por su Espíritu.

BIBLIOGRAFIA

H. Küng, *20 tesis sobre ser cristiano*. Cristiandad, Madrid 1977, 17-23.

H. Küng, *Ser cristiano*. Cristiandad, Madrid 1977, 149-154.

L. Boff, *Jesucristo y la liberación del hombre*. Cristiandad, Madrid 1981, 169-175; 228-229; 242-253; 268-271.

W. Kasper, *Jesús, el Cristo*. Sígueme, Salamanca 1984, 199-336.

«Cuadernos de oración», n. 7 (1983). Narcea, Madrid.

AUDIOVISUALES

El hombre sin pueblo. Tres Medios, 72 diapositivas.
Jesús vivo en la iglesia. Edebé, 48 diapositivas.
Bajar para encontrarse. Claret, 72 diapositivas.

ACTIVIDADES

A. ¿Qué calificativos aplican los cristianos más frecuentemente a Jesús? ¿Qué calificativos le da la gente no cristiana?

Hacer una pequeña lista con 20 realidades a las que normalmente se les ponga el adjetivo «cristiano/a».

¿Qué te sugiere la expresión «Espíritu de Jesús?»

En tres columnas paralelas coloca: en la primera, una actitud humana, un suceso, etc.; en la segunda, indica si merece el calificativo de cristiano o no; en la tercera, explica el porqué lo juzgas así.

B. ¿Cuáles son los principales títulos que las comunidades judeo-cristianas de Palestina, de la diáspora o helenistas daban a Jesús resucitado? ¿Qué significado tiene cada uno y qué relación hay entre ellos? ¿Cuáles son hoy los títulos cristológicos más frecuentes? ¿A qué se puede calificar propiamente de cristiano? ¿Puedes distinguir entre calificación evangélica, cultural, explícita o anónima? ¿Qué papel juega en la actualidad el Espíritu de Jesús?

C. ¿Qué se quiere decir cuando se califica a la civilización occidental de cristiana? ¿Qué relación tiene con Cristo?

Cada uno apunta, con rapidez y sin pensar, las cinco primeras cosas que se le ocurren al oír la palabra «cristiano». De las contestaciones sacamos las consecuencias.

D. ¿Qué relación le encontramos a este tema con el de la imagen de Jesús?

¿Qué cualidades debería tener un ambulatorio médico cristiano? ¿Una empresa comercial cristiana? ¿Una escuela cristiana? ¿Un partido político cristiano? ¿Puede haberlos? ¿Cuál sería su diferencia de los otros que no son cristianos? Comentar y, ayudados por el profesor, sacar conclusiones razonadas.

E. Divididos en cuatro equipos, buscar en un evangelista los títulos que se dan a Cristo, anotando las veces en que se usa cada uno. Ver después cuáles son de comunidades judeocristianas y cuáles de comunidades helenistas.

F. Realizar un guión de emisión radiofónica en el que, a través de una encuesta fingida o real, se muestre que cristiano es lo que va en la línea de Jesús, y que no todo lo que se califica de cristiano es tal. Usar interrogantes, casos concretos, datos históricos, etc.

PARA LA REFLEXION DE FE

A. ¿Eres capaz de distinguir el cristianismo cultural del evangélico? ¿Qué relación le encuentras a este tema con el titulado «De la religión heredada a la fe personal»? ¿Qué rasgos de la iglesia en España juzgas que tienen más motivo cultural y cuáles encuentras con mayor contenido evangélico?

B. Ponemos en común «en qué consiste ser cristiano para mí».

Comentamos cómo mantener el contacto con Jesús y adquirir su Espíritu. Necesidad y dificultades de la oración, sacramentos, lectura de la palabra, etc.

C. A la luz de la palabra
Mt 7, 21: Primero, la voluntad del Padre.
Mt 21, 28-32: Trabajar en la viña.
Mt 6, 24: ¿Dos señores?
Lc 6, 46-49: No sólo de palabra.

D. Oración, examen, compromiso.

Te bendecimos, Padre,
por el don del Espíritu que, por tu Hijo, haces al mundo.
Lo hiciste al principio,
cuando incubabas el universo al calor del Espíritu,
para que naciera un mundo de luz y de vida,
que pudiera albergar al hombre.

Te damos gracias porque, mediante tu Espíritu,
lo sigues creando, conservando y embelleciendo.
Te bendecimos por haber puesto tu Espíritu
en el hombre,
y por el don continuo que de él has hecho
en la historia humana:
Espíritu de fuerza en los jueces y gobernantes,
Espíritu rector en sus reyes fieles...

Te alabamos por la acción de tu Espíritu
en los profetas...

Te bendecimos sobre todo por Jesucristo,
lo mejor de nuestro mundo,
el hombre «espiritual» por excelencia:
vivió guiado por el Espíritu,
evangelizando a los pobres,
ayudando y fortaleciendo a todos...
hasta que, resucitado, comunicó a su iglesia

y a los que buscan con corazón sincero,
ese mismo Espíritu...

Que el Espíritu nos dé fuerza para luchar por
la verdad,
la justicia y el amor;
luz para comprender a todos, ayuda para servir,
generosidad para amar, paciencia para esperar.

Padre, que tu Espíritu de amor traiga a la unidad
a tu iglesia.

Y, finalmente, haznos sensibles a la acción
de tu Espíritu
en el mundo y en la historia de los hombres.
Ayúdanos a descubrirla en la ciencia,
en la cultura, en el trabajo, en la técnica,
en todo aquello en que el hombre y el Espíritu
preparan conjuntamente
el alumbramiento de los nuevos cielos
y la nueva tierra.

Por Jesucristo, tu Hijo resucitado
y hermano nuestro.
Amén.

Anónimo

19

La moral cristiana

Con la palabra *ética* asociamos normalmente todo aquello que se refiere al bien y al mal, valores y normas, mandatos y prohibiciones, libertad y responsabilidad. En el lenguaje ordinario utilizamos muchos conceptos que contienen un juicio ético: pensemos en las expresiones «debemos de», «tenemos que», «hay que», «inhumano», «aceptable», «ideal» y otras muchas. Algunos conceptos encierran también un juicio de valor que no siempre lo manifiestan expresamente; así, cuando decimos «esto no se puede hacer», «es una actuación nefasta», «se trata de un desafortunado asunto»... y miles de expresiones más. En el fondo, gran cantidad de estas expresiones albergan un sentido profundo acerca de lo justo o injusto en referencia a lo que se considera adecuado a la dignidad humana.

Para muchos, la palabra *ética* tiene resonancias muy negativas, al ser asociada simplemente con las normas o reglas de comportamiento, con los preceptos y las leyes que en nuestra sociedad son tenidos por válidos. A menudo se tiene el sentimiento de que las normas son nada más que una imposición hecha «desde arriba» al individuo, de tal suerte que constituyen una amenaza para su libertad y responsabilidad personales.

Para otros, el término *ética* representa lo que en casa y en la escuela han aprendido sobre el bien y el mal, sobre lo que se debe y no se debe hacer y, desde el punto de vista de la cultura cristiana, sobre la conciencia, el pecado y la condenación. Para otras personas, por fin, *ética* no significa algo suficientemente concreto como para ser vinculante, sino que sólo se trata de un pensamiento muy difuso; sin embargo, en cuanto la ética se hace concreta y responde con expresiones normativas a determinadas cuestiones o problemas, la tildan de escrupulosa, estrecha de miras y ergotista.

1. ETICA Y MORAL

A causa de la carga negativa que para muchos contiene la palabra *ética*, es preciso recordar el origen de la misma, para comprenderla y, en cualquier caso, para describir en qué consiste.

El origen de la palabra «ética» se encuentra en la griega éthos, que significa «uso» o «costumbre»; también su origen está en la palabra êthos, que designa «actitud interior», «modo de pensar» u «opinión». Entre ambas expresiones hay algo más que un parentesco etimológico, pues la costumbre, el comportamiento y la actitud interior se hallan relacionados entre sí por medio de un fuerte influjo mutuo.

Tomada en sentido estricto, *ética* significa la ciencia de las costumbres; pero, en un sentido amplio, podría ser descrita la ética como reflexión sobre el actuar del hombre bajo el presupuesto de lo humanamente digno o indigno.

Los conceptos *ética y moral* (del latín «mos» = costumbre) fueron utilizados en tiempos pasados con significaciones diferenciadas. Tales diferencias surgieron especialmente en el marco de la filosofía cristiana y de la teología católica, ya que esta última principalmente consideraba la ética como la disciplina que se ocupaba de la conducta humana a la luz de la razón natural, mientras que la moral era más bien una disciplina teológica que se ocupaba de la normativa de esa conducta a la luz de la fe, es decir, de acuerdo con el fin último del hombre según la revelación cristiana.

Hoy día, sin embargo, con «moral» se designa cada vez más el conjunto total de reglas de conducta y costumbres que son aceptadas como normas por un grupo o una cultura. De cualquier forma, ética y moral son dos conceptos que se utilizan frecuentemente con el mismo significado, a pesar de que a veces aún se sigue manteniendo la vieja diferenciación.

2. LOS VALORES ETICO-MORALES

Los valores constituyen un tema fundamental de la ética, y son tratados por los expertos de estas materias en la denominada «meta-ética», disciplina especial, dentro de la ética en general, que se ocupa en analizar críticamente los conceptos morales básicos.

La expresión «valor» se refiere a todo aquello que tiene para alguien algún significado, sea en orden a una determinada finalidad o no. En el uso lingüístico ordinario aparecen frecuentemente las palabras *valor* y *norma* como sinónimos, pero hay que hacer hincapié en que no se trata de la misma cosa, ya que el *valor* sólo se convierte en *norma* cuando al significado humano contenido en aquél se le da expresión concreta para regir la conducta.

Todo esto plantea una serie de difíciles cuestiones: ¿podemos tener plena certeza acerca de si los valores son objetivos o subjetivos o ambas cosas a un tiempo? Los valores ¿son aquellos que las cosas por sí mismas tienen o más bien somos las personas quienes atribuimos valor a las cosas? La respuesta en un sentido u otro a tales cuestiones tiene diversas consecuencias. La primera es que el hombre siempre se ve obligado a establecer una u otra jerarquía de valores y que, además, sólo posteriormente, en cada situación, se pondrá en claro cuál de ellos es el más importante, es decir, cuál se constituye en norma. Así, por ejemplo, siendo la propia vida o la vida en general un alto valor, pueden producirse situaciones en las que otros valores se presenten con un rango aún más alto, pongamos por caso la situación en la que se trata de salvar a una persona en extremo peligro de muerte.

Con esto no se está diciendo propiamente que la normativa ética depende sólo y absolutamente de las situacio-

nes que en cada caso se producen, ya que con ello se estaría negando totalmente la existencia de toda norma válida en general. Unicamente se trata de indicar que una actitud ética dispuesta a tener en cuenta las situaciones concretas no absolutiza las jerarquías de valores con un rigor fijo para siempre y en todas partes. Cualquier escala de valores puede ser iluminada por la situación concreta en la que se tiene que decidir y actuar.

Hablando, pues, no sólo de valores, sino también de normas, hay que decir incluso que éstas, aun cuando «a priori» hayan recibido una validez universal, tendrán que ser traducidas en normas concretas para la situación concreta, de acuerdo con los valores que lo humanamente más digno determine en esa situación.

3. EL CONCEPTO DE «NORMA»

Como se ha indicado, hablando de los valores, es preciso también aclarar el concepto de «norma» para evitar malentendidos. El sentido original de esta palabra es algo así como «hilo conductor», «orientación», «medida», «patrón»... *De aquí que «norma» se refiera a aquello con lo que se pueden medir o juzgar otras cosas.* Por eso se puede definir la *norma* como *el criterio con el cual puede determinarse si algo o alguien realmente es lo que quiere ser, y designarse, en función de ello, si es bueno o es malo.*

Todo lo que el hombre es, hace o deja de hacer está sometido a normas. Algún ejemplo puede servir de aclaración. Un tratamiento médico será bueno si responde a las siguientes normas: terapia correcta de acuerdo con un diagnóstico, al cual, a su vez, se llega mediante una investigación objetiva, cuidadosa y profesional o técnica. Una calefacción central será buena si está dispuesta según las normas técnicas vigentes para su instalación.

De los ejemplos se desprende que en todos nuestros actos y omisiones las normas juegan un papel; al mismo tiempo, es preciso reconocer que el concepto de *norma* no es un concepto ético específico. El contenido y el significado de tal concepto varían en función de las personas y de las cosas de que se trata: las actividades de un técnico instalador son sancionadas por un tipo de normas distinto de las de un funcionario, un reportero de televisión, un párroco o un médico. En este sentido, se habla de normas profesionales, a pesar de que no sea correcto; con ello quiere decirse únicamente que, por ejemplo, un programa de televisión tiene que adecuarse a las pautas que en general son válidas para que se lleve a cabo una buena realización del mismo; para un programa de variedades, pongamos por caso, tales pautas o normas pueden ser la exigencia de calidad artística, ambientación, dinamismo, variación y buen gusto. Si el programa en cuestión no responde a esas exigencias, se tratará de un mal programa, pero con eso no podrá decirse que sea un programa malo en sentido ético.

Bien es cierto, no obstante, que a menudo el paso de estas normas a normas de carácter ético propiamente dicho se lleva a cabo muy fácil y rápidamente. El ejemplo que sigue puede ser significativo: cuando un médico, después de una exploración genética profunda, tiene que dar información a un matrimonio para que éste pueda tomar su decisión en orden a tener hijos, las normas válidas para tal información consisten en la aportación profesional por parte del médico de los datos técnicos objetivos. Caso de que esa información no se adecue a esas normas, todavía no puede decirse que se trata de una información no ética o inmoral en sí misma; será inmoral o carente de ética, cuando por una mala exposición informativa el asunto adolezca de tal falta de claridad o de datos objetivos que el matrimonio llegue a tomar una falsa decisión.

En la práctica no es fácil trazar una clara línea de separación. Por eso es imprescindible no perder de vista que las normas se convierten de hecho en normas morales al hallarse éstas, mediata o inmediatamente, influidas por el carácter humano de la actuación de las personas.

4. ETICA Y DERECHO

También es frecuente, cuando se discuten muchos problemas, utilizar los conceptos de *ética* y *derecho* como si de una misma cosa se tratase, lo cual es un error. *Etica* se refiere al *juicio de la conciencia acerca del carácter humano de las actuaciones y a la actitud interna de los hombres* de donde proceden dichas actuaciones. El *derecho,* por el contrario, *regula principalmente la actuación del hombre en cuanto que ésta tiene carácter social.* No cabe duda de que existe una estrecha relación entre ética y derecho, sobre todo en la medida en que determinadas valoraciones éticas fundamentales van adquiriendo tal grado de consideración, desde un punto de vista colectivo, en cuanto a su inviolabilidad, que han de ser fuertemente aseguradas.

Esto no significa, sin embargo, que la moral o ética de una determinada parte de la población (es decir, de un grupo concreto o particular) haya de tener tal consideración que llegue a alcanzar un lugar en la ley penal general.

Por ejemplo: entre los Testigos de Jehová es preciso respetar la negación a someterse a transfusiones sanguíneas por motivos ético-religiosos, que para ellos constituyen una decisión de conciencia; pero sería un error imponer a toda la población esta concepción por medio del código penal.

La ley penal se basa primariamente en el juicio acerca de si un comportamiento es socialmente aceptable o no, lo cual sólo está en relación con la ética en la medida en que tal juicio se halle ligado con una determinada concepción del hombre o de la sociedad. Un ejemplo más puede aclarar mejor este extremo: la ley penal sobre el aborto tiene que asegurar la dignidad del no nacido por medio de su defensa, pero también tiene que procurar un espacio de decisión, es decir, de libertad, a la conciencia personal que puede llegar a encontrarse en ciertas situaciones con extraordinarios problemas.

Todo esto tiene como consecuencia que la ley penal, en y para determinados casos, puede ser considerada de manera más permisiva, desde el punto de vista jurídico, que lo que éticamente se va a permitir según las concepciones morales de determinados grupos en particular. Cuando quedan segurados en cada caso los valores fundamentales que en él entran en juego, esta visión es perfectamente defendible.

5. LA NORMA DE MORALIDAD

Los conceptos de ética y moralidad suelen asociarse con los de norma y ley. Pero ya hemos indicado que no se trata de cosas idénticas.

Por un lado, está la norma que ya hemos distinguido de los valores, haciendo referencia a cómo un valor deviene norma, ya que ésta es una expresión o formulación de aquél. Por otra parte, la norma, en su primera consideración general, se distingue o divide en *norma objetiva,* que es la *ley,* y *norma subjetiva,* que es la *conciencia.*

Conciencia es un término con el que se designa un conjunto de fenómenos y toda una gama de significaciones: interioridad, opinión personal, conocimiento, reflexión, juicio de valor, responsabilidad, sentimiento ético, norma moral, visión de sí mismo, centro de la persona, impulso interior, etc. En cualquier caso, al referirnos a la conciencia como norma subjetiva de moralidad, estamos indicando aquella acepción del término que expresa un fenómeno universal: *el juicio que se lleva o puede llevarse a cabo en el interior de todo individuo antes y/o después de que éste realice una acción.*

La conciencia es, pues, norma moral subjetiva, interna, que como instancia personal mide o juzga los actos propios, valorándolos según criterios de bondad o de maldad; criterios que en este aspecto se hallan a su vez dependientes de la libertad y responsabilidad del mismo individuo. De aquí la específica dimensión de subjetividad que reviste la conciencia como patrón de juicio respecto a la conducta.

Ley, por el contrario, *es la norma que, desde fuera del individuo y para el común o conjunto de las personas, mide la rectitud de los actos.* De ahí su calificación, opuesta a la de la conciencia, de «objetiva».

Meta de la ley es la realización del orden en la sociedad, orden que se basa en la naturaleza social del hombre y que es exigido por ella. El valor moral que se muestra en la ley es el de la justicia, la cual estructura la comunidad al asignar lo que es suyo a cada miembro de la misma.

La justicia es, pues, el contenido ético o moral de la ley, la cual se dirige a la libertad del individuo, exigiendo de él la realización del orden social por medio del cumplimiento de la justicia. Esto, naturalmente, no quiere decir que la ley sea la justicia, pero participa de ella en el sentido de que, como tal ley, es un intento de realizar ese valor moral que es la justicia.

Es preciso también hacer referencia brevemente a algunas de las distinciones que sobre la ley se han hecho clásicamente. Por un lado, se habló siempre de una *ley moral,* es decir, aquella norma que imperativamente se manifiesta a la conciencia del hombre o que obliga al hombre en conciencia porque siempre hace relación a valores morales, distinguiéndose de otras leyes cuya obligatoriedad se queda en el exterior del hombre, ya que no implican directamente valores morales.

Por otro lado, la división tradicional más importante, en cuanto a clase de ley, es la que se refiere a:

La *ley natural,* que no se impone a la voluntad del hombre de la misma manera que las leyes positivamente promulgadas por una autoridad o por el conjunto de una sociedad a través de sus instituciones jurídicas de uno u otro tipo. Esta ley natural o innata en cada hombre contiene el imperativo de unos principios muy generales, válidos para todo hombre en cualquier momento del tiempo y en cualquier lugar, y que pueden ser conocidos por todo hombre, es decir por su razón normal, siendo éste capaz de seguirlos a lo largo de su vida adecuadamente.

En esta misma línea se habla de la *ley grabada en el corazón,* pues el hombre, como criatura de Dios, reconoce desde su interior y desde el primer momento de su existencia, por decirlo así, cuál es la conducta agradable a los ojos de aquel que le ha hecho.

Otra mención especial hay que hacer de la *ley positiva,* divina o humana, es decir la ley que explícitamente, de palabra o por escrito, y de forma externa, ha sido promulgada por una autoridad (divina o humana) como un imperativo propuesto a la voluntad individual, en orden a regular la conducta de cada uno y conseguir el bien de la comunidad.

Ahora bien, lo más importante de la ley es tener en cuenta que, si el contenido de ésta es la justicia y si su fin es la realización y estructuración de un orden social por medio de la justicia, la validez de la ley está sometida a diversos presupuestos.

En primer lugar, para que una ley sea válida y pueda obligar, deberá de ser justa, pues la ley, como hemos indicado, existe a causa de la justicia. La justicia pide que la ley sirva al bien común y que sea verdaderamente provechosa o necesaria a la comunidad. Leyes inútiles o perjudiciales pierden su fuerza moral obligatoria. En segundo lugar, una ley es justa, si además reparte equitativamente los derechos y las obligaciones y no impone cargas abusivas a nadie, ni al individuo, ni al grupo, ni a una clase social. Finalmente, la justicia exige también que el legislador no se extralimite en su competencia.

---

6. CONFRONTACION ENTRE EL HOMBRE Y LAS NORMAS

Cuando se trata de determinar la esencia de la ética o moral, se hace referencia a la relación existente entre las normas concretas y la imagen de hombre o concepción sobre el hombre que subyace en ese sistema de normas. Esta confrontación posibilita una valoración crítica acerca de la conducta concreta, permite realizar oportunamente una rectificación e impide la fijación de ciertas visiones adquiridas. Esta confrontación dialéctica, en fin, es la dependencia que un sistema ético tiene respecto de la cultura en que tal sistema se desarrolla, pues en toda cultura se muestran los rasgos concretos que delimitan la imagen de hombre al uso y sus formas de comportamiento.

No es preciso analizar aquí con detalle la multitud de elementos culturales que se contienen en determinadas normas éticas, si se está convencido de este hecho, pues el mismo convencimiento servirá de salvaguarda frente a la tentación de otorgar de modo precipitado a determinadas normas morales una validez eterna.

Pero esto tampoco quiere decir que no se dé continuidad alguna entre las normas. Existen valores humanos básicos, que son permanentes y que inspiran ciertas normas fundamentales. La negación de esos valores y normas básicos conduce a una ética indefendible, según la cual las normas serían determinadas exclusivamente por la situación en que se lleva a cabo cada acción.

Para la práctica de la vida, se puede fijar como principio fundamental que hay que hacer el bien y evitar el mal. Pero el bien en este contexto hay que entenderlo como aquello que es verdaderamente humano, es decir, concretado en los diversos valores que realmente son humanos. *El objetivo al que deben tender los actos, pues, será el ideal de «lo humano», aunque en realidad haya que conformarse a menudo con las normas óptimas*, o sea, con aquellas que más acerquen la conducta a ese ideal. Porque frecuentemente el hombre se ve obligado a tomar decisiones en situaciones extremadamente complicadas, en las que se entremezclan varios valores humanos que no pueden ser realizados todos y a un tiempo. Así, por ejemplo, la decisión sobre un aborto por estricta indicación médica significa, de una parte, una decisión en favor de un determinado valor (el mantenimiento de la vida y la salud de la madre) y, de otra, el abandono de otro valor humano (la vida del feto que, además, es una vida humana en desarrollo). La norma ideal exigiría la realización de ambos valores, pero la norma óptima significa realizar el número mayor de valores posible y, entre ellos, los de mayor importancia.

7. LA MORAL COMO TAREA DE LA PERSONA HUMANA

Moral es la obra de configuración de la propia vida humana, llevada a cabo por el hombre responsable. No consiste propiamente en una tarea de encauzamiento y delimitación, sino más bien en el continuado y creativo desenvolvimiento de la persona y en el control sensato del comportamiento habitual de acuerdo con la peculiaridad de la misma.

Ahora bien, no es posible, en cuanto a su realización y sus posibles adquisiciones, determinar de una vez por todas qué es el hombre. Precisamente ser hombre quiere decir, entre otras cosas, ser cambiante, en evolución y desarrollo, sometido a muchas influencias. De aquí que la moral sea una tarea siempre dispuesta a ser revisada, reorientada y, en caso preciso, corregida.

Puesto que lo verdaderamente humano, lo ideal que imaginamos en el hombre, no podemos verlo realizado de antemano, en última instancia será contenido de la moral aquello que busque en cualquier caso la dignidad del hombre, cosa a su vez que tampoco se realiza de hecho una vez por todas, sino que consiste más bien en un propósito firme de humanizar más y más a la persona y al medio en que ésta se desenvuelve.

Este concepto de «dignidad humana» podremos definirlo como síntesis de todos aquellos valores que son considerados como auténticamente humanos. Al mismo tiempo, la realización de tales valores —mediante la construcción de una existencia verdaderamente humana, o sea, de lo que siempre y en cada momento es digno del ser humano— configura la tarea ética del hombre mismo.

8. LA MORAL, TAREA INDIVIDUAL Y SOCIAL

Se ha dicho siempre que la naturaleza del hombre indica a cada individuo cuál ha de ser su conciencia y su conducta éticas. Esto contiene sin duda una gran verdad, pero no debe ser entendido de forma que la realidad de cada persona sea un reflejo fiel de una experiencia común. En la vida ordinaria, la conciencia ética individual no se forma sólo desde el interior, sino que es el resultado de influjos diversos que, a través de la educación y el medio ambiente en general, actúan sobre el individuo.

En todo grupo y en toda sociedad se dan normas que son consideradas como vinculantes y que, a menudo, según el lugar, el tiempo, la cultura y la especie de grupo o pueblo, procuran un orden u ordenamiento a la respectiva sociedad que lo contiene. Ese sistema de normas es también expresión de lo que en dicha sociedad figura como conjunto de valores humanos. Es así, pues, como el sistema se inscribe en el fenómeno ético-social de la sociedad.

Los valores humanos son al mismo tiempo expresión de un acuerdo expreso o tácito entre el individuo y la sociedad. Por ejemplo, cuando en una sociedad se premia con una especial distinción la alta producción laboral, hay que deducir de ello que ese grado de producción es algo que está considerado como un valor de rango importante y, en general, digno de ser conseguido. A la vez, también puede deducirse de ahí que al bien común se le atribuye prioridad.

A través de conversaciones con personas individuales, topamos a menudo con normas que son prioritarias en su entorno social. Lo mismo ocurre respecto a la influencia que ejerce un determinado medio o ambiente educativo. No es difícil reconocer en todo ello las concepciones éticas peculiares que se desprenden de las diversas concepciones de la vida, de las distintas visiones del mundo y del hombre y hasta de la distinta situación social.

Por otra parte, también en el terreno individual se descubre el fenómeno ético. Cada persona considera ciertas cosas como dignas de ser conseguidas y, por tanto, como regla o norma de su conducta, ya que tiene la convicción de que conducirse según ese objetivo o pauta da valor a su vida. No obstante, también hemos de afirmar que en muchos casos la creencia de estar actuando o conduciéndose por propia iniciativa y decisión personal no es otra cosa, a la postre, que un comportamiento del todo conforme con las normas del grupo en que el mismo individuo está inserto.

Pero ciertamente es posible que la persona pase de un comportamiento meramente conformista a otro propio e individual, capaz de llevar a cabo decisiones personales. Este proceso o paso de una conducta ético-social a otra personalizada puede darse bajo ciertas condiciones: que la persona tenga consciencia de que en su mundo entorno hay en vigor unas determinadas normas; que dichas normas han de ser aceptadas de alguna manera y hacerse propias en algún grado; que deben determinar, por lo menos hasta cierto punto, el propio comportamiento; y por último, que esta persona disponga en cierta medida de autonomía y libertad.

Dentro de un grupo o sociedad en que las normas sociales sean impuestas al individuo mediante presión absoluta, no es posible una *conducta ética individual;* sólo cuando desaparece tal presión, se da la posibilidad de un comportamiento original del individuo y, con él, el desarrollo de la propia decisión y la ética personal.

En muchas sociedades modernas hallamos muy diferentes normas ético-sociales, ya que coexisten grupos muy diversos con sus propios sistemas normativos. El individuo, que vive al mismo tiempo y trabaja en y con distintos grupos, se enfrenta y se confronta a la vez con normas muy diferenciadas y a veces contrarias entre sí. Y esto no sólo le provee de un espacio amplio para personalizar las normas, sino que además es buscado por él. Por esto es importante notar que la concepción ética individual no se da en la persona como un hecho propio y previo. La realidad es otra: el fenómeno y la conciencia ético-sociales existen de antemano y constituyen el punto de partida para el origen y desarrollo de una ética personal.

9. EL HOMBRE, NUCLEO DE TODA REFLEXION ETICA

En realidad, lo que constituye el centro de la ética es la imagen que se tenga del hombre. Esta imagen del hombre, impulsora de una ética concreta, viene dada, como ya se ha indicado antes, por una concepción del mundo, de la vida, de la existencia.

El cristianismo, por ejemplo, no ofrece en principio una imagen determinada de hombre, sino que indica algunos valores fundamentales sobre la persona que aportan gran claridad al vivir humano; así, el respeto hacia la libertad de conciencia, la dignidad de la vida, etc. El evangelio ofrece ante todo elementos integrantes para la construcción de una actitud verdaderamente humana, que sea útil de cara a los diversos problemas y disyuntivas que pueden presentarse en distintas situaciones; pues el evangelio es un mensaje cuyo contenido es verdaderamente humano. Para quien cree en Jesús y en su evangelio, hay un plan de Dios que se realiza en *lo humano* de la humanidad y desde dentro de ella.

Visto así, el cristianismo propone de hecho un mensaje acerca de cuestiones que tratan de lo humano. Entonces, a la luz de la concepción cristiana de la existencia, el creyente tiene ciertamente una imagen de hombre determinada y un ideal ético, pero en ningún caso una imagen de hombre y una ética en las que todo esté programado y descrito, como en los planos o proyecto de una obra, al detalle y con fijeza preestablecida.

En realidad, el evangelio sólo presenta una descripción fundamental de los elementos constitutivos que configuran una determinada imagen de hombre; tales elementos se refieren a la absoluta relación al prójimo, es decir, a una solidaridad humana radical. Lo concreto propuesto en esa solidaridad absoluta es algo que únicamente puede determinarse en la vida misma.

10. ¿UNA MORAL DENTRO DE LA FE CRISTIANA?

Al señalar al hombre o la concepción que de éste se tiene como objeto central de la ética, hemos querido indicar que la fe cristiana no es propiamente una moral. Sólo un determinado propósito interesado podría concebir el cristianismo primordialmente como un proyecto ético con pretensiones de servir a la disciplina de los buenos ciudadanos.

La fe cristiana es una *afirmación existencial de la vida*, del destino y, en general, de la orientación al futuro de Jesús de Nazaret, y, de esta manera, también una afirmación del Dios que él ha hecho cercano.

«Afirmación existencial» significa aquí aceptación del sentido de la realidad vivido por Jesús; aceptación del posicionamiento de Jesús en la vida a apartir de su conocimiento y experiencia. Esta afirmación y esta aceptación suponen estar de acuerdo con él, lo cual a su vez depende de la posibilidad que el hombre tenga de llevar a cabo una experiencia real

acerca de ese Jesús de Nazaret, partiendo de la Escritura y de la historia del influjo que el mismo Jesús ha tenido en el comportamiento de sus seguidores.

11. PERSPECTIVAS ETICAS FUNDAMENTALES A PARTIR DE JESUS DE NAZARET

En conjunto, el continuo esfuerzo por elaborar un programa ético de vida de acuerdo con Jesucristo tiene sus raíces en el hecho, repetido a lo largo de la historia, de que las palabras y los hechos de Jesús han provocado tal fascinación para multitud de hombres, que muchos de éstos han coincidido en la voluntad de llevar adelante, en la práctica de la vida diaria, la interpretación de la realidad inaugurada por él. Esto quiere decir que las perspectivas que se desprenden del comportamiento de Jesús tienen un gran contenido de realidad y esperanza, hasta el punto de mostrar visible y creíblemente la auténtica posibilidad de una nueva realidad vital liberadora frente a una experiencia histórica bastante negativa en su conjunto.

Las primeras comunidades cristianas y las que fueron naciendo a partir de ellas son testimonio del entusiasmo producido por la persona de Jesús, al reconocer todas las posibilidades de presente y de futuro que en él mismo se abrían. Su palabra y su acción, a juzgar por los testimonios de la historia, produjeron no sólo efectos salvíficos y liberadores, reformadores y críticos respecto a situaciones concretas, sino también la oferta convincente de unas perspectivas válidas por la riqueza de la ayuda que prestaban en orden al cambio profundo de situaciones vitales. Este potencial del comportamiento de Jesús no tiene su fuente en una simplista deducción unidimensional de «normas morales» a partir del Nuevo Testamento. La acción de Jesús, más bien, tiene su lugar (es decir, sólo puede ser comprendida) en lo que motiva y apoya una toma de posición y una configuración de la vida práctica a partir de la fe en lo que él representa.

Pero, ¿cuáles son en concreto las perspectivas fundamentales que orientan moralmente una vida práctica a partir de esta fe?

11.1. Perspectiva de necesidad de salvación

Las palabras y los hechos de Jesús ponen de manifiesto al hombre que la debilidad humana es una realidad profundamente asentada en él, cuya exteriorización acontece en la culpa, la enfermedad, el abandono, el sufrimiento, la pobreza y la injusticia, pero también en el orgullo, la presunción y la obstinación. Es cierto que Jesús no niega en modo alguno la realidad de la culpa y responsabilidad personales, pero su conducta está plenamente dirigida por la misericordia y la permanente disposición a la ayuda, no por el desprecio o el rechazo, ni aun en el caso de su ira ante el «síndrome farisaico» de la petulancia y dureza de corazón. Jesús reconoce al hombre como un ser fundamentalmente necesitado de salvación.

La perspectiva de Jesús, como se expresa en su conducta concreta frente a pecadores, enfermos y marginados, o en su participación a la mesa con ellos y también con los fariseos, inaugura, en contraste con las experiencias negativas, una disposición positiva y liberadora de cara al hombre, impidiendo de manera radical cualquier reducción o rechazo del mismo en función de una *oportunidad de vida* para cada individuo en concreto.

¿Quién no se halla afectado, de una forma u otra y alguna vez al menos por esta situación? El mensaje y el comportamiento de Jesús en su ilimitado acercamiento y atención físicos y espirituales al hombre desasistido ofrecen a dicho hombre apoyo subsidiario y, sobre todo, le entregan la fuerza de su propia existencia como un regalo para reorganizar su vida, para comenzar de nuevo.

Aquí es donde se objetivan la misericordia y la solidaridad, pero también el convencimiento de la posibilidad de cambio respecto a las condiciones de vida humana, hasta el punto de realizarse, como en el caso de Zaqueo (Lc 19, 1-10), un nuevo comienzo.

11.2. Perspectiva del reino

La invitación profética de Jesús a la conversión es el intento de provocar en el hombre una disposición a la reflexión y al cambio, lo cual cuenta con la capacidad humana de reformarse a sí mismo. Esta llamada al cambio se relaciona estrecha e indisolublemente con el anuncio de la proximidad del reinado de Dios. Esto significa que la conversión, como principal y decisiva oportunidad humana en orden a reorientar correctamente la vida, se halla bajo la perspectiva del señorío de Dios actualmente presente en el mundo; perspectiva que abarca una doble dinámica: descripción de los futuros bienes de Dios (gracia y salvación; una vida en él y con él), por una parte, e invitación animante a orientar y vivir activamente la nueva realidad de la existencia dentro de ese reinado, por otra.

11.3. Perspectiva del amor

La perspectiva más abarcante en el marco del reinado de Dios, de acuerdo con todo lo que significa la persona de Jesús, es la contenida en el «mandamiento del amor», pues en ella se pone de relieve la característica decisiva que la disposición de Dios tiene de cara a todo y a cualquier hombre: reconocimiento, afirmación y aceptación sin límites del hombre, en la concreta situación de cada cual, sin que nadie se quede sin su propia oportunidad para realizar plena y satisfactoriamente su existencia. Lo que Jesús manifiesta en esta perspectiva que abre es que no existen motivos de disculpa ni limitación alguna (ni sus culpas, ni su religiosidad ni la enfermedad, ni la diferenciación de clase, raza o etnia) para que un hombre sea positivamente afirmado en su existencia.

La actitud decidida en favor de la incondicionalidad para la entrega al otro, la mutua ayuda, la disposición a la asistencia permanente es la única congruencia con una vida *bajo el reinado de Dios* y la única posibilidad de plena realización de la existencia humana. Porque el acercamiento incondicional de Dios al hombre en forma de plena solidaridad humana no permite lagunas de ningún tipo.

Hablamos aquí de *total solidaridad humana* en relación con lo manifestado por Jesús acerca del reinado de Dios y de su incondicional acercamiento al hombre, porque la referencia a Dios por parte de éste no puede consistir naturalmente en un «salto mortal» al más allá. La confianza en Dios no es objeto de una fórmula mágica, sino que se apoya y fundamenta en las experiencias humanas. Ahí precisamente se halla una conexión importante: el amor humano y la confianza en Dios se condicionan mutuamente. Al prójimo sólo puede amarle quien confía en el hecho de que la felicidad y la comunión son posibilidades humanamente razonables.

Según esto, la vida cristiana estará impregnada por una serie de virtudes que promueven la comunidad (comunión) humana y la dignidad del individuo. Tales virtudes serán: la capacidad de situarse en el lugar del otro; la confianza en el valer del otro; la imaginación para descubrir los deseos del otro y sus necesidades; la disposición para ver en el otro un compañero digno de una relación igualitaria; la decisión para un compromiso en mejorar las relaciones sociales; la capacidad para gustar la felicidad y la vida en común, el sentido del juego y de la fiesta; la capacidad de reelaborar el pasado y aceptarlo...

En este sentido, deben ser buscadas y colocadas las piedras que construyan la vida cristiana agraciada que haga visible su coincidencia con la perspectiva del reinado de Dios, que es un proyecto fascinante para el futuro de cada hombre y de la colectividad.

12. JESUS, CAMINO VERDADERO Y VIVIENTE

Jesús se presenta a sí mismo como *modelo viviente*, es decir, como un camino único, de un estilo y un espíritu que sus discípulos, sus seguidores, han de imitar y vivir.

Durante su predicación, Jesús de Nazaret llama a todos a «seguirle», a venir a él como discípulos; va invitando a adherirse a él y a su camino y a vivir la propia vida atendiendo a sus indicaciones. A esta «vocación» se añade la advertencia de que «su yugo es suave y su carga ligera», es decir, que su enseñanza no es inaguantable como la de otros (por ejemplo, la de los fariseos).

Por su parte, el hombre sólo puede responder a esta llamada mediante la fe en la persona de Jesús, mediante el consiguiente «ir tras él», aceptando así el reinado o señorío de Dios.

Pero este modelo básico que se propone en la persona de Jesús habrá que realizarlo de infinitas maneras de acuerdo con los diversos momentos, lugares y personas. Según esto, es claro que la existencia cristiana, la práctica de vida, la ética, la moral cristiana, o como quiera que se la llame, no tendrá su fuente en unas leyes fijas ni en unos principios abstractos, sino en la persona concreta de Jesús, el Cristo, que nunca se podrá encerrar en fórmulas.

13. JESUS NO ESBOZO NINGUN SISTEMA ETICO

Quien busque una escala de valores o de prescripciones en el evangelio, no hallará en él, a buen seguro, ninguna tradición que la confirme. Jesús no sostiene doctrina ética alguna, sino que muestra su concepción ética con su comportamiento y con sus ejemplos. Algunas expresiones éticas ocasionales no se colocan dentro de un sistema cerrado, sino que siempre se reducen a arrojar un rayo de luz sobre una situación o aspecto determinado.

En el evangelio, pues, no se formulan leyes que fuercen el comportamiento humano, sino que se calculan las dimensiones en orden a conformar una vivencia y una convivencia humana en el horizonte de la perfección. Se bosqueja la moral de un mundo nuevo, y si ese mundo nuevo no es vivido y atisbado, es que no puede cambiar el medio en el que nos movemos cada día.

En el marco de esta *norma* maravillosa encuentra el cristiano la medida de su comportamiento diario. Hoy parece evidente que lo que Cristo viene a revelar es, sobre todo, un estilo radicalizado en el amor como *êthos* básico de cualquier comportamiento. Jesús ha sido un hombre «para los demás». Lo importante es captar el significado concreto que libremente aceptó dar a la vida, para convertirlo en norma básica de existencia. Esta actitud explícita y definida puede encarnarse en múltiples maneras frente a las nuevas situaciones en que el cristiano llega a encontrarse. La existencia cristiana tiene como tarea fundamental reflexionar continuamente, en cada cultura, tiempo y situación, sobre las exigencias concretas que se derivan de esa actitud radical.

14. LO DISTINTIVO DE LA ETICA CRISTIANA

El elemento distintivo de la *ética cristiana* (entendido este adjetivo en sentido evangélico y no en el sentido cultural occidental) no son las normas o preceptos y prohibiciones concretas, sino la fe en Cristo, imagen de Dios invisible. Es el actuar así por haber aceptado a Jesús como «el Señor». Los cristianos, a diferencia de los seguidores de importantes personajes, no sólo están vinculados a la doctrina de Jesús, sino a su vida y a su muerte. Su doctrina es inseparable de su persona: él es la encarnación viva de su causa.

Lo específico del cristiano no es obrar por amor o con libertad; eso también lo pueden hacer otros hombres. Es el mismo Jesús la *norma viva*, cuyos rasgos ha de reproducir el creyente «hasta que Cristo tome forma en nosotros». La toma de postura u opción radical por su persona es lo que motivará un compromiso de actuación. De este modo, la moral cristiana tiene el carácter de respuesta, de diálogo; pero las normas y valores morales no son patrimonio exclusivo de los creyentes, sino que lo son de todos los hombres honestos.

Sin embargo, aunque los contenidos, por ser racionales, no sean específicos, sí que es necesario reconocer la influencia positiva de la fe que repercute sobre la práctica del creyente. La fe, como motivo determinante, como motivo de actuación, es algo que se añade como factor extraordinario que, además, es obvio, porque no existiría si se tratase de buscar únicamente la honradez y la justicia.

BIBLIOGRAFIA

Diccionario enciclopédico de teología moral. Paulinas, Madrid 1978.

K. Hörmann, *Diccionario de moral cristiana.* Herder, Barcelona 1975.

Rincón-Orduña-López Azpitarte, *Praxis cristiana.* Paulinas, Madrid 1980.

M. Benzo, *Moral para universitarios.* Cristiandad, Madrid 1967.

M. Vidal-P. R. Santidrián, *Etica.* Paulinas, Madrid 1980.

A. Hortelano, *Moral responsable.* Sígueme, Salamanca 1971.

B. Forcano, *Una moral liberadora.* Narcea, Madrid 1981.

J. L. Aranguren, *Etica.* Alianza Universidad, Madrid 1983.

W. D. Hudson, *La filosofía moral contemporánea.* Alianza Universidad, Madrid 1974.

«Pastoral misionera», n. 7 (1979).

«Biblia y fe», n. 2 (1975).

«Vida nueva», n. 931 (1974).

«Imágenes de la fe», n. 55.

«Iglesia viva», n. 102 (1982).

AUDIOVISUALES

La respuesta es Jesús. San Pío X, 120 diapositivas.
Camino, verdad y vida. Paulinas, 60 diapositivas.
El muñeco de sal. San Pío X, 48 diapositivas.
Problemas del hombre. Edebé, 90 diapositivas y cassettes. 5 carpetas.
Los caracoles. Claret, 36 diapositivas.
La tribu. Edebé, 65 diapositivas
El punto. Edebé, 60 diapositivas.

ACTIVIDADES

A.

1. Contestar por escrito a las siguientes preguntas: ¿Cómo debe comportarse el hombre? ¿Cómo debe organizarse la sociedad? ¿Por qué? ¿Acepta todo el mundo tus argumentos? ¿Por qué crees que sí o que no? ¿Cómo solucionarías este problema? ¿Es lo mismo «delito», «inmoralidad», «falta de ética», «pecado»..., o en qué se distinguen?

2. Antes de leer el tema, escribe en un papel qué entiendes por «ética» y «moral», es decir, haz una especie de descripción de esos conceptos.

Posteriormente, por medio de una «lluvia de ideas», escribir en el encerado o en un folio –participando todo el grupo– aspectos positivos y negativos que en cada uno despiertan las palabras «ética» y «moral».

B.

1. Con ayuda de un diccionario ideológico y de un diccionario de moral, averiguar el significado exacto de las palabras del tema que resulten desconocidas, poco claras o, incluso, confusas.

2. A la vista del texto, responder a estas cuestiones: ¿Qué entendemos por «ética» en sentido amplio y estricto? ¿En qué se diferencia la ética de la moral? ¿Qué se entiende hoy comúnmente por moral? ¿Qué son valores ético-morales? ¿Qué son normas, en qué se diferencian de los valores y qué relación existe entre ambos conceptos? ¿Qué diferencia hay entre ética y derecho? ¿Qué es conciencia y qué es ley? ¿Son lo mismo «normas morales» y «normas legales»? ¿Qué clases de leyes hay y en qué consisten? A veces se utilizan indiferentemente «representante de la ley», «representante de la autoridad» y «representante de la justicia»; ¿en qué se diferencia cada una de las tres expresiones? ¿Es lo mismo ley que justicia? ¿En qué se diferencia «fe» (cristiana) de «ética» o «moral»? ¿Qué relación se puede establecer entre la fe y la moral? ¿En qué sentido se puede hablar de «moral cristiana»? ¿Dio normas Jesús a sus seguidores, es decir, a los que creen en él? ¿Qué quiere decir «Jesús, modelo viviente»?

C.

Hacer una redacción de 30 ó 40 líneas relacionando lo más precisa, lógica y organizadamente posible los conceptos de «hombre», «ética», «sociedad», «ley», «fe», «moral cristiana».

D.

1. Poner ejemplos de costumbres (= normas) sociales y determinar qué valores de la persona o de la colectividad se trata de salvaguardar en ellas. Discutir en qué y cómo cambian estas costumbres, o cuáles desaparecen y qué otras entran en vigor.

2. Igualmente, establecer un debate: en qué se diferencian las «costumbres religiosas» de las «leyes eclesiásticas»; qué vínculo moral tiene para con unas y con otras el creyente, es decir, hasta qué punto y cómo está obligado moralmente el creyente a cumplir unas y otras.

3. Lo mismo que en la propuesta anterior, se puede hacer respecto a «costumbres sociales» y «leyes positivas» o promulgadas para los ciudadanos. Junto con esto, se puede debatir también la obligatoriedad o no obligatoriedad moral (es decir, en conciencia) de las leyes civiles. El debate sobre este último aspecto puede llevarse a cabo sobre la base de casos prácticos; por ejemplo, la obligación de pagar una multa urbana por aparcar mal el coche; la obligación de declarar y pagar el correspondiente canon de importación, cuando un particular pasa por la aduana al propio país algún bien de consumo, etc.

E.
Repartidos en pequeños grupos, elaborar una breve lista de normas (tal vez tres o cuatro), que para unos son razonables, correctas o justas y para otros no. Hacer esto en los siguientes ámbitos o niveles:

1. Normas sociales o tradicionalmente establecidas (por ejemplo, llevar luto cuando se muere un familiar).

2. Leyes civiles o penales (por ejemplo, la ley de despenalización del aborto en los tres supuestos a que se refiere).

3. Leyes eclesiásticas (por ejemplo, la obligatoriedad de asistir a misa todos los domingos y días festivos).

F.
También en pequeños grupos, confeccionar un cuadro mural en que se representen «gráficamente» (por ejemplo, plasmando escenas del evangelio como parábolas u otras) los grandes principios que puedan inspirar una ética cristiana.

PARA LA REFLEXION DE FE

A.

1. Comentar la frase «Al César lo que es del César y a Dios lo que es de Dios», tratando de sacar todas las implicaciones posibles para una ética social.

¿En qué planos y de qué forma cabe la colaboración entre creyentes y no-creyentes en un proyecto ético-social de cara a un compromiso común? Poner algún ejemplo.

2. Cuestiones para el debate:

¿En qué distinguirías fundamentalmente una «ética humana» de una «ética cristiana»? ¿Diferencias suficientemente entre fe y moral?

Entre nosotros, ¿qué conflictos suelen darse entre nuestra conciencia y las normas (aportar la propia experiencia)? ¿Qué quiere decir en concreto para un creyente «responsabilidad moral» para adecuar la conciencia individual a las normas colectivas? ¿Cómo vemos el comportamiento de Jesús respecto a las normas o leyes?

B. (A. Donval, ¿Para qué y para quién vivimos?): «Cada generación hereda una moral ya elaborada a todos los niveles: costumbres, normas, valores, sistema, método de reflexión. La moral es una herencia. Realizarse como hombre es dar sentido a lo que se ha recibido y legado, transformándolo según las necesidades. Esto es poder decir por qué y para quién queremos vivir».

Al leer atentamente un periódico o una revista, al conversar con otros, ¿cuáles son las mayores preocupaciones que detectáis en la vida cotidiana?

Poner en común lo que tiene un verdadero valor o un precio para unos y otros. ¿Qué es lo que, en definitiva, nos hace hablar, actuar, denunciar, inventar?

Encontrar dos o tres situaciones vividas en las que los valores no aparezcan con claridad o estén en oposición. ¿Cómo elegir? ¿Cómo decidirse?

¿En qué medida o cómo influyen en estas cuestiones y dilemas nuestra fe o nuestro compromiso como cristianos?

C. A la luz de la palabra

Mc 2, 21: No mezclar lo nuevo y lo viejo, el evangelio y el legalismo.

Mc 12, 28-34: El primero de todos los mandamientos.

Mt 5, 17 s.: La nueva justicia.

Mt 5, 38-48: La ley del evangelio no es como las otras leyes.

Mt 8, 4: Jesús manda cumplir la ley.

Mt 19, 16-30: Para Dios todo es posible.

Mt 23, 1-33: Los maestros de la ley dicen y no hacen.

Rom 3, 28: El hombre se justifica por la fe.

Gál 2, 16: La fe en Cristo Jesús antes que todas las leyes.

D. Proyección personal y colectiva sobre el bien y el mal:

«Decir que se quiere el bien, quererlo de verdad y terminar en el mal, es la mueca trágica por excelencia. Advertencia que se desdeña, porque queremos ver en ello el engaño extraordinario de un dios maléfico a un héroe a quien ciega, cuando en realidad se trata de la aventura más corriente posible. La vida moral y la vida política están llenas de estas finalidades distorsionadas... Decididamente, el bien está encadenado al mal de una manera más trágica que moral, y si lo contemplamos más de cerca, no es la tragedia lo insólito, sino la ética» (J. M. Domenach, *Le retour du tragique*. Seuil, París 1967, 64).

1. En pequeños grupos, preparar una oración que exprese las preocupaciones más importantes que han podido surgir a lo largo de esta reflexión.

2. ¿Qué «principio general» podría yo adoptar como compromiso de mi fe con las preocupaciones éticas?

Y ME DISTEIS DE COMER

20

El cuerpo y la vida

El pensamiento actual ha colocado al hombre en el centro de su sistema. Los humanismos de inspiración marxista o cristiana, por citar los más influyentes, ponen su mirada en el hombre nuevo del futuro. Esto es así hasta tal punto que, en cierto sentido, se entiende por «cultura» el desarrollo del hombre a todos los niveles para humanizar el mundo. Todo esto tiene una natural *repercusión en el actuar humano,* puesto que si el hombre es para el hombre el ser supremo, la ley primaria y suprema será el amor del hombre por el hombre.

El Concilio Vaticano II recoge estas ideas, cuando en la constitución *Gaudium et spes* dice: «Descendiendo a consecuencias prácticas de máxima urgencia, el concilio inculca el respeto al hombre, de forma que cada uno, sin excepción de nadie, debe considerar al prójimo como 'otro yo', cuidando en primer lugar de su vida y de los medios necesarios para vivirla dignamente».

La perspectiva cristiana considera que el hombre es el señor de la tierra, hermano de todo hombre e hijo de Dios. Estas tres dimensiones no se pueden separar con el fin de atender a una sola. «Se equivocan los cristianos que, pretextando no tener aquí una ciudad permanente, pues buscamos la futura, consideran que pueden descuidar las tareas temporales, sin darse cuenta de que la propia fe es un motivo que les obliga a un más perfecto cumplimiento de todas ellas según la vocación personal de cada uno. Pero no es menos grave el error de quienes, por el contrario, piensan que pueden entregarse totalmente a los asuntos temporales, como si éstos fuesen ajenos a su vida religiosa, pensando que ésta se reduce meramente a actos de culto y al cumplimiento de ciertas obligaciones morales. El divorcio entre la fe y la vida diaria debe ser considerado como uno de los más graves errores de nuestra época» (GS 43).

1. LA VIDA HUMANA

Base y fundamento de cualquier otro valor del ser humano es la vida, ya que sin ella éste no puede desarrollarse. *Uno de los ejes de la ética de todos los tiempos y de todos los pueblos es el respeto a la vida humana propia y ajena.* La frase del decálogo «no matarás» resume lacónicamente este hecho. Pero, a pesar de todo, la muerte del hombre a manos del hombre sigue siendo una realidad habitual y hasta un objeto de espectáculo. Aun en ámbitos que se consideran muy civilizados, no ha llegado la plena conciencia de la inviolabilidad absoluta de la vida humana, de tal modo que nos encontramos en una situación que puede ser el ocaso de la humanidad como especie.

En la moral católica ha pesado más el pensamiento de santo Tomás de Aquino, que podríamos resumir en el «no matarás inocentes», que la opinión de Duns Escoto: «no matarás en ningún caso». La iglesia, no obstante, ha subrayado siempre el valor de la vida humana como principio, apoyada fundamentalmente en que la vida es un bien personal, de manera que se ofende uno a sí mismo o al otro al atacarla. Por otra parte, se entiende que es un bien de la comunidad y el dañarla ofende a la justicia. Finalmente, se ve la vida como un don recibido, el cual pertenece en primer lugar a Dios, que es su dueño, no siendo el hombre más que el administrador.

Aunque estos principios actualmente se precisan de otra manera, hemos de reconocer que son los que han pesado hasta nuestros días. En cualquier caso, siempre se trata de un principio claro a favor de la vida, aun cuando al aplicarse tenga numerosas excepciones: el suicidio indirecto, la legítima defensa, la pena de muerte, la guerra, etc. Las argumentaciones para defender todo esto son diversas, pero el hecho final es que la vida en muchos casos no es tenida como un valor tan sagrado. Pablo VI decía que «ha llegado el momento de observar esta ley cristiana básica: la vida del hombre es sagrada, es decir, sustraída al poder del hombre. La vida humana, sobre la que el hombre, por motivos de parentesco o por motivos de superioridad social, ejerce su autoridad bajo diversas formas, está sustraída en cuanto tal a esa misma autoridad».

Hay empero unas vidas de primera y otras de segunda, a pesar de que toda vida humana, por el hecho de serlo, tiene un valor fundamentalmente igual, posee la misma dignidad y se hace acreedora de la misma protección. La exigencia de humanizar al máximo toda la vida de los hombres se encuentra en la base de la inviolabilidad de dicha vida. La igualdad de todo ser humano lleva consigo la valoración de toda vida humana. La dimensión absoluta de todo hombre confiere a la persona carácter de inalienabilidad y trascendencia frente a toda posible reducción a una cosa o a un instrumento.

Vivimos en un contexto hostil a la vida. Existen agresiones estructurales, estados de opinión generalizados y actitudes y mentalidades que constituyen verdaderas amenazas contra la vida. Sin pretensiones de agotar la lista, pueden enumerarse: la concepción utilitarista del hombre como máquina de producir, lo cual hace que se excluya el respeto a la vida de los que no rinden (ancianos, niños, minusválidos, etc.); la llamada «sociedad de consumo» con sus ídolos y sus tabúes, que privilegia las cosas como medio de felicidad humana e incluso como signo de su dignidad, reduciendo la persona a niveles más superficiales (el deseo de cosas que se emplean y se tiran invita a ver a la persona como una cosa más); la manipulación de estados emocionales, que facilita actitudes ciegas e irracionales; la actuación prolífica de dogmatismos fanáticos: aun teniendo en cuenta que todo hombre necesita convicciones, en los tonos de magisterio inapelable vemos ya la cabeza del fanatismo, es decir, se fabrica un proyecto de eliminación del contrario, a veces sólo de pensamiento, pero

otras también de forma física; los racismos, nacionalismos exacerbados, los colectivismos opresores, los individualismos insolidarios tienen mucho que ver con esto; por otra parte, no sólo las guerras y el terrorismo, sino la falta de atención al tercer mundo indican desprecio por la vida del hombre. La manipulación de los conflictos, la idolatría de la técnica —que viene a esclavizar, cuando podría ser liberadora—, la incapacidad de aceptar ningún sacrificio voluntario que no sea impuesto y otros factores, que por supuesto nunca se dan aislados, degeneran en ataque a la vida humana y a su minusvaloración.

2. LA VIDA Y LA MUERTE: SU PROBLEMATICA

Vida y muerte son conceptos que se presentan como muy claros; sin embargo, entramos rápidamente en una espesa niebla tan pronto como intentamos describirlos con exactitud. El intento de una definición se ve especialmente dificultado por la necesidad de tener que llevarla a cabo desde muy diversos aspectos.

Sobre la vida que comienza, por ejemplo, empleamos expresiones como «óvulo fecundado», «multiplicación progresiva de células», «diferenciación de células de la vida embrional», etc. Acerca de la muerte, solemos utilizar frases como «fin de la respiración», «fin de la circulación sanguínea» o «irreversible decadencia del cerebro». En determinadas situaciones, no obstante, elegimos una terminología totalmente distinta para hablar de la vida que comienza: «la vida que despierta en el seno materno», «el fruto y la formación del amor matrimonial» o «la consecuencia de la injusticia sufrida por una mujer que ha sido violada». En una alocución funeral no se habla del iso-eléctrico EEG, sino de la despedida de aquel que se separa de nosotros y de un futuro reencuentro con él.

A esto se añaden otras dificultades especiales. La vida humana no es un dato estático, sino un proceso dinámico que se manifiesta en muchos grados o niveles. Incluso la plenitud de la vida humana, a la que intentamos dar tan alto valor, presupone una serie de grados y estadios evolutivos: la riqueza de ser persona se realiza a los 20 años de muy distinta manera a como se efectúa a los 50.

Por último, nos encontramos también con un problema que reside en el *reconocimiento* de la vida humana como tal.

Es importante tener al principio muy presente la realidad de la problemática que se presenta, porque ésta se encuentra en estrecha relación directa con todos los problemas éticos que se ocupan de la vida humana.

3. EL RESPETO A LA VIDA HUMANA COMO EXIGENCIA ETICA

¿Existe en el hombre una especie de conciencia innata que le impulsa a tener una respetuosa veneración ante la vida?

Un rápido repaso del asunto no nos proporciona más que una impresión muy confusa. Hay hombres que son vegetarianos, ya que tienen por inmoral el sacrificio de animales; otros, por el contrario, disfrutan en la comida con todo aquello que procede de la carnicería. Muchas personas consideran absolutamente inmoral matar a las personas, y sin embargo se dan caníbales, cazadores de cabezas y asesinos.

A pesar de estas contradicciones, todos los paladines de la humanidad y todas las grandes religiones se atienen al principio fundamental del sumo respeto a la vida como la principal de las exigencias morales. Esto, pues, indica abiertamente una conciencia moral humana generalizada, que posee al menos este contenido: no puede arrebatarse la vida a otro hombre caprichosamente.

En la concepción cristiana de la existencia, el respeto a la vida humana ha sido considerado incontrovertiblemente como un ideal ético, cuyo fundamento, expresado ya más arriba, reside en el hecho de ser Dios el dueño de la vida que confía este don al hombre. En el Antiguo Testamento se describe a menudo ese don como premio al cumplimiento de los mandatos de Dios, al temor del Señor y a la piedad para con los padres. Quien atenta contra la vida del prójimo, atenta contra el derecho del creador y señor. En el Nuevo Testamento, este respeto por la vida será considerado aún con mayor fuerza como un deber y, precisamente, bajo el aspecto del amor al prójimo.

Bien es cierto, como ya hemos indicado, que a lo largo de la tradición cristiana, decididamente inspiradora de nuestra cultura occidental, no siempre fue anunciado y practicado este ideal de forma correcta: piénsese en la legalización de la pena de muerte, su utilización por la Inquisición, convocatoria de cruzadas, etc. A menudo se dio una escandalosa contradicción entre los principios y la praxis. Pero, a pesar de ello, se ha ido dando con el tiempo un cambio notable en la apreciación de muchas cuestiones, hasta el punto de que hoy día la guerra y la pena de muerte son consideradas en general como inmorales e inhumanas si se toman como medidas penales ordinarias. El comportamiento en el tráfico de locomoción es considerado cada vez más bajo el aspecto de respeto a la vida y a la salud.

Problemas modernos como la eugenesia del futuro, la utilización de determinados medios anticonceptivos o los relativos al constante desarrollo de la medicina y las nuevas utilizaciones de medios científicos en el hombre, como la reanimación, la prolongación de la vida, la eutanasia y los transplantes, presentan serios interrogantes que no pueden ser respondidos ni solucionados echando mano de las normas clásicas de comportamiento.

En el marco de una concepción de la vida puramente humanista, la ley fundamental del respeto a la vida se coloca como una especie de axioma: *la vida del hombre tiene que ser respetada, porque el otro como persona es merecedor de ese respeto.* Principalmente en una visión de la existencia más o menos atea, el espacio para una decisión acerca de la propia vida es algo que se va ampliando más y más. Según ella, el hombre prescinde de una responsabilidad ante Dios. Sólo a niveles interhumanos es como se originan determinadas limitaciones.

Según la concepción cristiana tradicional, es el derecho de Dios como señor la única realidad que fundamenta la correspondiente norma ética. Pero, dentro de una ética orientada de forma individualista, se ha acentuado expresamente que el derecho a la vida es un derecho personal que se basa en el derecho del creador sobre la vida. Sin embargo, esta unilateralidad de miras precisa de una importante corrección en el sentido de que tal derecho a la vida no puede ser considerado únicamente a partir del individuo, sino del hombre como ser social, *co-humano* con los demás hombres.

El derecho del prójimo a la vida está fundado primordialmente en la pertenencia a la comunidad humana, en el hecho de que ese hombre es «uno de nosotros» y, como tal, tiene que ser reconocido y tratado. La prepotencia personal sobre la vida del otro es algo que difícilmente se puede conjugar con ese principio, con ese punto de partida esencial. El respeto a la vida del prójimo configura la norma fundamental y, a la vez, el punto de partida del resto de reflexiones éticas sobre el asunto.

4. EL CLASICO PROBLEMA DE LA GUERRA

La historia de la humanidad está prácticamente compuesta por la historia de las guerras. Un resumen de la opinión de los primeros cristianos sobre este punto ha sido intentado en base a la presencia de los cristianos en los ejércitos imperiales. La existencia de cristianos dentro de las fuerzas armadas antes del tiempo de Constantino no es evidente hasta la década de los años 170-180 d. C. De ahí en adelante, el número de referencias a soldados cristianos aumenta. No pueden calcularse cifras. La mayor objeción al servicio militar parece haberse dado en el este helenista. Los cristianos del norte de Africa estaban divididos. La iglesia romana, a últimos del siglo II y durante el III, no prohibió los epitafios que registraban la profesión militar. La frontera oriental revela la más extensa participación cristiana en la guerra, aunque simultáneamente también encontramos allí señales de protesta contra ella entre grupos que se inclinan hacia ideales ascéticos y monásticos.

Sólo desde san Agustín se va construyendo la teoría que distingue las guerras en justas e injustas. Según esta teoría, aún sustentada por muchos, la guerra justa requiere estas condiciones: a) imposibilidad de solución pacífica; b) causa justa grave; violación objetiva de un derecho; c) decretada por la legítima autoridad; d) que haya intención recta de buscar la solución justa; e) que se desarrolle con espíritu de humanidad.

A nadie se le oculta lo difícil que es apreciar objetivamente y sin partidismos, o con la precisión requerida, estas condiciones; con lo que la teoría queda en un intento de moralizar la guerra.

Pío XII ya condenó toda guerra ofensiva, habida cuenta de los medios modernos enormemente destructivos y de la secuela de calamidades que se siguen, dando por moralmente cierto que nunca se dará causa grave proporcionada a estos males.

La guerra es esencialmente un comportamiento irracional, signo de una humanidad moralmente subdesarrollada y jurídicamente desorganizada, por lo que no es posible atribuir a la guerra, como medio en sí, licitud moral. Siendo un modo inhumano, es también inmoral.

La resistencia pasiva gana terreno en el juicio moral y aun en la efectividad práctica, pero desde luego no lo suficiente para evitar los daños y atropellos del dictador de turno. ¿Es, en este caso, accidentalmente más cristiana y más razonable la resistencia? La guerra defensiva sería así lícita. Nunca un pueblo puede causar la guerra, sino sólo ser constreñido a ella, teniendo en cuenta que el precio de la victoria no sea superior que el de soportar el abuso. El Concilio Vaticano II trata ampliamente el tema, sobre todo en la constitución sobre la iglesia en el mundo actual (n. 79 y s.), después de haber citado la frase de Isaías que decora la ONU: «De sus espadas forjarán arados y de sus lanzas hoces. Las naciones no levantarán ya más la espada unas contra otras y jamás se llevará a cabo una guerra».

La acción contra la guerra debe darse en todos los campos: en el análisis científico de las motivaciones y mecanismos individuales y sociales que conducen a la guerra para prevenirla y evitarla; en la constitución de organizaciones supranacionales que equilibren el concepto casi idolátrico de nación; en una labor educativa que destierre una mentalidad proclive a la guerra; en la corrección de desigualdades.

El nombre de la paz es la justicia y el nombre del desarrollo, la paz. Gran cantidad de cristianos consideran la guerra como absolutamente inmoral y contraria a la lógica del amor y de la reconciliación propugnadas por Jesucristo. Es dejar que la justicia dependa de la fuerza física, de la lotería de las armas y no de la razón. Naturalmente, en estrecha relación con este problema se halla el de la carrera de armamentos.

5. LA OBJECION DE CONCIENCIA

La objeción de conciencia es el rechazo de una orden particular motivada por la coherencia con los propios principios fundamentales, o sea, en razón de la conciencia. Hay que distinguir entre el *derecho moral* a la objeción de conciencia y el *derecho legal* (ver el tema anterior, puntos 4, 5 y s.), esto es, el recogido por las leyes. Las motivaciones son, unas veces, religiosas y otras, puramente éticas. Legalmente se halla reflejada en muchas legislaciones en el caso del servicio militar.

Podemos considerar a Sócrates como el precursor de los objetores, relacionando las propias convicciones con el respeto a las leyes. El Consejo de Europa decidió en 1977 que deberían beneficiarse del estatuto de objetor de conciencia las personas que, por motivos de conciencia o por razón de una convicción profunda de orden religioso, ético, moral, humanitario, filosófico u otro de la misma naturaleza, se nieguen a realizar el servicio armado. Suecia ya lo había reconocido en 1907. Aumentan los derechos personales y al mismo tiempo las obligaciones sociales. El campo de la objeción de conciencia es cada día más amplio: existe un derecho moral a disentir de las normas y órdenes provenientes de cualquier autoridad humana y a actuar en consecuencia; este derecho supone la correspondiente obligación de la sociedad de no poner trabas al disentimiento y a dar cauces legales para que la actuación del objetor sea reconocida y no penalizada. Pero no siempre se encuentran en la práctica soluciones que respeten todos los derechos. La base de este derecho a disentir no está en que el objetor tenga razón, sino en su conciencia sincera. Porque tampoco el objetor es infalible.

Al ser corresponsable el que actúa con el que manda, el que obedece tiene derecho a decidir según su conciencia. El art. 18 de la Declaración de los derechos universales, dice: «Todo individuo tiene derecho a la libertad de pensamiento, de conciencia y de religión». «Cada cual, dice el Concilio Vaticano II, está obligado consiguientemente a seguir su conciencia». No es fácilmente admisible hoy la regla de que en caso de duda tiene razón el superior. No es la verdad en sí, sino la conciencia de cada uno, como tal, la que tiene deberes y derechos. La conciencia, aunque sea errónea, no puede ser violentada. Pero el objetor ha de verificar continuamente la validez de su opción y ha de reconocer que tiene un límite en el derecho de conciencia del otro; él no puede imponer su conciencia a los otros, aun con buena intención.

El Concilio Vaticano II (GS 79) habla de lo razonable que parece el que las leyes tengan en cuenta, con sentido humano, el caso de los que se niegan a tomar las armas por motivos de conciencia y aceptan al mismo tiempo servir a la comunidad humana de otra forma. En el caso del objetor de conciencia, él mismo tiene que ver si obedece a motivos de conciencia o de comodidad, de presiones o a otras causas. En definitiva, preguntarse si se trata de un servicio a la dignidad de la persona, a la libertad, a la paz o a lo contrario a todo esto, ya que, en el segundo caso, el objetor quedaría moralmente descalificado.

Por otra parte, el servicio civil que sustituya al servicio militar no debe revestir ninguna característica que lo convierta en alguna especie de castigo para el objetor, el cual no debe ser privado de los derechos civiles reconocidos a todos los demás ciudadanos. La autenticidad de las convicciones internas que motivan la objeción de conciencia no debe ser objeto de escrutinio alguno por parte de ninguna instancia externa. La objeción de conciencia, en expresión del episcopado vasco, no es un mal meramente tolerable, sino la exigencia derivada del pleno respeto a la conciencia individual.

6. LA PENA DE MUERTE

En un simplificado resumen histórico, podríamos decir que la iglesia fue en sus comienzos contraria a la pena de muerte. Una irónica frase atribuida a san Cipriano dice: «Un asesinato cometido por un particular es un crimen, realizado en nombre del estado, una virtud». De hecho, fue más tarde cuando se reconoció esta facultad al estado.

Hoy día, todas las conferencias episcopales del mundo se han pronunciado en contra de la pena de muerte. En tiempos pasados, la iglesia aceptó y justificó la pena de muerte en el marco de un mundo que también la aceptaba y justificaba. Voces aisladas que, apoyadas en el evangelio, clamaban en contra no han faltado nunca, pero su repercusión práctica fue mínima. En 1764, César Beccaria publicó una pequeña obra contra la pena de muerte y, desde entonces, si bien lentamente, la conciencia de su ilicitud se ha extendido por doquier.

En una civilización, hoy con sentido laico, de origen cristiano, se acude con frecuencia a la biblia para encontrar la solución al problema. El no distinguir la información cultural, que la biblia nos da, de la palabra orientadora de Dios, el agarrarse a la letra y no al espíritu de Jesús hace que, tras esta consulta, los partidarios de la pena de muerte salgan convencidos de sus puntos de vista y los abolicionistas hallen también motivos para su rechazo.

Al Jesús que muere sin defenderse físicamente, al Jesús que predica el amor también a los enemigos, al que libra a la adúltera de que se le aplique la pena de muerte, no es fácil imaginarlo matando o aprobando tal hecho.

Los argumentos más corrientes en favor de la pena de muerte suelen ser: su carácter ejemplar, es decir, para que otros escarmienten viendo lo que les puede ocurrir; su carácter retributivo, o sea, su aplicación en castigo o pago por haber cometido un delito; su carácter de enmienda queda reducido al arrepentimiento interior, si se logra, puesto que, al morir, mal puede cambiar de actitud en la vida aquel que es así castigado; finalmente, su carácter defensivo, por el que la sociedad se protege de aquellos que la atacan.

Estos argumentos no parecen resistir una crítica seria, y ello sin contar con el posible e irremediable error judicial, con el uso practicado de la eliminación de los adversarios políticos y, desde luego, con una instrumentalización o cosificación del hombre, que no es tratado como persona, sino como «instrumento ejemplar o pedagógico».

El fusilamiento, la cámara de gas, la silla eléctrica, la guillotina, el garrote vil, la horca o la decapitación no dan la impresión de haber convertido a los países, en los que algo de eso se aplica, en estados de paz y felicidad. El carácter recuperador o medicinal de las penas es el más subrayado y que hoy se aplica incluso a la cadena perpetua, pero que lleva consigo un gran cúmulo de problemas que requieren la humanización de esta condena.

7. LA TORTURA

La tortura es en el mundo de hoy otro tema de permanente actualidad. Aunque en la declaración de la ONU se habla sólo de tortura referida únicamente a funcionarios públicos, el concepto se viene ampliando hasta abarcar «el sufrimiento físico o mental infligido en forma deliberada, sistemática o caprichosa por una o más personas, actuando sola o bajo las órdenes de cualquier autoridad, con el fin de forzar a otra persona a dar informaciones o a hacer confesiones o para cualquiera otra finalidad».

Si la pena de muerte se justificaba plenamente, en el pasado no había, desde luego, problema en justificar el uso y abuso de la tortura. Quien puede lo más, puede lo menos.

Pero la absoluta ilicitud de la tortura ha llegado a la conciencia actual: no puede ser justificada por *ningún motivo*. Lo mismo que en el caso de la pena de muerte, siempre ha habido voces en la historia y en la iglesia que la han rechazado, argumentando, por ejemplo, que si Dios hubiera querido emplear la fuerza, nadie le hubiera podido resistir. En época más moderna, Pío XII y Pablo VI tienen documentos y pronunciamientos públicos contra esta forma de proceder.

La tortura física atenta contra la integridad y vulnera la dignidad de la persona humana, quita la libertad interior y el dominio de sí mismo, anula o disminuye la racionalidad y reduce al hombre a puro objeto. Emplearla como método para defender a la sociedad, supone poner la eficacia por encima de la dignidad de la persona. La tortura psicológica o la –física o psíquica– llamada «tortura limpia», por no dejar huella externa, merecen, en la misma línea, un juicio condenatorio a partir de la dignidad humana, y tal vez más duro por el uso de medios refinados.

8. LA DROGA

La utilización de productos que modifican las condiciones psíquicas de la persona no es un hecho nuevo, pero su aceptación social cambia según los tiempos, países y productos. El opio, la coca, los derivados del cáñamo, el tabaco o el alcohol son objeto de consumo y tolerancia distinta según los países.

No es fácil definir la droga, pero puede decirse que son todos los productos con poder activo sobre el sistema nervioso, a los que se acude para mejorar el rendimiento intelectual o físico, para lograr nuevas sensaciones o para llegar a un estado psíquico más agradable. La característica que aquí más nos interesa es la derivación fácil hacia un consumo habitual y abusivo.

El abuso de la droga produce numerosos efectos nocivos, tanto a la sociedad como al consumidor, ya que su uso suele producir conductas antisociales. En el consumidor se producen efectos nocivos al estar bajo su influencia inmediata, pero otros efectos tienen mayor alcance y a más largo plazo. De este abuso se derivan también dos fenómenos dignos de consideración: la dependencia, que puede ser física o psíquica, y la tolerancia, ya que con el tiempo las mismas dosis producen menores efectos, con lo que se precisa aumentar esas dosis.

Las situaciones que impulsan al uso de la droga suelen ser todas aquellas que tienen relación con la falta de motivación para la vida, la deficiente estructura social y la incomunicación. Otras motivaciones pueden ser el consumismo, la curiosidad, la tendencia a acudir en cualquier situación a los fármacos, el vacío espiritual, la débil tolerancia del dolor, la búsqueda del placer inmediato, sin preocuparse por sus repercusiones, y un cúmulo de situaciones psíquicas.

En la medida en que la droga deshumaniza al individuo y a la sociedad, es moralmente negativa: daña a la persona y la convierte en insolidaria con la sociedad. Ni que decir tiene que la actividad del traficante es moralmente condenable, al reducir al hombre a la sola condición de consumidor.

Se trata evidentemente de un problema que, como todos los que tienen que ver con el hombre, no puede ser solucionado tan sólo con medidas técnicas impuestas, sino eliminando del interior de la persona las «necesidades» que le conducen a estos usos.

9. LOS EXPERIMENTOS MEDICO-CIENTIFICOS

Bajo esta expresión se entiende la verificación de una hipótesis sobre la causa de una enfermedad o de la efectividad de un medio curativo de la misma. Se trata, pues, del problema de la utilización de medios no conocidos o no suficientemente conocidos, con la intención de acumular datos y pruebas de interés del desarrollo de la ciencia médica. También se puede hablar en sentido amplio de test experimental cuando un método no suficientemente probado se utiliza como último remedio para salvar a un enfermo. En los dos sentidos trata el experimento médico, por intereses sociales, de prestar mejor ayuda al hombre enfermo en un futuro próximo.

Un experimento tiene que ver con la ética, porque, como en el marco aquí planteado, dice relación con la persona humana, y la experimentación médica tendrá especial relevancia ética cuando el objeto de la investigación y del experimento sea directamente el hombre mismo.

9.1. El hombre como objeto de investigación

Ya hicimos alusión a que el hombre se halla ante la tarea ética fundamental de ser hombre, es decir, del desarrollo de su personalidad en relación con las demás personas. Entonces, como a tal hombre, ¿le está permitido someterse conscientemente al peligro de que su integridad física y/o espiritual pueda ser dañada?

La respuesta a esta cuestión puede ser positiva desde el punto de partida, ya señalado (tema anterior), de todo pensamiento ético. El hombre es intrínsecamente un ser social, y al someterse voluntariamente a un experimento ofrece la posibilidad de llevar a cabo por la realidad de los hechos su relación con sus semejantes y su preocupación por el bien común. El juicio ético de este asunto pone su acento en la ponderación de dos valores importantes: la integridad de las personas en torno al experimento y los intereses sociales a los que pueden ser útiles los nuevos hallazgos.

Ahora bien, en este mismo principio quedan también indicados los límites del experimento. Sería éticamente irresponsable someterse a una experimentación en la que de antemano se presentan en gran número posibilidades de graves daños corporales o espirituales o, en igual medida, posibilidades de suicidio. Igualmente irresponsable sería la actitud de prestarse a experimento con peligro, siendo los intereses sociales del mismo de poca significación. Y, en cualquier caso, hay que tener muy en cuenta que en la investigación experimental los intereses personales de quien se somete a prueba tienen que estar fuertemente asegurados.

9.2. Presupuestos

La declaración de Nürnberg de 1947, y las declaraciónes de la «World Medical Association» de 1949 y de 1954 (y sobre todo, la de Helsinki en 1964) mantienen en principio como *permisible el que las personas puedan servir de campo experimental a la investigación científico-médica. No obstante, han señalado una serie de condiciones para ello.*

En primer lugar y como más importante presupuesto se exige la aceptación libre de la persona. Experimentos obligados, como se dieron en campos de concentración, contradicen los derechos más elementales de la persona. Además, «aceptación libre» no sólo quiere decir ausencia de toda coacción, sino también la certeza de que la situación en que se encuentra la persona objeto del experimento contenga de antemano todos los elementos que caracterizan la libertad; no sería serio, por ejemplo, hablar «a priori» de voluntad libre real en caso de querer llevar a cabo experimentaciones con presos o con soldados. Tal aceptación libre supone también que la persona que se somete esté perfectamente informada del asunto de que se trata y de los riesgos que pueden darse; omitir esta información o darla no exhaustivamente haría del libre sometimiento una farsa.

En segundo lugar, hay que presuponer que todas las investigaciones previas necesarias se han llevado a cabo, por ejemplo el haber realizado antes ese experimento con animales.

El tercer presupuesto es de gran importancia: no debe haber desproporción alguna entre el peligro a que la persona experimentada se somete y el significado o interés de los resultados científicos que se esperan. Cuanto mayores sean los intereses de que se trata, tanto mayores pueden ser los riesgos.

Por último, la licitud moral de un experimento brotará también de la creación de una situación perfectamente controlada, hasta el punto de que en cada momento ese experimento pueda ser interrumpido en interés de la persona, si para ella es necesaria tal interrupción.

9.3. Investigación experimental con enfermos

Es cierto que para muchas cosas no es necesario hacer de los enfermos objeto de investigación; por ejemplo, para demostrar si es apropiada la capacidad de una persona con vistas a ser operada con nuevas técnicas quirúrgicas, es suficiente y es camino correcto experimentar en animales. Sin embargo, respecto a otras modalidades de experimentaciones con enfermos, las opiniones están muy divididas. Muchos las consideran éticas, pero también son muchos los que niegan su licitud sobre la base de que el hombre enfermo es un ser mucho más dependiente y sensible que cualesquiera otras personas.

No obstante, parece que se puede distinguir entre la experimentación puramente científica (no terapéutica) y la experimentación que en mayor o menor medida está dirigida por una terapia. Respecto a ésta última, puede decirse que la investigación en personas, y más aún en enfermos, es imprescindible. Pensemos, por ejemplo, en lo siguiente: un juicio definitivo sobre la efectividad de nuevos antibióticos que sirvan para determinadas infecciones sólo llegará a obtenerse mediante la aplicación de los mismos en enfermos que padezcan tal infección. Por eso, la investigación experimental con enfermos es a menudo necesaria y, bajo los presupuestos ya considerados, puede ser considerada éticamente lícita.

9.4. Experimentos con niños

¿Es la experimentación en niños y en impedidos psíquicos éticamente permisible cuando, como en otras situaciones, los padres o las personas responsables ofrecen la exigida aceptación? Es un problema sobre el que también las opiniones discrepan fuertemente.

En el trasfondo de la ya citada declaración de la «World Medical Association», los experimentos puramente médico-científicos en niños e impedidos psíquicos son rechazados por principio.

Algunos autores dan gran valor a la pregunta de si la aceptación de los padres se corresponde con lo que el niño querría o tendría que querer. Ciertamente no podemos tratar aquí todo este problema y tendremos que conformarnos con la indicación de que no es permisible utilizar niños o «débiles cerebrales», por ejemplo, como personas objeto de experimento, porque esto lleva implícita la dependencia de la voluntad del niño o del mentalmente débil respecto de las interpretaciones, dudas y opiniones de los padres.

Sin embargo, para otros muchos autores no parece del todo desviado precisamente llevar a cabo experimentos que puedan estar fuertemente relacionados con los intereses terapéuticos del niño o del deficiente, siempre que todos, especialmente los padres, así lo entiendan y se den las necesarias condiciones exigidas para estos casos.

10. REFLEXIONES ETICAS SOBRE EL SUICIDIO

Considerar el suicidio o el intento de suicidio desde un punto de vista ético precisa de antemano dejar en claro por lo menos dos asuntos. En primer lugar, un intento de suicidio puede no ser la voluntad absoluta de morir, sino la última petición de ayuda. Esto significa moralmente una llamada desesperada al medio entorno para que preste un apoyo. En segundo lugar, un «matar» de hecho no es idéntico necesariamente a un «asesinar» en el marco de una significación ética de juicios de valor. Que ese «matar» de facto sea responsable o no, vendrá aquí determinado a un mismo tiempo por la situación humana en general, la voluntad última y otros factores relacionados con la persona.

La respuesta a la cuestión acerca de si el suicidio puede ser alguna vez éticamente defendible depende en gran parte de la orientación fundamental que se adopta en la vida y ante la vida como tarea humana.

En una concepción humanista de la existencia, según la cual la responsabilidad del hombre para consigo mismo se coloca en el punto central, el suicidio parece ser una actuación aprobable, siempre que mediante él no se produzcan daños a otras personas. Pero la concepción cristiana de la vida tiene otro punto de mira. La biblia y la tradición cristiana rechazan el suicidio como un pecado contra la vida y contra el creador de la vida. Frente a la responsabilidad que al hombre le ha sido entregada, el suicidio es un fracaso en la tarea humana que la vida constituye. Es cierto que los moralistas cristianos siempre se hallaron dudosos o, digamos mejor, perplejos, ante los casos en que una persona decide conscientemente acabar con su vida. Un conocido ejemplo es el del luchador de la resistencia que es apresado, obligado a declarar entre torturas y que se envenena para no cargar su conciencia con la muerte de otros muchos.

Todo esto nos lleva a la siguiente posición: a pesar de que el suicidio puede significar que un hombre ha fracasado en su tarea que es la vida misma, no se puede pronunciar un juicio ético absoluto sobre él, cuando dice estar totalmente convencido de que debe poner fin a su vida.

Al reflexionar sobre este asunto, no debemos olvidar que el suicidio y el intento de suicidio contienen siempre, para los que quedan detrás y para los cercanos del interesado, una denuncia y en todo caso una cuestión de conciencia: «¿Por qué no lo vimos venir?». «¿Dimos a esa persona el espacio, la atención, el reconocimiento y la ayuda que necesitaba de cara a lograr una solución?».

11. ECOLOGIA

Hasta hace poco no ha existido conciencia en la humanidad de que se estuvieran cometiendo abusos contra la naturaleza. Sin embargo, encontramos en la biblia y en determinados personajes cristianos apuntes para un correcto talante del hombre en su trato con el mundo, aunque, por supuesto, en ellos no se den soluciones técnicas.

Se puede decir que la humanidad ha evolucionado a costa de heridas a la naturaleza. Es cierto que el hombre tiene derecho a una acción sobre la naturaleza, pero habida cuenta de que él es parte de ella. Y es la responsabilidad sobre sí mismo lo que se está ventilando con la defensa de la naturaleza, es decir, con la defensa de la ecología; se trata incluso del bien del hombre mismo en el presente y en el futuro.

Ahora bien, los problemas de fondo que van emergiendo cuando se pone de relieve la necesidad de una conciencia ética «ecológica» son muchos. Bástenos desgraciadamente indicar aquí simplemente que una inquietud ecológica que no cuestione toda esta sociedad de bienestar material con la verdadera profundidad de los problemas demográficos, consumistas, tecnológicos, etc., se quedará en un ecologismo superficial.

12. LA IMPORTANCIA DEL RESPETO A LA VIDA, ¿UNA NORMA ABSOLUTA?

Nos hemos referido hasta aquí a una serie de cuestiones éticas que, hoy como ayer, pero especialmente en la sociedad moderna, cobran una gran importancia respecto a la conducta a tomar desde un punto de vista humano y cristiano. Hemos de reconocer que han sido muy pocas, y muy brevemente tratadas, si tenemos en cuenta la inmensa problemática que abarca nuestra vida. Una última reflexión tiene que dar fin, necesariamente, al detallado elenco de situaciones o problemas en que se pone en juego nuestro comportamiento moral con respecto a la vida humana: «El respeto a la vida humana ¿constituye una norma absoluta?».

Vimos en el tema anterior que hoy día nos hemos vuelto más cautos frente a la expresión de «norma absoluta». Respecto al mandamiento «no matarás», tiene que quedar claro, al máximo posible, que no se trata en él tanto ni sólo de los aspectos materiales de la vida y de la muerte, sino del significado humano de una actuación asesina que, como tal, debe ser repudiada. El rechazo del asesinato, en cuanto procedimiento en contra de la vida, no ha de conducir a la afirmación de que todo matar material a un hombre deba ser considerado como un asesinato. Hay circunstancias en las que el «fáctico matar» reviste, dada la situación general en que acontece el acto, una significación esencialmente distinta a la que tiene cuando es llevada a cabo por el asesino que atenta contra su vida, o por el criminal.

Una afirmación como «se puede matar a un hombre cuando para ello hay un buen motivo» seguro que será considerada como inmoral. Por el contrario, matar a una persona en legítima defensa propia y como última posibilidad se tendrá sin duda como algo éticamente aceptable. Algo parecido ocurre con la omisión de prestar ayuda. Cuando se deja ahogar a un hombre, a pesar de que se le podía salvar, se hablará de delito, pero se encontrará éticamente responsable dejar morir pacíficamente a un paciente cuando se tiene la convicción de que todos los esfuerzos por prolongar la vida son ya inútiles. De aquí se desprende que el matar de hecho o causar la muerte no son siempre cosas idénticas al asesinato o el crimen.

Que esto sea así no depende de los buenos motivos que puedan tenerse, sino de que en su conjunto en última instancia el significado de la acción total sea distinto o al del atentado contra la vida o el asesinato. Sólo la situación como tal en que se actúa puede iluminar el hecho de si esa muerte, en cuanto fenómeno material, puede calificarse en última instancia de crimen o no.

En la declaración de Ginebra de 1948, la Organización Mundial de la Salud adoptó una posición semejante.

Finalmente, hay que señalar que no se trata aquí de un respeto ante la vida *en general*, sino de un respeto para con *la vida humana*.

13. LA EXISTENCIA CORPORAL Y SEXUADA DE LA PERSONA HUMANA

La persona se manifiesta como cuerpo, es cuerpo; y el cuerpo se presenta siempre sexuado. Si el hombre es un ser vivo en el mundo, lo es en razón de su corporeidad. El cuerpo individualiza a la persona y a la vez lo relaciona con lo demás y con los demás. Por ello, la ética cristiana no puede ser individualista ni colectivista, sino simultáneamente individual y social.

Un concepto negativo del cuerpo «como enemigo del alma», por ejemplo, no se puede sacar de la biblia, la cual no contiene ninguna visión dualista o dicotómica del hombre; tampoco hay en ella inclinaciones maniqueas. El concepto de cuerpo como prisión del alma no es de origen cristiano, sino órfico-platónico, si bien, al ser aceptado por los intelectuales cristianos, se ha expandido por nuestra cultura. Cualquier desprecio al cuerpo, empero, acaba minando la inviolabilidad de la vida humana.

Por otra parte, la sexualidad no es una cualidad que el hombre pueda tener o no. Siempre, desde que el hombre nace hasta que muere, aparece sexuado de una manera y otra, porque se trata de algo más que de una mera propiedad del hombre. Como constitutivo del ser hombre, la sexualidad es una dimensión permanente, que no se reduce a la función generativa, la cual sólo dura algunos años, sino que abarca a la totalidad de la persona, a sus relaciones, a su equilibrio, y por ello la diferenciación sexual imprime su sello a toda la persona.

El hombre no tiene sexo, sino que *es* sexo; no es inicialmente un ser neutro al que, posteriormente, se añade un suplemento sexual. Todos los procesos existenciales pertenecen siempre y se desprenden de este ser sexuado, aunque no siempre sean sexuales.

De alguna forma, toda persona, prescindiendo de su estado civil, vive su sexualidad. Hay que distinguir, pues, entre sexo y sexualidad. El ser sexuado del hombre es constitutivo de su sexualidad, de su conducta sexual y de la vivencia de su sexuación. El mismo carácter de totalidad del ser humano hace que un acto físico no sea nunca sólo un acto físico, ni un acto espiritual sólo un acto espiritual. Por otra parte, la sexualidad no se reduce al ámbito genital, no se agota en el instinto, ni se identifica con el aparato biológico de reproducción. La sexualidad se da en el cuerpo y deberá describirse desde el punto de vista orgánico, pero ese cuerpo es humano y por tanto también habrá que considerarla desde este ángulo humano: no es sólo del cuerpo, sino del hombre en su totalidad. La biología, cuando trata de la sexualidad humana, se convierte en antropología, y así como no se puede hablar del hombre unilateralmente desde el punto de vista de una sola ciencia, tampoco se puede hablar unilateralmente de la sexualidad.

La actividad sexual humana no es, como en los animales, un instinto que depende exclusivamente de la acción de las hormonas sobre los centros nerviosos, sino que es relativamente independiente. Más que un instinto impuesto orgánicamente, es un comportamiento aprendido por una necesidad cerebral puesta en juego por diversos factores: por su cerebro, puede todo hombre imponer a su sexualidad condiciones y límites propiamente humanos; pero el cerebro, para adquirir y ejercer en lo sexual unas condiciones específicamente humanas, debe recibir, desde la infancia, una imagen auténtica de la sexualidad humana.

En la adquisición de esta imagen es decisiva la influencia de la familia, el medio ambiente en general y la cultura, que educan la capacidad de dominio consciente y responsable de la actividad sexual.

El «biologismo hedonista» actual desecha toda consideración metafísica o moral de la sexualidad por considerarlas apriorísticas e ilusorias y se ocupa en descubrir cómo se vive la sexualidad hoy de hecho, desechando lo que debiera ser. El mal no está en investigar cómo se vive la sexualidad hoy, sino en pretender convertir los resultados en normas. Detrás de este pretendido amoralismo, se esconde, sin embargo, una filosofía: el hombre es un animal que debe vivir su sexualidad instintivamente.

14. POLIVALENCIA DE LA SEXUALIDAD HUMANA

Todas las disciplinas que se ocupan de la sexualidad humana han evidenciado que ésta no es una función unívoca al servicio de un solo valor, aunque se trate de un valor tan fundamental como es la reproducción; ni se presenta bajo una única forma, aunque se trate de una forma tan fundamental como es el matrimonio. La sexualidad humana es polimorfa y polivalente. De aquí que ya no pueda resultar posible, por más tiempo, ninguna idea de la sexualidad que no integre esta polivalencia como un dato de hecho y de derecho. Puede afirmarse, por tanto, que el placer es una dimensión capital y constitutiva de la sexualidad y nunca un defecto o lastre que pese sobre la misma, ni incluso como algo accesorio o sobreañadido: el placer es uno de los objetivos de la sexualidad.

Podemos decir que la sexualidad tiene diferentes valencias y significados, pero ninguno es independiente de lo que el hombre haga con ella, es decir, del sentido que él dé en cada momento a su sexualidad. La sexualidad no tiene sentido en sí misma, incluso su aspecto generativo recibe su sentido del hombre: si la intención se centra en la reproducción, esa intención no está en la naturaleza misma, sino que nace en el hombre por los motivos que sean. Es más, cuando se plantea la cuestión del sentido natural de la sexualidad, no debe olvidarse que es el hombre el que fija ese sentido a la naturaleza. No es la naturaleza quien nos dice qué es ella, sino el hombre, porque la naturaleza es muda. Aparece así con toda claridad la responsabilidad que el hombre tiene respecto a su sexualidad.

Cada cultura poseee sus propias normas sexuales, lo cual es un indicio de que no existe una automática y natural regulación de la sexualidad. Por otra parte, pensar que las generaciones que nos han precedido no han conocido de hecho el carácter pluridimensional de la sexualidad sería desconocer la historia. Incluso el Concilio Vaticano II reconoce, además de la función procreadora, el sentido de ser manifestación del amor. Hay que añadir el hecho de que en las fuentes del cristianismo no hay base alguna para una concepción monovalente de la sexualidad. En realidad, no se nos da ninguna concepción de la sexualidad, sino una visión de todo el hombre, de la que se puede deducir que es de la persona de donde la sexualidad recibe su significado y su sentido.

---

15. VISION ORIGINAL CRISTIANA DE LA SEXUALIDAD

Al principio del libro del Génesis, leemos que «Dios creó al hombre a imagen suya; a imagen de Dios lo creó; macho y hembra los creó». Esto significa muy en primer lugar que el hombre es un ser que debe a Dios su existencia y su sentido. En el sentido, pues, de su vida y de todo lo que es él, también como ser sexuado, está haciendo referencia a Dios, ante el cual es responsable.

En la conciencia de sí como ser creado, puede reconocer el hombre que todo lo que hay en él o es él ha sido querido por Dios y que, por tanto, es bueno: «Dios vio que todo lo que había hecho era muy bueno». Esta dignidad de origen es el fundamento, junto con la fe en la creación, para que el hombre acepte su corporeidad, se afirme como hombre o mujer, afirme también su personalidad sexuada como don de Dios y reconozca en ella una tarea.

La sexualidad impregna toda la existencia humana. «Como hombre y mujer los creó». No se refiere la sexualidad a características sexuales en particular, sino que de la misma manera que la corporeidad varonil o femenina determina cada célula, igualmente, y sobre la base de la unidad alma-cuerpo del hombre en su conjunto, todo él es en su sentir, en su pensar, en su fantasía, en su actuación, en su decisión y hasta en la conciencia de sí, varón o mujer.

La sexualidad, para la fe cristiana, no es un accidente (algo atribuido al hombre o que le sobreviene desde fuera), sino un constitutivo o dimensión de su ser, de toda su persona, que se expresa en primer lugar por su corporeidad, pero que le hace persona en su totalidad. Por eso, ser hombre o ser mujer son dos polos de una misma realidad, que expresa paradigmáticamente el carácter relacional y comunitario de la persona humana: «No es bueno que el hombre esté solo. Le quiero dar una ayuda que le corresponda».

En esta polaridad de relación, de referencia y de posibilitado amor creativo hizo Dios al hombre según su imagen. Y aquí se fundan la dignidad del hombre, su sexualidad, su igualdad en cuanto varón o mujer.

Por otra parte, la revelación del Nuevo Testamento también descubre horizontes de cara al sentido de lo humano y de su comportamiento, pues con la venida del reinado de Dios nuevas dimensiones iluminan la existencia humana: por la encarnación de Jesucristo, Dios ha introducido a la humanidad (corporeidad y sexualidad incluidas) en el misterio de salvación. La fe en la resurrección incluye una afirmación, incluye la fe en la salvación de todo el hombre, de todas sus dimensiones, salvación que le lleva a la plenitud del amor y de la comunión que el hombre mismo no podría procurarse.

El amor como núcleo del sentido de la sexualidad humana hace referencia a Dios que llama al hombre a este amor y le capacita para amar. La plenitud del sentido total de la existencia humana y de la sexualidad por el amor es algo que se realiza tanto en el matrimonio como en el celibato, sea éste elegido libremente o dado por las circunstancias de la vida.

---

16. REVOLUCION SEXUAL

Las normas que tradicionalmente regulaban la vida sexual de nuestra sociedad están perdiendo vigencia día a día o transformándose muy rápidamente. El cambio es tan amplio y drástico, a veces, que algunos como Sorokin apelan al concepto de «revolución sexual» para referirse a él. La modificación de actitudes es un hecho incuestionable; sin embargo, más importante que el hecho mismo es su evaluación y sentido. ¿Se puede interpretar este cambio como una conquista del género humano o una victoria del progreso, o más bien como una enfermedad moral de la sociedad contemporánea?

No cabe duda de que en las nuevas actitudes sexuales se ve, en cierto modo, un sano intento de integrar lo erótico en el plano de unas relaciones interpersonales plenamente aceptables, que la ruptura de ciertos tabúes permite a la mujer recobrar su genuina condición sexuada, que la igualación de derechos y deberes para ambos sexos es un dato positivo de humanización. Pero lo que no está del todo claro es que la caída de los tabúes sexuales se deba interpretar sólo como un avance positivo.

Un psicoanalista tan freudiano como Wolfgang Loch ha subrayado el cometido que cierta dosis de represividad desempeña en el equilibrio psicológico del individuo. La facilitación social del orgasmo no es evidente que conduzca sin más a la plenitud personal.

La etiología nos indica que en el complejo mundo de los animales también existen prohibiciones similares a las que existen en el mundo de los hombres, es decir, ciertas cosas factibles no llegan a hacerse, porque en alguna forma –muy distinta de la humana, claro está– están prohibidas, son tabú. Determinada postura del animal vencido impide que el vencedor lo mate, por ejemplo.

En el hombre, los impulsos nerviosos obedecen desde luego a unas señales de tráfico, dentro de las cuales abundan las prohibiciones. Decir sin más que la caída de los tabúes es un triunfo de la razón parece cuando menos ingenuo. Unas relaciones sexuales insolidarias, esto es, desvinculadas de una moral común, atentas sólo al placer individual, sin más límites que los que impone la biología, cegarían una de las principales fuentes del amor humano, con gran peligro para la salud de la especie. Y una ojeada a nuestro alrededor no nos permite excluir, por las buenas, esta interpretación.

Parece, pues, que hay una clara *liberación de*, pero no una *liberación para*. El hombre no se libera de sus tabúes sólo con destruirlos. Como ya señaló Erich Fromm, el hombre puede muy bien angustiarse al sentirse dueño de una libertad que no sabe utilizar y puede, en consecuencia, buscar una nueva esclavitud que reduzca su ansiedad. Cabe, por ejemplo, que la mujer vea sustituida la vieja prohibición de acceder a los deseos sexuales por la prohibición de negarse a ellos. Una represión sustituiría a otra represión.

Una cierta represión es necesaria, como dice W. Loch, para que el sistema comportamental humano no invierta excesiva energía en un solo sector, y también para que la misma conducta erótica pueda mantenerse en un tono óptimo de funcionalidad. La facilidad excesiva degrada la vida; y la sexualidad no es una excepción.

La integración del comportamiento sexual en una normativa sana, y no la mera liberación de sus restricciones sociales, es en definitiva la condición radical que la liberación sexual ha de cumplir para integrarse en el proceso de liberación humana.

Por otra parte, tesis como la de Marcuse de que una liberación sexual puede servir de aliviadero o desahogo al hombre para que sus pulsiones no se inclinen a la guerra o a la destrucción de la naturaleza (algo así como que «si se hace el amor, no se hará la guerra») no parecen verse demostradas por los hechos, cuando en las grandes ciudades crecen a la par el erotismo y la violencia.

Todo esto sin referirnos a la manipulación de la llamada liberación sexual por los poderes políticos y económicos, para apartar la atención de otros problemas de mayor entidad o fijar esa misma atención en productos vendibles, nos lleva necesariamente a la consideración de que la personalidad sexualmente madura no es aquella que se cree satisfecha porque pretende no obedecer a tabúes sexuales, sino aquella que ha logrado integrar libremente sus instintos en una totalidad estructural de su existencia de acuerdo con una opción libremente elegida.

17. IGUALACION DE LOS SEXOS

Un aspecto positivo de la revolución sexual es el de la nivelación de los sexos en deberes y derechos, en posibilidades socio-económicas y, por supuesto, en el ejercicio mismo de la actividad sexual. Pero, a pesar de los adelantos, el problema parece lejos de la solución adecuada. A una situación de desigualdad represiva parece ir sucediendo una situación igualitarista, que o no es del todo congruente con las diferencias o que no distingue a un sexo del otro, aun teniendo en cuenta que las diferencias «naturales» son difíciles de precisar en cuanto nos alejamos de las anatómico-fisiológicas. Y es lógico pensar que, dada la condición sexuada de la persona humana, tales diferencias no pueden ser solamente anatómico-fisiológicas: lo femenino no es sólo poesía.

La igualdad de los sexos presupone una superación de las desigualdades explotativas y vejatorias, una igualdad de posibilidades de realización sin restricciones artificiales impuestas por el sexo dominante; pero a la par que es cierto que esa línea de despliegue de posibilidades ha de ser definida libremente por cada sexo, también lo es que la plenitud de la realización sexual no puede desarrollarse del mismo modo en unos seres esencialmente complementarios.

La igualación no puede consistir en la anulación de las potencialidades más propias y exclusivas. La igualación en lo común, que ya es mucho, no debe confundirse con un igualitarismo indiferenciador. La liberación sexual no consiste en que la mujer imite al hombre, ni en un tercer sexo o unisexo. No consiste en que los hombres y las mujeres se parezcan más en todo. Consiste, más bien, en que cada sexo tenga libertad suficiente para desplegar, sin impedimentos exteriores, su propia condición: libertad para la plena autorrealización en lo común con el otro sexo y en lo peculiar y exclusivo del sexo propio.

18. SEXUALIDAD Y AMOR

De la totalidad del hombre se desprenden y deducen las profundas vinculaciones entre el sexo y el amor. La sexualidad puede ser vista como forma de encuentro entre personas, lo cual es al mismo tiempo

una fuerza para la identificación y para la diferenciación. Sin embargo, la relación sexual cosificada, impersonal... es sólo una descarga sexual, una relación mecánica que difícilmente puede ser orgiástica. W. Reich insinúa que no hay orgasmo fisiológico sin orgasmo amoroso.

Es el amor maduro el que por su naturaleza es orgiástico, pues se da como entrega absoluta y olvidada de sí y como aceptación plena e incondicional del otro. Esta forma de amar parece ser la más alta posibilidad del hombre, que puede cumplirse incluso sin unión carnal. Quien haya llegado a la posibilidad de amar de esta manera será siempre capaz de la más plena y gratificadora unión sexual, aunque también pueda decidir renunciar a ella. El origen de algunas neurosis actuales no está tanto en no tener de hecho relaciones genitales, cuanto en no tenerlas de manera plenamente humana.

El encuentro con el otro en la comunicación madura erótico-sexual es intencionalmente encuentro con todos. Quien llegue a amar de verdad a un «tú», en este mismo rostro encontrará al hombre entero y total. Quien acierte a amar a un «tú», no podrá odiar ya a nadie. Quien en el amor comprenda, respete, se done libremente, se comprometa con el otro, se donará, se comprometerá y responsabilizará de todos los hombres.

19. HACIA UNA ETICA SEXUAL

Dentro de todas estas consideraciones sobre la sexualidad, ponemos el acento, de cara a la conducta, en un aspecto fundamental: *la dignidad del hombre o el carácter humano de la sexualidad.* Este aspecto fundamental tiene que ser siempre traducido de manera nueva a normas concretas y, ocasionalmente, a reglas de comportamiento. En ello, y de acuerdo con la naturaleza del tema, juegan un papel importante el carácter individual, la edad, el sexo, el tipo de relación y otros factores. No hay que olvidar que en este conjunto cobra sin duda gran importancia la sinceridad frente a sí mismo y frente a los demás, junto con un exquisito respeto para con los otros.

Una visión moral de este tipo, en lo que respecta a la conducta sexual, proporciona un amplio espacio para toma de posturas personales, cosa que la generación media actual quizá no tuvo en sus años de juventud. Tal visión ilumina, a la vez que relativiza, las normas sexuales, pero por otra parte crea otras dificultades en el sentido de que uno ya no puede escudarse tras las reglas sociales de comportamiento. Con esto se está indicando también que el acento principal reside en la responsabilidad del hombre como persona.

BIBLIOGRAFIA

Rincón-Orduña-López Azpitarte, *Praxis cristiana*. Paulinas, Madrid 1980.
A. Hortelano, *Problemas actuales de moral*. Sígueme, Salamanca 1984.
W. Schöllgen, *Problemas morales de nuestro tiempo*. Herder, Barcelona 1962.
M. Vidal-P. R. Santidrián, *Etica*. Paulinas, Madrid 1980.
B. Häring, *Etica de la manipulación*. PS, Madrid 1977.

Lecturas sobre temática concreta

Aborto
«Vida nueva», n. 930 (1947) y 1.367 (1983).
«Razón y fe», n. 915 (1974).
«Misión abierta», n. 18 (1979).

Droga
«Imágenes de la fe», n. 167.

Ecología
Posters con humor, temas 18 y 19.

Eutanasia
P. Sporken, *Ayudando a morir*. Sal Terrae, Santander 1978.
Varios, *Morir con dignidad*. Marova, Madrid 1976.
Varios, *La eutanasia y el derecho a morir*. Paulinas, Madrid 1984.

«Vida nueva», n. 1.136 (1978).
«Razón y fe», n. 915 (1974).
«Imágenes de la fe», n. 174.

Experimentos médicos
P. Sporken, *Medicina y ética en discusión*. Verbo Divino, Estella 1974.

Publicidad
«Vida nueva», n. 1.081 (1977).
«Imágenes de la fe», n. 44.
«Noticias obreras», n. 856 (1983).
Posters con humor, 20, 21, 22, 23, 24.
P. Barroso, *Códigos deontológicos*. Verbo Divino, Estella 1984.

Objeción de conciencia
«Vida nueva», n. 784 (1971) y 798 (1971).

Pena de muerte
«Moralia», n. 20 y 25.

Sexualidad
Varios, *La sexualidad humana*. Cristiandad, Madrid 1978.
A. Valsecchi, *Nuevos caminos de la ética sexual*. Sígueme, Salamanca 1976.
Fichas «Mesa redonda», n. 6.
M. Bellet, *Realidad sexual y moral cristiana*. DDB, Bilbao 1973.
«Communio», n. 6/80.
«Vida nueva», n. 1.030 (1976) y 1.116 (1978).
«Sal Terrae», vol. 67, n. 12 (1979).
«Concilium», n. 193 (1984).
«Iglesia viva», n. 31 (1971).
Fascículos bíblicos de J. Alonso Díaz. PPC, n. 8.
«Moralia», n. 3 y 4 (1979).

Violencia y guerra
H. Otero, *Posters con humor*. CCS, Madrid 1982 (temas 1 y 29).
Fichas «Mesa redonda», n. 7. Apostolado de la Prensa, Madrid 1970.
«Communio», n. II/80.
«Iglesia viva», n. 103 (1983).
«Misión abierta», n. 34 (1982) y 76 (1983).

Inviolabilidad de la vida humana
«Moralia», n. 1 (1979).

ACTIVIDADES

A.

1. ¿Qué cosas son tenidas por más inmorales o faltas de ética en el mundo actual? ¿Cuáles son las que tú personalmente valoras de modo más negativo? (Hacer, por la técnica que se quiera elegir, una puesta en común).

2. Por la técnica de la mesa redonda, establecer qué problema o «inmoralidad» se da en nuestra sociedad que ataque más directamente la dignidad de la persona.

B. A la vista de todos los puntos del tema, responder por escrito:

Señalar las razones por las que la vida humana tenga que ser a toda costa estimada moralmente y salvaguardada por las leyes.

Hacer una lista de casos o comportamientos prácticos en los que se atenta contra la vida humana y referir, en cada uno de ellos, qué razones suelen aducirse para llevar a cabo esas prácticas.

¿Qué otros valores humanos son tan preciados como la vida o que atentar contra ellos es prácticamente lo mismo que atentar contra la vida?

¿Qué relación puedes establecer entre «vida humana», «integridad personal» y «dignidad del hombre»?

Define lo más concisa y exactamente posible qué es una «legítima objeción de conciencia». ¿Por qué si, como su nombre indica, la *objeción de conciencia* es un asunto moral o ético, parece que debiera estar siempre recogida en las leyes? (A la vista de este tema y, si lo necesitas, también del tema anterior, razona tu respuesta).

Ante la guerra, ¿cuál sería la norma de conducta según una «ética cristiana»?; ¿qué decir moralmente en este mismo sentido de la carrera de armamentos?

¿En qué puede fundarse la abolición de la pena de muerte?

¿Es ético que la autoridad legítimamente constituida utilice la tortura en defensa o provecho del bien común, es decir, de la sociedad? ¿Por qué?

Con el texto delante, señalar qué experimentos médico-científicos pueden llevarse a cabo, cuáles no, por qué y en qué condiciones.

¿Qué motivos cristianos pueden desaconsejar moralmente a un individuo el suicidio?

Haz una relación de las características humanas de la sexualidad: ¿qué aspectos de la conducta sexual han cambiado en la sociedad? ¿Podrías hacer una lista de normas morales a observar respecto a la conducta sexual?

¿Crees que en la forma de considerar la sexualidad dentro del ambiente en que tú te mueves normalmente se dan ideas o hechos que pueden ser calificados de inmorales? Señala cuáles y por qué. ¿Qué principios fundamentales se desprenderían de la fe cristiana para una ética sexual?

C. En un folio, hacer una lista de frases, de forma que cada una de ellas resuma la orientación ética de cada uno de los problemas que trata el texto en este tema.

D. Constatar los problemas que con más frecuencia se tratan y preocupan en nuestro ambiente (o, digamos, en nuestra sociedad) en sentido moral o ético.

Preguntar, para ello, a otras personas: familia, amigos, etc.

Determinar por qué clase de normas éticas se aboga generalmente (tanto de manera explícita como implícita) en cuanto a esos problemas; por ejemplo: aborto, fraude fiscal, ética profesional, robos, terrorismo, moral social, costumbres, etc.). Debatir qué valores se suelen defender en ellas ética y moralmente.

E.   Por grupos y consultando los libros precisos, confeccionar un elenco de temas concretos que, siendo objeto de reflexión y estudio moral, no han sido tratados específicamente en el texto. Cada grupo elige alguno de esos temas o problemas y elabora una clara información acerca de él para comunicarla al pleno, dando pie a un coloquio o debate en común sobre cada uno de ellos.

F.   También por grupos, confeccionar una historieta en forma de «cómic» que caricaturice la conducta ética de personajes típicos: un padre de familia, un profesor, un funcionario, un párroco, un director de empresa, un trabajador determinado, etc. En cuenta de lo anterior y de la misma forma, también se puede confeccionar la historieta de un determinado «problema ético» en boca y conducta de esos diversos personajes típicos.

PARA LA REFLEXION DE FE

A.

1.   Antes de entrar en la consideración de ningún texto evangélico, ¿cuál os parece que es la postura de Jesús ante la persona humana?, ¿en qué actitudes concretas se manifiesta?

¿Qué concepción ética domina actualmente entre los cristianos ante la vida, la muerte y la integridad de la persona humana?

¿Qué contradicciones se observan, en nuestra sociedad de origen cristiano, sobre valores humanos concretos que se proclaman (e incluso se reflejan en normas y leyes) y prácticas concretas de ética individual y social que podrían ser denunciadas como inhumanas?

2.   Reflexión en pequeños grupos y puesta en común con debate:

Señalar la orientación cristiana fundamental que debería presidir la actitud a tomar en diversas situaciones ante problemas éticos señalados en este tema, bien en el mismo texto, bien en los enumerados después de realizar la actividad «E» de la sección anterior.

B.   «La transformación cultural de los valores no puede realizarse sin conflictos. La experiencia enseña que el conflicto de valores es el pan cotidiano del hombre que trabaja, se mueve, milita, ama. Sucede a menudo que los mismos valores se limitan mutuamente. Puede suceder también que se enfrenten unos contra otros en un gigantesco combate que demuestra que el bien está atenazado por el mal de manera más trágica que ética. Es muy raro que todos los valores puedan ser cumplidos al mismo tiempo por las conciencias individuales o colectivas. Ejemplos: ¿cómo conciliar la eficacia política con la atención a las personas? ¿Cómo conciliar el rendimiento y el respeto a las condiciones de vida de los trabajadores? En el respeto a la vida y a la curación de los enfermos graves, ¿a quién y a qué dar la prioridad, teniendo en cuenta que los medios de dinero y de personal son limitados? La vida, es verdad que no tiene precio, pero también es verdad que faltan recursos para salvar a la vez todas las vidas humanas. ¿Cómo decidirse en los dolorosos conflictos de la vida y del amor?» (La expresión personal y colectiva en este punto puede llevarse a cabo sobre la base de ejemplos o casos concretos).

Se pueden repasar textos concretos del evangelio que muestran las actitudes de Jesús frente a la ley. En la fe, la ley se transforma; ¿cómo?

C.   A la luz de la palabra

Lc 16, 1-17: Dios, los bienes de este mundo y la ley.

Mt 19, 1-12: Serán los dos una sola carne.

Jn 14, 15-21: Los mandamientos y el amor.

Jn 15, 10: Permanecer en el amor de Cristo Jesús.

1 Jn 2, 3-8: Amar es permanecer en la luz.

2 Jn 5: El mandamiento del cristiano.

Rom 5, 5: El Espíritu ha sido derramado en vosotros.

Gál 5, 16-23: Los frutos de la carne y del Espíritu.

1 Cor 6, 12-19: Vuestro cuerpo es del Espíritu.

Gál 6, 1-10: La ley de Cristo.

D.   Lectura de las bienaventuranzas.

A la vista de la proclamación de Jesús, ¿dónde nos cuesta más poner criterios cristianos a la hora de actuar? ¿Qué podemos hacer?

21

La libertad

Cada generación tiene a su propia época por especialmente problemática y peligrosa. Ahora bien, la nostalgia por «los mejores tiempos pasados» se ha dado siempre, ya que la memoria humana conserva mejor lo gratificante y agradable que lo penoso y triste. Cada generación se lamenta de un pasado que no volverá, colocándose críticamente ante el presente y de modo escéptico cara al futuro. Las fases en las que se cree ir hacia tiempos espléndidos son relativamente cortas y, a menudo, desilusionantes. También la euforia del progreso que ha poseído al hombre moderno parece haber sido superada; quizá le ha arrebatado el puesto la inseguridad.

Una característica esencial de nuestro tiempo es la velocidad, cada vez mayor, del desarrollo. Nuestro entorno cambia tan rápidamente, que a menudo tenemos la sensación de perder el paso y, sobre todo, la perspectiva. En esta situación, el peligro de la resignación y del dejarse llevar es muy grande. Muchas personas no pueden evitarlo, hasta el punto de no tomarse en serio la tarea de dominar e influir en su tiempo: capitulan frente al mundo exterior, perdiendo así una parte esencial de su libertad interior.

La libertad tiene que ser defendida en todas las épocas, hacia dentro y hacia fuera, en todos los terrenos y a todos los niveles. La garantía de la libertad tiene que ser siempre una inquietud activa y comprometida, pues el hombre se hunde con la pérdida de su libertad. Responsables para con nosotros mismos y para con nuestro tiempo, tenemos que prestar verdadera atención para ver dónde y cómo peligra la libertad.

1. LA LIBERTAD TIENE SU PRECIO

El hombre es libre. Tiene la posibilidad de configurar su propia vida mediante sus libres decisiones e influir en la configuración del mundo. Nada de lo que pensamos, decimos o hacemos a partir de nuestra propia convicción interna queda sin tener alguna efectividad; todo provoca unos resultados, aunque no los notemos.

Libre es aquel que consigue llevar a cabo sus decisiones en conformidad con sus conocimientos y experiencias y actuar en consecuencia. Libre es, por tanto, quien no se doblega a inclinaciones e impulsos y no obra caprichosamente, porque el capricho no es libertad.

Ser interiormente libre es una de las esenciales tareas en nuestra vida; comprometerse con y por la libertad, es otra. Nuestra libertad interior y exterior está permanentemente amenazada: debilidad, dependencia del mal, circunstancias y otros eventuales factores. Constantemente tiene que ponerse el hombre de parte de la libertad; renunciar a ella quiere decir fracasar decididamente en la vida.

Libertad es también un concepto central sociopolítico: un hombre libre puede autodeterminarse, y no debe disponerse de él como de un esclavo. Quien es libre puede disponer de su vida y, aunque su libertad de decisión pueda verse limitada a causa de las circunstancias, fundamentalmente tiene derecho a disponer de su existencia según su voluntad: puede ele-

---

gir por sí mismo profesión, amigos, lugar para habitar y estilo de vida; puede expresar, exteriorizar sus opiniones políticas y sus creencias.

Tal libertad es un gran bien. En principio, podemos agradecer al cristianismo que la libertad haya sido considerada por una gran parte de la humanidad como algo lógico y natural. Donde se ha despreciado la fe cristiana o la visión cristiana de la vida, allí ha sufrido vejaciones la libertad.

En todos los tiempos se han dado prácticas de todo tipo en contra de este núcleo de la personalidad humana que es su libertad de pensamiento y de voluntad; modernamente, las prácticas psiquiátricas y farmacológicas han sido el gran atentado contra la inviolabilidad de la dignidad humana. El 26 de diciembre de 1948, el cardenal húngaro Mindszenty denunciaba esta barbarie ante el mundo: «Piensen siempre en ello: toda confesión que me vea obligado a hacer durante mi prisión será una mentira o la consecuencia de la debilidad humana». En su obra *1984*, George Orwell describe con toda plasticidad la evolución del dominio y de la tiranía de los estados totalitarios modernos respecto a todos los movimientos y sentimientos humanos.

Los sistemas políticos utilizan la palabra libertad demasiado frecuentemente como un verdadero tópico; por eso, gran parte de los ciudadanos desconfían muchas veces de que este bien, el más íntimo y preciado que se tiene, no se tambalee por el mínimo motivo.

¿Qué valores implica principalmente nuestra preciada libertad? Afecta, en definitiva, a la «dignidad humana», que se ha convertido en esencial y central, dentro de las llamadas democracias modernas, en orden a la promulgación de sus leyes fundamentales, sus constituciones políticas e incluso a la configuración de los principios básicos del estado.

Para una persona de fe cristiana no es difícil

entender en qué consiste esa dignidad y por qué el hombre la posee. Durante siglos, las iglesias cristianas han orado así: «Dios, tú que has creado admirablemente la dignidad humana y más admirablemente aún la has restablecido, haznos... participar en la divinidad de aquel que ha querido tomar nuestra humana naturaleza, Jesucristo». Quien está poseído por la convicción de que todos los hombres han sido llamados a una visión sobrenatural y eterna de Dios y ya en la tierra está capacitado para unirse mística e íntimamente con él mediante la gracia... cree que la dignidad del hombre, hecho a imagen de Dios, es lo único razonable.

Sin embargo, la constitución de muchos países no está precisamente concebida como ley fundamental de una teocracia y no es suficiente tampoco que la dignidad humana sea entendida así por parte de sus ciudadanos. En estados aconfesionales y de sociedades pluralistas, aun prescindiendo de su explícita referencia a Dios, se han descrito públicamente el contenido de la libertad y dignidad humanas en los primeros artículos de sus constituciones como fundadas en el hecho de que el hombre, en cuanto persona, es portador de los más altos valores espirituales y morales, que tienen que ser respetados y defendidos de aquello y de aquellos –sea un particular, sea el estado mismo– que pudieran atentar contra ellos.

2.   UNA CUESTION INCOMODA

Por el gran aprecio que en principio tenemos de nuestra libertad, que consideramos aun sin pensarlo como lo más natural del mundo, deberíamos ocuparnos con más frecuencia de cuál es su auténtico valor para nosotros. ¿Hasta qué punto estaríamos dispuestos, dado el caso, a sacrificar cualquier cosa por su defensa? No se trata del problema de la defensa del país militarmente para garantizar su independencia, sino de la conciencia propia de este valor profundo del hombre, que es la dignidad humana en general y que se cifra en la libertad.

Cuánta libertad no despreciamos, casi siempre sin darnos cuenta, sólo por el hecho de no permitir jamás que nuestro bienestar, nuestra tranquilidad y comodidad sean molestados, incluso cuando nuestra vida se ve, paso a paso, cada vez más influida, más administrada, más organizada y más manipulada. Tal vez sólo reaccionamos ante tal privación de libertad, si de golpe e inmediatamente nuestra vida se ve obligada a cambiar.

Acaso la indiferencia, la falta de vigilancia, la dulce pasividad humana en general dan pie a un desarrollo social y existencial colectivo que conduce a la persona a ser ingerida y asimilada por un sistema que en un momento dado es imposible desarticular. Sólo se está dispuesto a grandes y duros sacrificios cuando, de antemano, se ha preparado uno para ellos mediante incontables pequeñas renuncias.

Más importante que la libertad externa es el sentido íntimo de ser y estar libre de egoísmo, estrechez y prejuicios, en definitiva, de los caprichos o veleidades del propio yo, lo cual significa que la persona está abierta a las necesidades del mundo en que vive y de los hombres con quienes vive. Una vida y un desarrollo de la persona en este *sentido* la preparan para hacer frente a todos los peligros de privación externa de libertad.

3.   FALTA DE LIBERTAD POR ALIENACION

Cada vez es más difícil identificarse con todos los fenómenos de la sociedad. Muchas personas, desde distintos ámbitos, no se sienten pertenecientes a ella, sino al margen, con distancia crítica, por saberse manipulados y sometidos a diversos poderes, contra los cuales apenas se puede hacer nada.

Este proceso de creciente alienación puede ser observado respecto a la economía, las instituciones y la política en general: por todos los lados se encuentra el individuo confrontado con los grupos de poder, cuyos medios y fines a menudo no se ven o no son lo suficientemente claros para ser compartidos.

3.1.   Alienación por el trabajo

Pongamos el ejemplo de un trabajador de la industria: no puede disponer del producto de su trabajo ni de su tipo de actividad. A menudo tiene que producir cosas o realizar servicios que para él carecen de valor o incluso son nocivos, y no puede hacer nada por cambiar esa situación. Todo lo contrario ocurría en general con el artesano que, en su producción, empleaba la propia creatividad y el trabajo era parte de su misma vida; el obrero de la fábrica raramente puede identificarse con el producto de su actividad. En muchas otras profesiones se da una situación similar. Consecuencia de ello será que el trabajador se distancie de su cometido, al no ver en él un medio de autodesarrollo. A esto se le llama alienación por el trabajo.

3.2. Alienación por la política

En la democracia, el pueblo elige a sus gobernantes, pero esto no quiere decir que el individuo, incluso cuando su partido tiene el poder, se pueda identificar totalmente con aquéllos. En muchas ocasiones asumirá medidas y decisiones por pura solidaridad externa, pero es inevitable que se distancie cuando en muchos asuntos y ocasiones el individuo hubiera actuado y decidido de otra forma totalmente contraria. Tal vez en el ámbito político es donde más se siente llevado el individuo, porque no puede reconocer ni probar con claridad los objetivos pretendidos y examinar por qué métodos se tratan de conseguir. ¡Qué elector no se sentirá incómodo con la experiencia de verse sometido a un gobierno que él mismo ha votado y sobre el cual no ha de tener nunca más influjo, una vez que ha depositado la papeleta de su voto...! A esto se le llama alienación política.

3.3. Alienación por las instituciones

Todo el mundo es dependiente en mayor o menor medida de las instituciones, aun cuando se trate simplemente de seguros de enfermedad, seguros de accidentes, instituciones financieras..., pero instituciones que originariamente ofrecen al individuo seguridad, salud, satisfacción de ciertas necesidades. Lo cierto es que pocos se identifican con esas instancias sociales; la mayoría se siente aprehendido por ellas y administrado; muchos ven cómo las instituciones hacen peligrar la individualidad, la dignidad humana y, en el mejor de los casos, lo reducen a un simple número, lo que no es otra cosa que cierta degradación. Sin embargo, tales instituciones son sustentadas por el individuo, son financiadas con su esfuerzo económico. Dentro de esto, tal vez sea más irritante la paradoja de que así el individuo hace algo y, a la vez, deja de ser protagonista; por una parte, obtiene beneficios; por otra parte importante, pierde su identidad, corriendo peligro el respeto a sí mismo. Esta es la alienación institucional.

3.4. Nuestra mala relación con la naturaleza y con Dios

Poco a poco uno va siendo más consciente de que la ciencia y la técnica van haciendo perder la relación o referencia humana original para con Dios y la naturaleza. No vivimos al compás del intercambio natural del día y de la noche, de las estaciones del año, del servicio que nos ofrecen los elementos. Nuestra relación y posición en los ámbitos abiertos han cambiado y, en muchos casos, se han degradado: a menudo los consideramos unilateralmente medios de aprovechamiento económico. No pretendemos comunión alguna con la naturaleza que, a causa de la movilidad de la vida moderna, ha ido desapareciendo. El hombre de hoy es inestable, inconstante y, con frecuencia, se halla desenraizado. Y hasta qué punto el hombre de hoy es ajeno a Dios se muestra en la falta de claridad para discernir la línea divisoria entre lo que es Dios y lo que es él mismo. Se ha perdido, tal vez no del todo, el sentido ante lo admirable y ante el misterio; va desapareciendo la posibilidad de trascendencia. Perdiendo el hombre la conciencia de su referencia a Dios, de su identidad propia, del sentido de su existencia..., se siente más y más llevado por la vida y privado de libertad. Esto es alienación respecto a Dios y la naturaleza.

¿Puede encontrarse una salida? Para el hombre, enajenado respecto a sí mismo, no dispuesto a responsabilizarse de sí y de su vida, la existencia no tiene en realidad sentido alguno, porque no se halla en el centro de su propia vida, sino junto a ella; esto le inquieta y le descontenta o le conduce a la indiferencia, a la inseguridad y/o a la violencia.

No existe una fácil receta en orden a cómo, de hoy para mañana, podrá encontrarse una salida a esta situación desnaturalizada. El individuo difícilmente puede cambiar las estructuras establecidas en política, economía y en civilización; su poder es ínfimo frente a las instituciones y a las instancias de poder.

Un primer paso, sin embargo, puede consistir en que cada vez se den más hombres conscientes de esta situación e intenten hacer coincidir su sentir y su pensar con su actuación allí donde las circunstancias lo permitan. Es precisa una disposición en contra de la pérdida de identidad, haciendo prevalecer la autonomía y la independencia respecto a factores externos amenazantes de manera permanente; a éstos hay que oponer al menos una resistencia interna, es decir, que la disposición interna frente a estas circunstancias en creciente evolución fructifique en una crítica objetiva.

Eticamente esta disposición necesita de una profundización en las relaciones humanas, en el espíritu de comunidad para crear unas capacidades operativas con vistas a una transformación. De importancia vital, en el marco de una reflexión ética, sería que el hombre moderno se concentrase en la cuestión existencial del «de dónde» viene y «hacia dónde» va.

4. RESPONSABILIDAD FUERA DE LA PERSONA

Cada vez es más crasa la falta de correspondencia entre las pretensiones que los ciudadanos presentan ante el estado y la disposición a una salvaguarda personal comprometida de la propia libertad y seguridad. En muchos países se va afianzando fuertemente la opinión de que es absoluta tarea del estado procurar la máxima seguridad y comodidad de los ciudadanos, sin que éstos, exceptuada la tributación correspondiente, tengan obligación o responsabilidad alguna. Del estado se espera todo: un perfecto sistema de seguridad social para la enfermedad y la vejez, la invalidez y la falta de trabajo; una política económica que garantice con absoluta seguridad un bienestar en permanente ascenso...

El problema reside en que, desde ahí (sin olvidar que siempre se trata de perfectos derechos ciudadanos), gran parte de las personas empiezan en la práctica a entender la libertad como una desvinculación respecto a las obligaciones y a la propia responsabilidad. La sociedad del bienestar ha conducido, sin duda, a que se diluya la satisfacción por la iniciativa personal, el compromiso social, la capacidad y disposición a juzgar por sí mismo de una situación y a actuar sobre ella correspondientemente. Sin duda el estado no podrá ser valedor de los derechos democráticos, en general, y de la libertad de cada ciudadano, en particular, si éste no está dispuesto, incluso con sacrificio, a defenderlos. El estado no existe sin los ciudadanos, porque ellos mismos son partes del estado.

No puede darse libertad sin responsabilidad personal y social. La libertad sólo puede ser realidad cuando el individuo respeta los derechos de los demás y cumple para con ellos y el bien común con sus obligaciones. Es también una cuestión de ética, personal y social, el estar dispuesto no sólo a exigir la libertad, sino a servirla.

5. MANIPULACION Y EMANCIPACION

Para escapar a todo tipo de manipulación, hoy día parece especialmente importante liberarse de toda dirección ajena oculta. La emancipación en cuanto «liberación para disponer de uno mismo» es precisamente lo opuesto a manipulación; por emancipación se entiende el desenvolvimiento de la persona libre de condicionamientos externos. Pero en esta descripción a menudo se omite el indicar esa misma liberación respecto al condicionamiento de los impulsos internos de la persona humana. En todo caso, manipulación y emancipación son dos conceptos que expresan conjuntamente una dialéctica de contrarios en el desarrollo de la persona, en su realización.

Poder disponer de sí mismo como liberación de imposiciones externas no quiere decir todavía que la persona esté en vías de su propia realización y en posesión de su libertad interior. Es más, se dan circunstancias en que un proceso externo de opresión va transfiriéndose simplemente a un plano interior. Por eso, una mera *ideología foránea* de la emancipación puede cegar fácilmente el camino para una capacitación profunda en orden a la configuración de la persona en libertad.

La palabra *emancipación*, además, ha conocido con el tiempo algún cambio de significado. Originalmente se refería al desprendimiento que el hijo hacía respecto al poder paterno; o sea, se trataba de una efectiva declaración jurídica de adultez. En el derecho romano se contemplaba perfectamente este acto mediante una fórmula ritual: el padre ponía la mano sobre el hombro del hijo y lo declaraba capacitado para los negocios, autorresponsable y adulto. Pero una declaración así de mayoría de edad suponía siempre un alto concepto de responsabilidad propia y un reconocimiento del orden social: una conciencia clara acerca de los valores y de las normas.

Hoy día, sin embargo, se utiliza frecuentemente la palabra «emancipación» en el terreno ideológico. Por eso, ideológicamente la emancipación muchas veces no sirve para ampliar el círculo de los que son autónomos, sino que pone el acento en la necesidad de declarar autónomos, maduros o adultos a aquellos que realmente no lo son. Cuando Alexander

Mitscherlich habla de que «ninguno de nosotros es adulto», sugiere la idea de que todos nos encontramos dentro de esta sociedad en vías hacia la adultez.

Si se piensa en la progresiva especialización del saber y de todos los campos técnicos y científicos, nos embarga el sentimiento de ser cada vez más dependientes y menos adultos. En este sentido, cada persona se encuentra situada progresivamente en un espacio muy estrecho dentro del cual pueda hablar competentemente. Con razón puede decirse, comparativamente, que los miembros de sociedades arcaicas o primitivas podían ser más adultos que nosotros.

Bien es verdad que, cuando hablamos aquí de adultez, nos referimos principalmente a la adultez y autonomía moral, la cual contiene una disposición frente a sí mismo, y una responsabilidad para consigo y con los demás, o sea, para la colectividad. Es decir: se está poniendo de relieve, con ello, una necesaria vinculación.

6. MANIPULACION: UN PROBLEMA ETICO DEL MUNDO MODERNO

A lo largo de este siglo, la persona media ha ido tomando conciencia de que la manipulación, como medio aceptable que es en principio –en cuanto intervención en la naturaleza y en las relaciones sociales para bien del hombre– para un digno progreso de la civilización y la cultura, se ha revelado en contra del hombre mismo, convirtiéndose en multitud de campos en una planificada e interesada intervención ilícita en la conciencia de la persona, reduciendo así su auténtica autonomía o libertad interna.

6.1. Manipulación de la opinión pública

Este es el caso, por ejemplo, del decantado pluralismo de la sociedad actual, en el que es del todo elogiable la oferta de –cuantos más mejor– puntos de vista, orientaciones y concepciones acerca de todos los acontecimientos y fenómenos que afectan al hombre, a fin de que éste pueda reflexionar, comparar y diferenciar posiciones en el mundo en que vive. El problema se plantea al descubrir que la realidad del correspondiente pluralismo de los «mass-media» es sólo un mito, porque detrás de tal pluralismo informativo o comunicativo se esconden los intereses

egoístas de una clase social determinada o de un grupo de personas que encauzan a su modo y por su interés el contenido de los mismos.

Donde los medios de comunicación dependen exclusivamente de la situación del mercado, crece la tentación de *dirigir* las pasiones y los instintos de aquellos que compran la información. Periódicos, revistas, editoriales, radio, televisión dependen en gran medida de la buena voluntad de publicistas que, lógicamente, están más preocupados por presentar su producto a la persona que por servir a un público maduro y adulto.

La sociología moderna ha demostrado que sólo un mínimo número de personas, tal vez uno o dos por ciento, pueden ejercer su influencia en la formación de la opinión pública. Parece, además, que esta minoría de entre la población no puede ejercer un influjo liberador que permita la participación a todos, ni puede tampoco determinar todo por sí misma.

6.2. Manipulación por la propaganda

Un campo privilegiado de acción para la manipulación solapada de las masas es el mundo de la propaganda. La técnica publicitaria puede echar mano muy satisfactoriamente de la psicología de masas y formar, por decirlo así, a sus manipuladores profesionales. Es ingenuo pensar que los anuncios se confeccionan en función de la compra de determinados productos. La manera y el estilo, así como la influencia en que se concibe la publicidad se dirigen más bien a formar una mentalidad de consumidor, a crear unas necesidades, necesidades artificiales, que distorsionan la imagen y escala de valores en el corazón de las personas y de los grupos. La psicología publicitaria trata de convencer al hombre de que la persona tanto vale cuanto más capacidad de adquisición tenga, lo cual a su vez se demuestra en la compra o adquisición de determinados productos.

Las gentes que diariamente están expuestas durante gran espacio de su tiempo al influjo de los anuncios intentan medir todo, incluso su propia escala de valores, de forma cuantitativa, es decir, del mismo modo en que se miden o valoran los alabados bienes o productos de consumo. Una cultura, pues, que se ve manipulada por los ocultos seductores, valora el progreso principalmente por la expansión de la producción y del consumo. Y ahí lo primero que se pierde es la ponderación de la jerarquía de necesidades.

La publicidad moderna tiene su fuerza, por una parte, en los medios de comunicación y, por otra, en las necesidades sin medida que, por así decirlo, se hallan presentes por todo en los anuncios. Precisamente por eso, el poder de los anuncios va más allá, en su fuerza manipuladora, del mero campo de la producción y del consumo.

En los terrenos de ambas problemáticas señaladas, hemos de tomar conciencia de que no es fácil, ciertamente, delimitar las fronteras entre un arte razonable de convencimiento y persuasión, por el que se tratan de ofrecer tanto ideas como productos, dignas unas y necesarios o aprovechables otros, por una parte, y la manipulación y confusión de millones de personas mediante la oferta de cosas inútiles y pensamientos egoístas, por otra. Una cosa es segura: cada cual tiene que armarse hoy día necesariamente de un sentido crítico que no le permita estar sometido tiempo y tiempo a la acción de los seductores.

6.3. Uso manipulador de la autoridad

No es sólo en el campo de la opinión pública y de la publicidad donde se ejerce la manipulación. Otra forma indigna de manipulación tiene su origen en el orgullo y ansia de poder por el que el hombre exige disponer de otros hombres y mantenerlos en dependencia.

Este problema no puede solucionarse naturalmente renunciando o despreciando a la autoridad. Al contrario, como defensa de la persona humana utilizamos las sanas relaciones de autoridad y obediencia, y esto desde el comienzo de la misma vida humana. El hijo debe a sus padres su existencia y depende de ellos; pero sólo se convertirá en persona madura, cuando los padres consideren al hijo como una persona en sí misma que tiene derecho a su libertad y a desarrollar, junto con ella, la capacidad del discernimiento y de la responsabilidad.

Pero en la sociedad, en la que colectivamente sufrimos de muchas formas la manipulación del poder y de la autoridad, una progresiva liberación respecto a sus estructuras manipuladoras no se puede dar sin la posibilidad de una real, efectiva y concreta oposición. Donde no existe el derecho y los instrumentos prácticos para ejercerlo, y la posibilidad de contradecir realmente a los poderes injustos y opresores, y donde no hay capacidad de decisión verdadera en orden a la reforma de situaciones intolerables, siempre campeará una minoría partidista y burocrática en el manejo de procesos por los que aquélla disponga y dirija a los demás.

En nuestra sociedad, caracterizada por el tremendo progreso de la técnica y la ciencia, los tecnócratas y los científicos ejercen con frecuencia un influjo desproporcionado. Porque es normal que ellos, a causa de su competencia especial respecto a decisiones importantes, sean escuchados. Pero peligra la libertad cuando científicos y tecnócratas tienen derecho a decidir para y por las amplias masas. Basados en sus altas producciones y en sus grandes capacidades, se convierten en una especie de mito, siéndoles así muy simple manipular a las muchedumbres que, ya de por sí hoy en día, tienden a ver toda la vida humana bajo la exclusiva perspectiva de lo técnico y lo científico y, de este modo, a considerar en una especie de segundo rango los valores humanos decisivos como la dignidad y la libertad de cada persona.

El campo de la ciencia empírica y de la tecnología es el ámbito legítimo para la manipulación de objetos y fenómenos. Pero el peligro de la libertad y de la dignidad del hombre se agudiza cuando el científico y el tecnócrata sobrepasan sus barreras y, prescindiendo de la manipulación de métodos, transfieren éstos en la misma forma al comportamiento interhumano y a la regulación de la sociedad.

6.4. La manipulación por medio de una sociedad permisiva

Más refinada manipulación todavía puede observarse, cuando en una sociedad permisiva, que en sí es buena y deseable, se dirigen las conciencias con falsas orientaciones a través de una libertad literaria de peculiar estilo. En nombre de la libertad y para la liberación, ciertas minorías pretenden imponer sus concepciones de individualismo o colectivismo egoísta a todo el conjunto de la sociedad.

La cultura permisiva es una reacción radical contra el puritanismo y el rigorismo, y, en muchas formas, también contra el tradicionalismo que pretende imponer las viejas normas, prescindiendo de toda referencia a las nuevas circunstancias de la vida. Por su lado, la cultura actual es alérgica a la autoridad y a los principios y normas. Pero de la misma manera que un cierto rigorismo autoritario intentó imponer sus principios en la conciencia de los hombres sin consideración a la misma, la reacción contraria intenta frecuentemente erigir la permisividad en principio absoluto para todos.

Es sorprendente ver cómo grupos «permisivos» y en un cierto estilo «neoliberales» son simplemente más intolerantes que la sociedad rigorista de antaño. Personas que todavía se atienen a principios morales son consideradas como maniqueas, retrógradas y atontecedoras del pueblo. Los manipuladores «slogans» y la intolerancia agresiva de grupos permisivos son precisamente un peligro no pequeño para aquellos que no han sido educados en la capacidad del discernimiento y que por tanto no están preparados para desasirse de esa ideología y hacerle frente. Por eso recae una gran responsabilidad sobre aquellos educadores que se preocupan más del mero orden externo que de la interiorización y asimilación personal de valores y normas.

La creciente permisividad en nuestra sociedad, junto con la intolerancia de la subcultura permisiva, provoca claras reacciones en el sector contrario, que originan a su vez un endemoniado círculo vicioso que únicamente produce nuevas formas de represión.

6.5. El medio ambiente: objeto e instrumento de manipulación

En último término –aunque con esto no se nombren, ni mucho menos, todos los campos fácticos de manipulación–, es de señalar como otro signo de alarma la excesivamente rápida y, en muchos sentidos, irracional urbanización creciente: millones de hombres viven apilados en ciudades que no ofrecen lugar alguno para el juego infantil, ningún rincón tranquilo para personas enfermas, ancianas o cansadas. El nivel de ruido se halla en clara relación con las condiciones de insanidad vital en general.

Esta situación es la consecuencia de una manipulación sin contemplaciones de los precios del suelo y de los costes de edificación; tal vez también de una falsa y equivocada planificación urbanística. Las malas condiciones de vida urbana que se dan en países industrializados y desarrollados se multiplican exageradamente en las míseras e indignas aglomeraciones urbanas de países del Tercer Mundo: el lanzamiento irracional de grandes masas humanas a ciudades absolutamente carentes de toda sanidad hace peligrar incluso hereditariamente la salud, prescindiendo de que esos lugares se conviertan en focos de sistemática delincuencia.

El rápido tránsito de una sociedad agraria antigua a la vida en las grandes ciudades causa numerosas formas de neurosis y de psicosis, que lastran para todos gravemente el futuro de la sociedad.

El hombre, como sujeto de reflexión y planificación ética de la vida, no puede lavarse las manos cómodamente. De cara al futuro, tiene que preocuparse sistemáticamente del medio humano de vida en general y aguzar la conciencia responsablemente.

Una ética que no sea una llamada a la responsabilidad humana personal y colectiva ante todas las manipulaciones del entorno físico y espiritual en general de la vida humana nunca será un servicio real a la libertad del hombre.

7. DERECHOS FUNDAMENTALES DE LA PERSONA

A pesar de que la expresión «derecho fundamental» es en general bien conocida, a menudo falta una idea clara sobre su contenido. Por una parte, es precisa una descripción en relación con el orden constitucional que explícitamente, en muchos países, hace referencia a los derechos fundamentales. En este sentido, hay que fijarse en que «derecho fundamental» es un conjunto de conceptos, cuyo acento principal reside en la palabra «derecho», que en *sentido objetivo* se refiere a todo el sistema jurídico, es decir, a todas las prescripciones que por regla general vinculan obligatoriamente a todo tipo de personas, naturales y jurídicas (instituciones, asociaciones, sociedades, agrupaciones, fundaciones, etc.), regulando su existencia y relaciones.

Pero, por otra parte, no sólo se da el derecho en sentido objetivo, sino también en *sentido subjetivo*. ¿Qué quiere decir esto? Las normas jurídicas contienen mandatos y prohibiciones; y aquellos a quienes atañe están obligados a regirse por ellos. A menudo las normas jurídicas no sólo sirven a los intereses de la comunidad o del bien común en cuanto tal. El derecho subjetivo es lo que justifica la necesidad de la persona a apelar y recibir justicia de un derecho objetivo, es decir, de un derecho vinculante para todos.

Por último, «fundamentales» quiere decir, de alguna manera, que no precisan de ser proclamados explícitamente para ser reconocidos en todo tiempo y lugar por su relación con la dignidad de la persona, la cual posee esos determinados derechos por su misma esencia. Estos derechos son sustraídos a todas las proclamaciones, afirmaciones, postulados y programas no vinculantes, porque, como fundamentales, son derechos de validez inmediata y total. Entre ellos suelen distinguirse los «derechos fundamentales del hombre» o «derechos humanos», los «derechos civiles», los «derechos de libertad» y los «derechos sociales».

7.1. El derecho a la libertad de conciencia y de religión

A lo largo de todos los siglos ha habido hombres que han muerto a causa de sus convicciones morales y su fe religiosa, por eso no es de admirar que la libertad de conciencia y de religión haya jugado un papel importante en la lucha y el reconocimiento de los derechos humanos y civiles y que un gran número de los estados modernos la anteponga en sus constituciones a otros muchos derechos.

La libertad de fe y de conciencia y la libertad en cuanto a las concepciones religiosas y concepciones

del mundo son inviolables; el ejercicio pacífico de la propia religión tiene que estar legalmente garantizado. Con palabras como éstas, más o menos, se expresan muchas leyes fundamentales en muchos sitios en defensa de la libertad de confesión, que se refiere casi siempre a la fe y a la conciencia, a la libertad de culto y a la libertad de asociación religiosa. Por lo menos formalmente son muchos los países que con esto quieren indicar que nadie, por su creencia, pertenencia o convicción acerca del mundo, Dios o el más allá, puede tener ventajas o desventajas en la vida pública o privada. Nadie tampoco puede ser obligado a profesar determinada religión o convicción interna, ni siquiera a expresarse acerca de ellas.

7.2. El derecho a la libre expresión del pensamiento y de la opinión

Muchas investigaciones de la moderna sociología y muchas encuestas han dado como resultado que la mayor parte de la población, en especial de los países desarrollados, valora como uno de los primeros bienes el derecho a la libertad de expresión y de información. No es nada extraño, si se tiene en cuenta que de este derecho fundamental se hace diariamente un uso constante.

El derecho fundamental a la libertad de expresión es la exteriorización o explicitación inmediata de la personalidad humana en sociedad, lo cual es un derecho del hombre de primer rango, el constitutivo de un orden social y político libre y democrático, pues sólo él posibilita una confrontación espiritual permanente, una confrontación de pensamientos que para la sociedad, libre y democrática, es su elemento vital. En cierto sentido, se trata del fundamento de toda libertad sin más.

Naturalmente que el derecho a la libre expresión del pensamiento no significa sencillamente la libertad del «hablar por hablar». Piénsese que entre la expresión de opinión y la veracidad hay un nexo imprescindible de carácter lógico y moral. Es racional pensar que lo característico de una opinión es su contenido en función de un pensamiento lógico y maduro que no se corresponde con la falsedad o la mentira moral.

7.3. Derecho, libertad y tolerancia

Tolerancia, en su significación original, habla de «soportar» algo, sufrirlo, mantenerlo provisionalmente... Esta significación más negativa se relaciona con un conjunto de convicciones, valoraciones o formas de comportamiento que son consideradas un poco insoportables y que se las acepta como mal menor. En un sentido positivo, «tolerar» significa también «hacer algo soportable», «conllevar algo», «apoyar», «ayudar a que permanezca».

Si se parte de la tolerancia en cuanto actitud ética fundamental, se está haciendo clara referencia, por una parte, a la fuerte convicción que uno mismo tiene y, por otra, a la convicción del prójimo, distinta a la propia. Naturalmente, según la propia convicción, el otro no tiene razón, pero en el caso de la tolerancia no se presupone juicio alguno sobre el reconocimiento de la verdad: no tiene que ver propiamente y en el fondo la tolerancia con una toma de posición ante la verdad. Más bien se trata del supuesto, en el marco de una tolerancia positiva, de que cada persona tiene el derecho fundamental a conformar su vida de acuerdo con su correspondiente convicción interna.

Si la tolerancia, pues, no es entendida como juicio acerca de una determinada verdad, quiere decirse que la cuestión acerca de la verdad y el error está abierta y que al prójimo se le deja vía libre para, de acuerdo con su natural personalidad, vivir su vida según su interna opinión. Este derecho sólo se verá limitado por el derecho de los demás.

En este sentido, la tolerancia no se encuentra en contradicción alguna con la pretensión de la fe cristiana, una pretensión respecto a la verdad que está estrechamente ligada con el mensaje bíblico: «Yo soy el camino, la verdad y la vida; nadie va al Padre si no es por mí» (Jn 14, 6). De la misma manera habla Pedro ante el sanedrín: «Y en ningún otro se puede encontrar salvación. Pues no se nos a dado a nosotros los hombres ningún otro nombre bajo el cielo, por el cual podamos ser salvados» (Hch 4, 12). Igualmente el apóstol Pablo: «Efectivamente no existe ningún otro evangelio» (Gál 1, 7), y «quien os anuncie un evangelio distinto del que os hemos anunciado, ¡sea anatema!» (Gál 1, 8). A esta verdad se sabe absolutamente obligado el cristiano. No se da aquí relatividad alguna. Pero, a pesar de esto, no está él en plena y acabada posesión de la verdad, él no «tiene» la verdad, sino que es la verdad, tal como se ha revelado en Jesucristo, la que pretende adentrarse en el creyente. Esta verdad se presenta en la fe más como una perspectiva que como una realidad totalmente abarcante y ya plena, pues sólo se *tiene* en principio no del todo adecuadamente.

Cuando precisamos el concepto «tolerancia» como algo que indica «soportar» y «dejar pasar», suponemos también que en ambas partes contendientes existe la correspondiente convicción. El indiferente, por el contrario, no es nada tolerante, sino que sencillamente se aparta o se retrae de toda controversia por las opiniones y las convicciones, no sostiene posición alguna y demuestra en todo caso una carencia de ellas.

La tolerancia se convierte en auténtico problema cuando se ejerce respecto a la defensa incondicional de una posición determinada... La tolerancia del indiferente es en el fondo una contradicción en sí misma. De aquí que lo peculiar de la tolerancia sea *sostener* la creencia del otro sin compartirla. Y aquí reside también la diferencia esencial entre la idea cristiana de tolerancia y la relativizante idea acerca de la misma que tienen la Ilustración o el liberalismo.

No se debe, pues, en absoluto confundir o mezclar la actitud ética fundamental de la tolerancia con el concepto de «verdad»: la verdad no es tolerante ni intolerante. En esta línea carece de sentido decir que precisamente el cristiano, frente a otras creencias y frente a los herejes, es una persona tolerante, pero que, a su vez, es representante de una intolerancia dogmática. Una afirmación de fe en el sentido de «dogma» no es intolerante; al contrario, tolerancia dogmática significaría indiferentismo o renuncia a la propia convicción, lo cual es expresión de indecisión o de agnosticismo.

La tolerancia no es una toma de posición ante la verdad, sino que se mueve en el nivel de la correspondencia con el prójimo, en el ámbito tenso del compromiso del testimonio del cristiano: la confesión de la propia fe no tiene por qué verse empañada por un falso respeto o una mal entendida tolerancia. La tolerancia cristiana se entiende como un mantenerse en la verdad con amor: «Siendo sinceros en el amor, crezcamos en todo hasta aquel que es la cabeza, Cristo» (Ef 4, 15). De esta manera, tolerancia no es una dimensión sustantiva por sí misma, sino que debe su ser a los valores que en cada ocasión acompañe. En todo caso, la tolerancia incluye la disposición a aceptar, dentro de ciertos límites, los perjuicios que se produzcan a causa de las distintas convicciones o falsos comportamientos de los demás.

También hay que señalar que la fe cristiana –la iglesia lo acentúa en el Concilio Vaticano II– valora profundamente, como algo connatural a ella, el hecho de que todos los hombres, por su dignidad, están obligados a buscar la verdad religiosa y, una vez reconocida, a afirmarla. Tal dignidad consiste en que el hombre posee para sus actos un juicio propio y una libertad responsable correspondiente, de la que debe hacer uso. De aquí, también, que sea decisivo el que nadie se vea coaccionado a actuar en contra de su conciencia, ni se vea impedido a esa actuación, dentro de los límites que garantizan la libertad de los otros.

8. CONVICCION DE CONCIENCIA NO ES «SUBJETIVIDAD CAPRICHOSA»

Para comprender el significativo valor de la conciencia y el de las normas morales, el «principio de solidaridad» propone: una convicción en conciencia no es sencillamente una pura subjetividad de capricho que se forma sin prestar el mínimo respeto o atención a las consecuencias que de la propia actuación se siguen para el conjunto social. El que actúa por exclusivas convicciones *individualísticas* –también aquí el terrorismo puede tener su lugar– no puede a la vez pretender ser considerado y respetado como movido en conciencia.

Conciencia significa más bien apertura a la corrección de los otros, disposición para con la responsabilidad social y aceptación de las obligaciones sociales. Sólo aquel que, *consciente* de no poder alcanzar nunca del todo la objetividad, se esfuerza por una conducta correcta, puede también pretender ser tomado en serio por la colectividad y ser respetado, junto con su convicción y decisión de conciencia.

Incluso las normas morales no se disponen como una «ajena determinación» a la persona, sino que en principio se ordenan a encontrar un lugar en la convicción interna del individuo. Esto lleva consigo un principio práctico de pedagogía moral y también un método que se refiere no tanto a la autoridad y a la llamada a la conciencia como bases del comportamiento, cuanto a la creación de una visión propia de la realidad de las cosas que procure una aceptación interna y libre. Por eso, allí donde las reglas de conducta, las normas o los dogmas se hacen valer por sí mismos, adoptan su espíritu legalista y su carácter ideológico, y ya no se convierten en ayuda auténtica para el hombre, sino que serán siempre experimentados como determinaciones extrañas del pensar y del hacer. Si ideología no es otra cosa que absolutización de una idea, las posiciones legalistas o ideológicas no consiguen más que hacer peligrar la dignidad de la persona. En una ética de leyes y limitaciones, es decir, una ética que no ilumina e indica el camino, desaparece todo espacio para una conducta autónoma y responsable.

Para el cristiano, al menos, siempre quedará una indicación de horizontes mucho más amplios; es la que se contiene en las palabras de Jesús: «El sábado está hecho para el hombre, no el hombre para el sábado» (Mc 2, 27).

9. NUEVA COMPRENSION DE LA LIBERTAD

Ante las limitaciones con que el hombre se encuentra en su libertad, interna y externa –piénsese en lo social o en los aspectos de la psicología profunda–, se está desarrollando un nuevo estilo de comprensión de la libertad humana con un modelo estructural.

Libertad, según esto, no es tanto una autodeterminación o autodisposición en sentido de lo factible, de poder o de producción, puesto que la libertad no se puede hacer, exigir o prestar a un hombre, sino que es más bien una *creación*. La libertad se hace en la creatividad; algo así como en el ejemplo del hacer creativo del artista. El proceso de creación del artista no consiste tanto en concebir una idea y plasmarla; es más bien en el curso de su actuación donde la idea va tomando su última y concreta configuración. Aún más: el artista se presenta su obra a sí mismo. En este mismo sentido se puede hablar de relación e intercambio entre teoría y praxis. A medida que el material –madera, piedra, pintura...–, en cuanto teoría, se va trabajando, va ganando éste/ésta su peculiaridad y su forma definitivas. Quien no pone atención al material en proceso de elaboración, sino que sencillamente realiza su idea preconcebida, fácilmente fracasará en su obra, porque se convertirá en el clásico «cliché». Por eso, hay que hablar de una *co-creación*, que consiste en el mutuo influjo artístico entre el material y la idea.

Puede perfectamente aplicarse el ejemplo a la comprensión de la libertad: el hombre no es simplemente libre. La libertad no se *tiene*. La libertad se lleva a cabo actuando, lo cual no quiere decir «haciendo algo», sino que en ese hacer o actuación se deja uno realizar a sí mismo en cuanto ser ético y, con ello, como responsable. En el acto realizado consciente y responsablemente y en su sentido va uno, de alguna forma, naciendo como ser moral. Por esta razón podemos ver también en el nacimiento el símbolo fundamental de esta libertad.

Sólo allí donde yo me puedo hablar en un poema, en una obra, en una acción, es decir, donde yo me realizo, es donde con pleno sentido puedo decir que soy libre. También en este marco vale aquello de que quien quiera ganar su vida la perderá, y perderá a la vez el sentido de la misma. Quien, por el contrario, se dé a sí mismo en su obra y en su deber o en su tarea o en su quehacer, se ganará (salvará) a sí mismo y a su vida.

En último término, y en consecuencia, el nacimiento o encarnación de Dios en el hombre es sencillamente el fundamento y la afirmación esencial del hombre mismo, pues, de otro modo, éste no sería más que un robot o un esclavo.

10. RESPONSABILIDAD COMO EXPRESION DE LIBERTAD CRISTIANA

El concepto de responsabilidad se encuentra originariamente en el ámbito jurídico y habla de un dar cuentas, un rendir cuentas del acusado por su actuación o por las consecuencias de su actuación.

Hay ahí una referencia mutua o interrelación entre acusado y acusador, de manera que el primero «responde» a determinadas culpas que el segundo le atribuye.

Responsabilidad que se refiere tanto a la persona, portadora de respuesta, como a un punto de referencia en el que se espera responsablemente: personas, actuaciones o cosas, es decir, sobre todo a una instancia de legitimación, de la cual la persona es responsable.

Al hablar de responsabilidad, también hay que referirse, en un sentido más trascendental, al hecho de que ella significa sencillamente la «obligada» respuesta a una previa palabra de Dios que él dirige al hombre y del cual espera precisamente eso, la respuesta. Esta llamada de Dios al hombre para que éste responda a su palabra crearía la responsabilidad del hombre ante y frente a Dios. En esta referencia trascendente descansa también la definitiva obligación moral que fundamenta toda vinculación del deber.

Existe asimismo en la responsabilidad una estructura referencial de tipo social, una trabazón de relación, en el centro de la cual se encuentra Dios como fundamento y origen de toda vida y de toda acción, y también como aquél de quien proviene toda iniciativa en cuanto a la acción. Todo esto está contenido en el carácter revelado de la fe cristiana. Dios se ha dirigido al hombre de muchas formas, pero de una forma plena y definitiva lo ha hecho en Jesucristo, que es la palabra de Dios, que permanece en el seno de la comunidad de creyentes hasta el final de los tiempos.

Precisamente en la interrelación de la actividad divino-humana dentro de este mundo, en donde la palabra de Dios y su actuación precede y acompaña a todo actuar humano, ve el cristiano la responsabilidad, que es expresión y realización de la libertad recibida como don.

La actuación humana en el mundo está referida a Dios y en dependencia de él, no sólo porque es una actuación imperfecta, inacabada, sino porque, además, en el caso de fracasar, precisa del perdón de Dios. Gracias a este actuar liberador o salvador de Dios en el mundo, el cristiano se sabe ya liberado del camino sin salida, del estancamiento perpetuo y de la pérdida inconsciente de sí. Aquí experimenta el creyente cristiano la estrecha relación entre libertad y responsabilidad: Cristo vivo en la comunidad de fe está constantemente de camino junto a ella hacia una nueva humanidad, que es el contenido y el objetivo de la actuación moral.

11. RESPONSABILIDAD DEL CRISTIANO ANTE EL CAMBIO DE NORMAS MORALES

«Nada hay más permanente que el cambio». Este dicho de la sabiduría popular es válido también para las normas concretas de actuación en la vida cristiana. Todo el mundo ha visto siempre —en unos tiempos más que en otros, últimamente más que antaño o con más rapidez— que las normas y las costumbres cambian; también las leyes, como normas que son;

pero, incluso los valores. Sin duda, los cambios, por múltiples y complejos factores sociológicos, son, si no más frecuentes, sí más rápidos en la época moderna. El cambio es expresión de vida, de vitalidad, pero eso no significa que sea el signo de un total relativismo: el hombre en su dignidad personal es y permanece siempre sujeto y objeto de la historia como sustrato de todo cambio.

Ciertamente, lo que cambia se desarrolla y queda abierto a un nuevo cambio. Y el proceso de un cambio puede ser externamente muy complejo y diferenciado. Sólo queda la cuestión de si se da un inmutable núcleo del cambio, de todo cambio, en lo cual se basa la cuestión sobre la identidad. El hombre, en cualquier caso, adquiere su identidad en su vida y en su actuación en la medida en que está abierto o sometido al tiempo y con él a un desarrollo y configuración de siempre a futuras posibilidades que se le presentan. Pasando, pues, cambiando, en el curso del tiempo, adquiere el hombre su propia identidad.

A la verdad, no se trata aquí tanto de este tema del cambio, cuanto de la identidad y mutación de la existencia humana. Podríamos decir incluso, en cierto modo, que Dios, en lo que se refiere a su relación con la creación y, en especial con nosotros, con el hombre en el marco de la historia de la salvación, tampoco es inmutable. El cambio se lleva a cabo como si de una espiral se tratase, una espiral que continuamente se mueve y progresa, pero que mantiene siempre el mismo eje.

La relación del hombre con el bien y el mal –es decir, la relación a la vez con su prójimo y con Dios– posee, por todo lo anterior, una estructura fundamental y permanente: la responsabilidad que nadie puede quitar al hombre, que se contiene en la libertad que se le ha entregado. Sólo en cuanto que el hombre por sí mismo progresa («sube») por su historicidad en dirección al absoluto, ese absoluto («el bien» o Dios) se convierte para él en el eje sobre el que gira toda su vida y su hacer.

Esto, en el marco de la ética o la moral, se define así: lo que permanece inmutable son aquellos principios generales como «harás el bien y evitarás el mal» o «actúa responsablemente».

En tanto en cuanto un principio de este tipo se ve realizado en su contenido materialmente, está sometido al cambio. Existe, por tanto, una validez permanente de los principios morales, causado precisamente por la configuración cambiante de las normas concretas de actuación.

Esto conlleva, a la vez, que el cambio no debe ser considerado sólo de manera pasiva como una mera recepción de los correspondientes presupuestos y datos cambiantes de una situación, sino como una acción, como un empuje activo en orden a la consecución del objetivo propuesto. El concepto de mutabilidad está, por eso, unido a la comprensión de la historicidad, que justamente no discurre en línea recta, sino que conoce progresos y estancamientos, lo cual es precisamente la expresión de una conciencia progresiva y progresista en la responsabilidad humana.

Todo esto tiene también como consecuencia que toda ética –individual o social– no puede entenderse como un sistema acabado, sino, por el contrario, siempre abierto a nuevos y más profundos conocimientos y a futuros desarrollos. Esto es incluso el objetivo de un principio estructural: no perder la visión de conjunto, de la totalidad y, a la vez, atender y diferenciar las particularidades de las circunstancias concretas; por lo demás, esto supone tener que evitar y romper los sistemas de normas cerrados con su absolutización correspondiente y tratar de crear para tales sistemas la capacidad fundamental de per-

manente revisión y corrección. Para la praxis cristiana significa esto: atender al posible y necesario desarrollo de dogmas y formas concretas de actuación, permaneciendo en la estructura fundamental de la fe cristiana y de la vida ética que, sencillamente, hay que ir desarrollando.

BIBLIOGRAFIA

M. Vidal, *Moral de actitudes.* PS, Madrid 1979.
H. Fries y otros, *Conceptos fundamentales de teología.* Cristiandad, Madrid 1966.
Rincón-Orduña-López Azpitarte, *Praxis cristiana.* Paulinas, Madrid 1980.
A. Hortelano, *Moral responsable.* Sígueme, Madrid 1971.

M. Vidal-P. R. Santidrián, *Etica.* Paulinas, Madrid 1980.
B. Forcano, *Una moral liberadora.* Narcea, Madrid 1981.
A. Donval, *La moral cambia.* Sal Terrae, Santander 1977.
L. Mann, *Elementos de psicología social.* Limusa, México 1975.
A. Grabner-Haider, *La biblia y nuestro lenguaje.* Herder, Barcelona 1975.
«Moralia», n. 17-18-19-21-22-24.

AUDIOVISUALES

Una sociedad en cambio. Edebé, 79 diapositivas.
La isla habitada. COE, 60 diapositivas.
Libertad: libres o perdidos. Paulinas, 80 diapositivas.
¿Es Vd. Pedro Gaviota? COE, 60 diapositivas.
La alondra y las ranas. Edebé, 48 diapositivas.
Sacadme de aquí. Edebé, 60 diapositivas.

ACTIVIDADES

A.   Hacer por escrito un cuadro en dos partes en el que se describan, por un lado, las ideas o los valores que a juicio de cada uno predominan en una moral tradicional y, por otro, en la actual, de modo que se pongan de manifiesto las contraposiciones más relevantes, sobre todo en un plano general. A continuación, llevar a cabo una puesta en común.

B.
1.   Señalar por escrito qué valores referidos en el tema son centrales en la consideración ética de la persona humana.

2.   Contestar por escrito a las siguientes preguntas: ¿Qué es la libertad, tenida cuenta de lo que se dice de ella a lo largo del tema? ¿Qué es responsabilidad? Hacer de ambos conceptos las descripciones más completas posibles. En qué relación se hallan libertad y responsabilidad; es decir: consignar todos los elementos que las relacionen.

3.   Buscar en un diccionario las palabras «alienación», «manipulación» y «emancipación»; comparar esas definiciones con las que proponga para esos mismos términos un diccionario de moral. Señalar las manipulaciones y alienaciones más frecuentes y cómo tienen lugar.

4.   Hacer una lista de los derechos fundamentales de la persona que se señalan en el tema y añadir a ella otros que en él no aparecen, consignando para cada uno de ellos:
a)   los valores humanos a que se refieren;
b)   las limitaciones que pueden tener;
c)   las obligaciones que, a su vez, pueden implicar.

5.   ¿Qué es la tolerancia? ¿Cómo se relacionan «tolerancia», «convicción» y «verdad»? ¿Qué relación ética se da entre el dictado de la propia conciencia y las normas o leyes objetivas?

6.   ¿Por qué cambian las normas y, en general, la ética con el paso del tiempo? ¿Con qué responsabilidad se enfrenta el cristiano a causa de los cambios?

C.   Hacer una redacción personal (no más de un folio por ambos lados) sobre los aspectos éticos más relevantes que se tratan a lo largo de este tema que nos ocupa.

D. En los ambientes en que cada uno se mueve, ¿qué grado de preocupación puede detectarse en lo que se refiere a la dignidad de la persona y a su libertad externa e interna? (No se trata en esta cuestión de considerar si se habla expresamente del problema, sino de ver en la práctica hechos y ejemplos en los que se pueda analizar el anhelo individual y colectivo por la libertad).

En qué ámbitos o niveles de la vida social se ven más recortadas y amenazadas las libertades ciudadanas. ¿Qué actuaciones más frecuentes en contra de ese hecho pueden observarse?

¿Cuáles son los derechos que más se propugnan en tu ambiente? ¿Qué nivel de respeto a los derechos de los demás se detecta? En la misma línea, ¿qué conciencia de responsabilidad se manifiesta?

Hay situaciones políticas y sociales en las que la libertad del individuo, de los grupos o de toda una sociedad no es respetada (baste pensar, por ejemplo, en países con regímenes fuertemente autoritarios, en otros con intervención extranjera, o, en los llamados democráticos, en las diversas situaciones de presión, etc.)... Después de estudiados los tres últimos temas del libro, y tratando de ser realistas respecto al mundo en que vivimos, ¿qué medios se pueden emplear, éticamente hablando, para progresar en libertad?

E. Análisis y reflexión en grupo del siguiente texto de A. Donval, *Mi historia en la historia:*

«Nadie es el centro del mundo. Cada uno es una historia en la historia. No permanecemos idénticos a nosotros mismos desde la infancia a la vejez. Pero, sin embargo, nos lo creemos. Entonces exclamamos: «¡Cómo cambian las cosas!». O bien: «¡Cómo cambian los otros!». Pensamos que nosotros seguimos siendo los mismos de siempre. ¿Es una ilusión o una certeza?

Tratad de precisar los acontecimientos y situaciones nuevas que más os han marcado. Es interesante ponerlas en común, en grupo.

¿Han modificado vuestra manera de vivir y juzgar, de comprender y de decidir? ¿Han cambiado vuestra imagen de la moral?

¿Qué criterios utilizáis para formar un juicio moral espontáneo? Además de la reflexión, ¿empleáis otros criterios?

F. Con ayuda de libros de historia de la cultura que más frecuentemente manejéis, asesorados por el profesor, elegid en pequeño grupo un tema (una idea, una costumbre, una práctica social o política, etc.) que pueda estudiarse a lo largo de la historia, poniendo de relieve las variaciones o cambios que se han ido dando en las grandes épocas y culturas en cuanto a la visión, valoración y justificación de aquél; ejemplos: el trabajo, la autoridad, derechos civiles, el matrimonio, la educación, etc.

Se puede hacer un cuadro o un mural con los datos o exponentes más importantes que se refieren a los cambios observados.

PARA LA REFLEXION DE FE

A.

1. Se dice que el hombre de hoy, especialmente los jóvenes, no estaría tan dispuesto como antes a defender por su propia convicción y espontaneidad la libertad de la «patria», es decir, la total independencia del propio país en el que se vive y al que se pertenece... A esto se junta la creciente «objeción de conciencia», el rechazo de las armas, etc. ¿Qué valores, además de la libertad individual y colectiva, se enfrentan en este problema con dicha libertad? ¿Cómo puede encontrarse solución o qué principios de solución tiene esta confrontación?

2. ¿Cómo vemos compatibles de hecho las convicciones creyentes del cristiano acerca del hombre y la vida con la tolerancia, a la vista de que hay hombres, con los que hemos de convivir, cuyas convicciones son diversas y sus ideologías, a veces, contrarias?

3. Cuestiones para el debate: ¿cómo puede conciliarse en la iglesia la obediencia a las normas de la jerarquía y la «libertad de los hijos de Dios»? ¿En qué relación se encuentran también, a otros niveles, obediencia y libertad y cómo se realizan ambos valores?

B. Expresar personalmente y en grupo los principios de conducta a seguir en la confrontación que puede darse en el binomio siguiente:

«Obediencia a padres y autoridades en general» y «Realización personal y autonomía».

Exponer, en primer lugar, la experiencia personal, si la hay, o la visión que se tiene del problema, y, después, lo que sinceramente se piensa que se debe hacer según un criterio cristiano.

A lo largo de tu vida hasta ahora, ¿has notado algún cambio en tu comportamiento como cristiano? ¿Cuál, que sea notorio? ¿Por qué?

C. A la luz de la palabra
Mt 5, 38-48: El amor a los enemigos.
Mt 19, 16-30: Para Dios todo es posible.
Lc 4, 18-19: Enviado a anunciar la libertad.
Rom 1-3: La libertad de los hijos de Dios.
Jn 5, 24: Pasar de la muerte a la vida.
1 Cor 8, 7: Nadie os reprochará.
Gál 5, 13: Vocación del cristiano a la libertad.
Carta a los filipenses.

D. Confiándose el hombre al poder y la verdad ilimitados del único amor, alcanza libertad frente a los poderes esclavizantes de la concupiscencia de las cosas y de la angustia de sí mismo. En la muerte y resurrección de Jesús se ha iniciado ya el camino que va del aislante «frente a frente» al conciliador «marchar unidos» de los hombres. Por eso, en cuanto «hijos de la libertad», somos también «hijos de la promesa» (Gál 4, 21 s.). Y este futuro actúa ya poderosamente en el presente.

Como expresión de la fe, confeccionar en equipo un «manifiesto» o un «credo» de la libertad, que sirva a la vez para determinar algún compromiso concreto.

Contenido